2016 中国工业统计年鉴

下册

CHINA INDUSTRY STATISTICAL YEARBOOK

Volume 2

中华人民共和国国家统计局工业统计司　编

Compiled by Department of Industry Statistics,
National Bureau of Statistics of China

中国统计出版社
China Statistics Press

图书在版编目（CIP）数据

中国工业统计年鉴. 2016 / 中华人民共和国国家统计局工业统计司编. -- 北京 : 中国统计出版社, 2016.9
ISBN 978-7-5037-7964-0

Ⅰ. ①中… Ⅱ. ①国… Ⅲ. ①工业统计－中国－2016－年鉴 Ⅳ. ①F42-54

中国版本图书馆 CIP 数据核字(2016)第 216246 号

中国工业统计年鉴-2016（上、下册）

编　　者/中华人民共和国国家统计局工业统计司
责任编辑/许立舫
封面设计/何　平　张　冰
出版发行/中国统计出版社
通信地址/北京市丰台区西三环南路甲 6 号　邮政编码/100073
电　　话/邮购（010）63376909　书店（010）68783171
网　　址/http://www.zgtjcbs.com/
印　　刷/河北鑫宏源印刷包装有限责任公司
经　　销/新华书店
开　　本/880mm×1230mm　1/16
字　　数/690 千字
印　　张/22.25
版　　别/2016 年 11 月第 1 版
版　　次/2016 年 11 月第 1 次印刷
定　　价/528.00 元

如有印装差错，由本社发行部调换。

《中国工业统计年鉴—2016》
编辑出版人员

编 者 说 明

一、《中国工业统计年鉴 2016》是一部全面反映中国工业经济发展情况的资料性年刊，系统地收录了2015年全国各经济类型、各工业行业和各省、自治区、直辖市等工业经济各方面的统计数据，以及部分重要历史数据。

二、全书包括四大部分内容：综合数据、分行业数据、分地区数据和附录。主要反映中国工业经济的发展、中国工业经济的行业结构、中国工业经济的地区布局，以供社会各界了解和研究我国工业经济发展情况使用和参考。

三、本书所涉及的全国工业统计数据，均未包括香港特别行政区、澳门特别行政区和台湾省的数据。1997年及以前，我国工业统计范围按隶属关系划分，1998年及以后年份改变为按企业规模划分。书中1998年至2006年为全部国有及年主营业务收入在500万元及以上非国有工业企业；2007年至2010年为全部年主营业务收入在500万元及以上的工业企业；2011年及以后年份为年主营业务收入在2000万元及以上的工业企业。

目　录

一、综合数据

二、分行业数据

三、分地区数据

四、附录

三、分地区数据

3-1 按地区分组的规模以上

地　　区	企业单位数（个）	工业销售产值（当年价格）	出口交货值	资产总计	固定资产合计	固定资产原价
全　　国	**383148**	**1104026.70**	**116013.09**	**1023398.12**	**377568.47**	**603273.76**
北　　京	3548	17279.27	1078.39	38609.76	6660.18	12265.48
天　　津	5525	27460.49	2665.89	25242.98	8452.57	14073.87
河　　北	15295	45407.38	1548.57	42717.82	19745.87	28608.03
山　　西	3845	12566.97	650.98	32068.45	12749.59	17348.67
内 蒙 古	4404	18702.20	162.96	29458.05	12880.19	18562.13
辽　　宁	12304	32926.82	2340.75	38573.04	14251.63	24422.87
吉　　林	5682	22529.20	395.52	17993.28	7366.03	16616.65
黑 龙 江	4162	11523.87	155.99	15407.96	6975.82	12888.96
上　　海	8994	31214.32	7595.16	37306.95	8680.63	18207.89
江　　苏	48488	147391.94	23214.06	107061.73	36790.78	67466.91
浙　　江	41167	64279.38	11440.24	66626.71	18480.92	29154.42
安　　徽	19077	38798.25	2177.81	31359.95	12386.88	19177.04
福　　建	17240	40216.04	6722.12	29647.54	9657.01	14677.62
江　　西	9941	30618.43	2113.21	19217.51	8292.85	12826.83
山　　东	41485	144233.55	8389.55	101343.50	39913.79	63214.98
河　　南	22892	73367.30	4004.25	55710.97	24065.68	31114.06
湖　　北	16413	44113.44	1688.02	35399.12	13328.90	24361.81
湖　　南	13992	36231.56	1411.32	23575.75	9903.94	14266.10
广　　东	42113	121049.68	32035.16	95411.22	26943.69	48104.10
广　　西	5518	21412.39	804.24	15122.30	5749.81	8575.68
海　　南	380	1833.26	177.11	2788.06	1222.10	1682.15
重　　庆	6608	20944.81	2666.32	17846.08	7092.53	10393.34
四　　川	13525	39213.22	1411.95	40401.38	16768.95	24412.86
贵　　州	4482	9821.08	140.15	13540.06	5440.98	7076.53
云　　南	3876	9667.86	172.95	18180.58	8350.96	11208.76
西　　藏	104	126.12	0.03	895.00	466.60	567.95
陕　　西	5413	20248.22	580.13	28227.39	12874.63	20060.42
甘　　肃	2148	6942.06	97.99	11918.33	5833.88	8215.55
青　　海	575	2358.69	15.51	5781.41	3412.13	4870.20
宁　　夏	1245	3604.23	93.79	7801.07	3407.62	4464.15
新　　疆	2707	7944.66	62.97	18164.16	9421.34	14387.72

工业企业主要经济指标

单位：亿元

累计折旧	流动资产合计	应收账款	存货	产成品	负债合计
257455.69	**469207.26**	**117246.31**	**102804.00**	**39501.15**	**579310.47**
5767.77	15221.43	3830.40	2277.16	777.94	18102.44
6538.66	13068.21	3505.56	2874.48	1034.39	15863.30
10679.89	16589.33	3358.99	3830.49	1433.44	23988.85
6948.40	12771.27	2353.12	1912.19	812.90	24358.13
6927.55	9824.82	1735.73	1567.04	646.82	18677.23
11416.61	17661.38	3731.37	4180.67	1313.52	23787.06
9745.51	7872.21	1572.18	1832.42	664.25	9862.29
6359.58	6246.43	1310.45	1491.14	476.93	8688.38
9770.91	21374.44	6342.63	4563.76	1517.79	18111.05
30966.40	55376.44	17500.33	11859.07	4596.18	56888.77
12112.64	36808.14	10466.89	7924.65	3320.19	38086.78
8371.76	13988.02	3944.19	3135.25	1256.57	18028.15
5733.66	14767.63	3900.58	3555.75	1439.70	15879.22
5385.78	8047.34	1831.17	1799.22	792.47	9599.03
28168.85	45503.77	8422.44	10480.64	4519.33	54979.47
9766.40	25075.84	5016.26	4304.89	1654.22	26189.58
11860.43	15976.10	4056.46	3979.15	1618.27	19459.99
4994.03	10247.43	2858.26	2705.08	910.61	12240.94
23765.33	54715.38	16671.72	12207.42	4551.81	54747.90
3213.19	6981.52	1392.80	1671.15	758.65	9402.81
547.34	968.46	170.55	208.34	97.36	1544.97
3853.18	8094.98	2232.32	1673.22	736.31	11053.75
9361.00	16015.98	3978.76	3690.65	1310.36	24238.90
2304.49	5623.13	1080.24	1199.34	414.04	8600.79
3316.43	6365.64	1066.76	2111.46	559.16	11782.30
130.51	188.51	17.84	23.92	7.78	447.88
7983.30	10097.67	2305.79	2183.34	850.77	15940.52
2967.15	4246.87	797.40	1423.04	558.64	7790.62
1941.06	1518.32	283.20	298.29	117.63	3999.09
1379.90	2623.56	486.62	729.79	273.62	5325.38
5177.97	5347.02	1025.30	1111.00	479.53	11644.88

3-1 续表 1

地区	流动负债合计	应付账款	所有者权益合计	实收资本	国家资本
全国	**431884.87**	**116886.00**	**440932.66**	**213182.37**	**53076.32**
北京	12228.18	4006.23	20480.19	10808.95	7182.52
天津	13034.02	3203.66	9344.82	5190.85	1632.80
河北	18693.91	4972.97	18575.56	8740.72	1649.35
山西	16309.47	3499.56	7675.51	4629.72	2087.65
内蒙古	11399.13	2798.65	10728.44	6655.77	2302.64
辽宁	17819.97	3977.20	14743.93	7792.61	2346.12
吉林	6968.30	2211.15	8105.08	4045.90	626.96
黑龙江	6399.12	1611.54	6707.89	2651.73	621.53
上海	16057.96	6059.39	19088.40	9227.39	2520.48
江苏	48699.63	13175.42	50021.44	24200.23	2397.23
浙江	32484.81	7759.44	28430.76	13569.82	1376.35
安徽	13295.40	3610.17	13082.98	6124.05	1305.69
福建	11302.15	2920.82	13587.42	7363.48	1141.00
江西	7249.48	1788.92	9537.90	4354.48	553.46
山东	40400.28	8605.73	45789.90	15633.94	2849.72
河南	19615.51	4885.79	28872.96	13071.82	1414.12
湖北	14914.59	4363.48	15875.33	7132.11	2132.71
湖南	8477.96	2197.37	11311.45	5257.40	1016.24
广东	44295.88	16073.30	40239.01	18754.95	3063.38
广西	6983.02	1743.72	5693.82	2915.26	765.82
海南	976.37	208.53	1242.62	627.97	121.31
重庆	8244.91	2551.31	6754.15	2863.37	769.16
四川	15127.72	3818.87	16075.60	7037.99	1924.81
贵州	5410.11	1201.58	4927.23	3358.27	1829.89
云南	7092.18	1621.41	6386.35	3783.35	1458.59
西藏	274.16	66.39	447.12	141.17	70.66
陕西	10275.98	3139.54	12329.59	6734.26	3418.13
甘肃	4894.72	1178.43	4117.45	2436.36	1476.89
青海	2188.74	578.37	1781.25	812.45	431.65
宁夏	3268.85	962.49	2459.99	2298.71	755.23
新疆	7502.39	2094.56	6518.53	4967.29	1834.25

单位：亿元

集体资本	法人资本	个人资本	港澳台资本	外商资本	主营业务收入
4101.08	**73321.76**	**47459.19**	**13090.64**	**22234.05**	**1109852.97**
22.27	1953.95	603.33	235.85	811.03	18864.90
40.36	1384.89	729.24	202.21	1197.38	27969.58
103.66	2988.83	3273.35	248.44	477.09	45648.10
140.77	1263.97	891.17	86.39	158.25	14624.14
105.03	3234.51	792.83	98.96	121.80	18925.61
331.30	2610.59	1217.66	463.18	819.65	33243.29
51.19	2302.11	808.23	51.68	205.73	22321.96
63.21	1230.69	547.47	39.18	149.64	11719.03
67.87	2647.02	784.32	748.39	2459.31	34172.22
418.06	6606.67	6011.75	2762.93	6003.54	147074.45
151.30	5105.03	4086.50	1351.53	1499.11	63214.41
93.19	2374.23	1787.18	214.48	349.28	39064.41
90.14	1886.58	2325.46	1094.36	825.28	39591.28
88.56	2032.18	1183.76	277.72	218.81	32954.82
388.30	5580.34	5022.01	454.04	1339.44	145628.87
500.81	4925.95	5950.17	197.07	224.07	73365.96
119.39	2527.84	1738.62	155.11	458.44	43179.21
86.14	2437.13	1414.87	103.61	199.07	35410.45
268.90	5870.05	2475.79	3681.40	3395.07	119157.86
47.56	887.00	935.80	130.81	148.27	20442.50
7.53	370.77	48.69	23.98	55.70	1661.72
41.46	1062.93	620.89	164.99	208.47	20902.24
147.36	3058.10	1418.03	128.16	317.95	38645.91
255.58	808.01	402.17	16.12	47.29	9876.81
97.16	1680.19	435.03	39.82	72.55	9829.69
4.54	53.53	11.97		0.47	136.38
148.77	1779.04	1009.97	38.59	349.47	19690.66
98.77	579.64	227.55	13.57	39.95	8689.37
18.00	249.93	90.20	9.47	13.20	2170.66
8.02	1251.22	229.06	32.06	23.12	3472.75
95.88	2578.85	386.14	26.53	45.64	8203.73

3-1 续表 2

地 区	主营业务成本	销售费用	管理费用	财务费用	利息收入
全 国	**944857.26**	**29150.24**	**43125.30**	**13494.24**	**1619.20**
北 京	15710.97	925.25	956.61	211.66	57.41
天 津	23673.83	655.37	890.93	203.63	56.74
河 北	39832.04	823.61	1333.33	585.37	22.20
山 西	12663.46	521.41	766.10	604.28	51.00
内 蒙 古	15677.20	464.04	727.95	446.97	30.88
辽 宁	28635.12	819.88	1438.35	577.03	70.05
吉 林	18762.02	864.07	990.54	247.39	26.58
黑 龙 江	9877.42	303.55	629.63	145.14	33.09
上 海	27596.43	1313.33	2217.88	146.28	120.40
江 苏	126043.56	3619.25	5484.02	1289.71	188.68
浙 江	53346.93	1707.04	3102.22	938.52	147.16
安 徽	33753.80	954.71	1371.02	460.12	47.54
福 建	33757.32	1005.30	1458.55	431.07	52.12
江 西	29005.57	561.68	765.09	203.63	16.36
山 东	127729.85	2909.33	3825.63	1667.65	162.06
河 南	63992.81	1368.46	1653.82	775.26	60.42
湖 北	36564.31	1281.28	1811.39	516.99	28.34
湖 南	28807.96	1064.86	1565.74	426.25	28.24
广 东	100383.91	4068.63	5901.68	728.79	178.82
广 西	17198.14	473.07	846.80	240.28	22.67
海 南	1299.18	67.04	64.15	36.04	3.86
重 庆	17665.06	604.36	899.71	217.20	34.15
四 川	32514.83	1157.77	1592.69	690.41	45.48
贵 州	7723.95	329.40	496.23	248.47	18.32
云 南	7585.45	275.24	450.86	363.41	23.61
西 藏	108.99	6.29	10.11	4.90	0.67
陕 西	15798.81	501.52	926.23	329.96	24.20
甘 肃	7756.67	135.24	283.67	241.99	17.69
青 海	1810.00	68.17	83.35	108.11	3.76
宁 夏	2990.59	72.44	136.78	128.88	17.25
新 疆	6591.07	228.65	444.24	278.88	29.46

单位：亿元

利息支出	投资收益（损失以“-”号记）	营业利润	利润总额	亏损企业亏损额	平均用工人数（万人）
13029.77	**3027.94**	**63925.89**	**66187.07**	**9366.84**	**9775.02**
178.65	636.00	1381.06	1597.71	214.26	110.44
223.53	-18.16	2204.16	2221.82	209.40	159.83
555.48	-293.86	2311.85	2360.99	480.84	380.64
585.84	42.96	-89.39	-30.69	619.52	198.14
419.88	-6.15	1254.41	1048.55	532.28	124.57
499.97	71.12	896.30	1069.66	608.97	297.23
232.62	126.08	1145.24	1208.47	274.24	149.01
150.92	11.04	397.66	465.09	220.92	124.92
213.89	697.99	2526.52	2680.53	320.60	233.71
1280.55	148.66	9636.43	9686.84	715.73	1138.22
1054.35	245.32	3590.24	3839.99	347.72	705.17
429.47	100.19	2003.22	2000.12	279.73	339.84
421.71	-3.98	2364.93	2359.82	259.40	436.17
186.15	15.52	2071.25	2114.65	73.66	263.41
1482.71	211.81	8467.69	8660.48	525.14	950.75
700.50	58.93	4917.87	4900.60	444.67	717.31
442.62	192.19	2313.30	2456.00	310.78	355.71
376.71	31.02	1868.56	1808.70	185.89	330.29
763.43	580.99	7247.08	7723.16	510.18	1463.80
228.56	-63.80	1230.02	1279.06	154.97	171.86
33.00	12.30	95.43	103.61	23.45	11.64
218.80	69.98	1307.87	1411.86	164.58	191.99
653.80	1.65	2028.11	2171.26	387.99	355.35
238.26	15.33	669.03	732.76	152.72	102.18
366.09	68.86	406.64	465.53	298.25	94.71
5.61	0.91	5.23	6.93	17.49	1.99
315.94	90.39	1473.14	1441.30	181.43	176.55
236.92	-41.48	-149.78	-91.89	329.94	63.83
100.91	-8.44	32.05	67.85	76.22	20.94
134.25	7.28	65.63	85.34	88.83	32.80
298.64	27.29	254.15	340.97	357.04	72.01

3-2 按地区分组的国有控股

地区	工业销售产值(当年价格)	出口交货值	资产总计	固定资产合计	固定资产原价
全国	**228359.19**	**8516.83**	**397403.65**	**174671.96**	**272563.10**
北京	10026.41	266.40	28300.17	5324.41	9895.73
天津	7314.14	196.95	12141.80	5029.10	8218.12
河北	8979.21	359.75	16484.92	8458.66	12718.18
山西	6261.44	156.17	21080.93	9148.33	12514.28
内蒙古	5641.26	55.72	15388.83	7424.94	10998.07
辽宁	10055.21	957.12	18658.15	7323.62	13286.76
吉林	7085.36	89.95	9018.92	3752.91	6768.17
黑龙江	4678.12	71.24	9453.65	4700.31	9401.40
上海	11449.57	766.99	17437.33	4763.89	10270.70
江苏	14898.03	780.73	18753.29	7947.66	14222.97
浙江	8900.51	290.72	10617.83	5522.35	9224.58
安徽	8594.17	434.04	13658.84	6793.40	9598.97
福建	4540.35	177.66	7367.82	3761.51	5342.08
江西	4493.15	137.71	5668.90	2383.33	4009.25
山东	19623.15	635.71	28344.50	11435.29	16464.68
河南	9515.99	251.85	14227.92	6817.14	9640.65
湖北	10658.49	335.17	15743.77	6579.06	11019.03
湖南	6766.83	220.69	9325.62	3999.03	6438.97
广东	16627.49	1525.70	21190.57	10072.96	15949.18
广西	5939.30	82.25	6625.75	2907.34	4468.87
海南	456.12	0.37	1160.13	608.56	816.34
重庆	5258.39	80.02	8108.28	3720.61	5182.35
四川	9610.27	255.41	20092.37	9845.81	13221.06
贵州	3429.16	112.01	8062.82	3884.43	5183.74
云南	5322.51	41.27	12498.44	6504.41	8626.99
西藏	49.72		635.53	407.22	505.49
陕西	10410.67	166.80	19960.85	9495.80	14559.45
甘肃	4808.06	44.06	8812.70	4739.48	6782.00
青海	1130.46	0.59	4032.19	2649.08	3367.23
宁夏	1507.99	4.59	3605.06	2110.32	2991.40
新疆	4327.63	19.19	10945.75	6561.01	10876.41

工业企业主要经济指标

单位：亿元

累计折旧	流动资产合计	应收账款	存货	产成品	负债合计
114090.80	**138438.19**	**26553.48**	**31760.17**	**9128.14**	**246147.12**
4677.61	8523.43	1648.30	985.07	289.39	12743.36
3861.92	5194.12	849.16	1256.08	466.53	8171.09
5264.09	5074.54	901.19	1418.51	417.32	10778.83
5218.30	7375.85	1240.63	976.09	370.23	16127.95
4248.19	4243.46	850.23	670.75	224.92	10184.98
6539.39	7619.36	1325.55	2099.48	487.44	12913.44
3145.90	4113.51	470.05	993.01	253.95	5361.21
4861.06	3465.86	630.81	766.34	207.70	5409.98
5593.11	7788.31	1528.48	1577.97	376.04	7666.60
6376.57	7191.69	1965.34	1528.29	391.87	11058.68
4052.08	3425.32	825.80	890.67	218.22	6024.17
4013.77	4428.16	804.06	992.01	295.29	8799.06
1863.75	1956.90	372.06	578.78	106.49	4552.66
1723.45	2569.93	401.35	531.93	153.04	3537.10
7038.84	10716.77	2105.71	2306.65	746.15	18286.34
4100.93	5548.33	1206.24	1394.88	386.06	9725.27
4670.40	6111.10	1185.02	1685.65	545.26	9327.69
2616.16	4117.20	1162.35	1274.82	303.56	5818.20
7321.75	7486.36	1394.20	1591.39	473.47	12081.62
1732.39	2555.92	349.30	639.10	219.74	4367.93
254.98	197.33	13.62	38.10	9.43	667.54
1670.64	3103.09	608.66	677.06	255.96	5426.28
4371.11	5901.10	1219.42	1533.80	350.08	13318.05
1774.78	2876.90	408.13	707.45	177.80	5425.72
2379.11	3478.52	527.56	1422.45	258.95	8172.23
109.44	90.20	5.92	9.99	1.91	310.59
5557.21	6573.81	1412.42	1351.30	448.09	11745.16
2517.22	2782.24	440.85	1064.87	373.21	5973.14
1145.41	864.47	157.10	148.64	49.06	2915.07
1021.67	671.43	159.36	158.40	57.61	2522.33
4369.59	2392.96	384.59	490.65	213.37	6734.83

3-2 续表 1

地区	流动负债合计	应付账款	所有者权益合计	实收资本	国家资本
全国	**161083.94**	**42173.03**	**151107.60**	**79070.03**	**49737.34**
北京	7418.53	2001.28	15553.35	8799.85	7174.21
天津	6568.81	1495.32	3963.68	2425.47	1604.41
河北	7860.78	2014.50	5696.91	2812.17	1610.77
山西	9968.34	1941.47	4941.99	2822.13	2040.65
内蒙古	5816.40	1525.87	5203.85	3150.74	2246.13
辽宁	9336.10	2083.78	5736.01	3592.22	2243.58
吉林	3923.77	1476.18	3653.25	1111.69	591.48
黑龙江	3751.30	913.22	4041.71	1527.91	590.60
上海	6444.22	2190.55	9748.79	4380.03	2425.60
江苏	8330.03	2317.87	7683.93	3711.58	2192.24
浙江	3714.29	1207.34	4594.82	2696.43	1323.46
安徽	5642.86	1366.22	4850.81	2446.78	1185.57
福建	2242.33	609.54	2806.29	1627.78	1113.07
江西	2674.49	600.07	2111.33	1122.35	503.82
山东	12382.27	2996.44	10016.97	4170.37	2729.26
河南	7015.54	1702.34	4508.86	2218.25	1273.69
湖北	7198.52	2004.94	6401.45	2451.28	1653.61
湖南	3944.31	1071.51	3510.35	1590.67	948.75
广东	7826.88	2250.14	9079.19	4887.86	2875.70
广西	3017.95	729.77	2250.11	1054.17	724.59
海南	304.03	55.67	492.59	224.40	118.68
重庆	3840.19	1143.45	2686.66	1390.93	740.31
四川	6951.52	1757.74	6762.66	3187.37	1820.63
贵州	3203.19	635.00	2632.17	1176.78	780.20
云南	4270.17	994.34	4322.80	2314.75	1414.36
西藏	183.89	55.25	324.94	81.85	51.10
陕西	7152.48	2295.32	8279.55	4712.49	3384.43
甘肃	3666.09	850.50	2837.87	1752.14	1451.56
青海	1409.93	393.40	1117.12	491.75	389.97
宁夏	1232.47	379.19	1082.73	1511.06	741.91
新疆	3792.25	1114.84	4214.87	3626.75	1793.01

单位：亿元

集体资本	法人资本	个人资本	港澳台资本	外商资本	主营业务收入
894.86	**24207.09**	**1967.39**	**506.86**	**1867.68**	**241668.91**
4.83	1335.16	47.71	31.50	206.42	10507.68
14.66	656.91	51.03	3.87	90.62	7726.07
15.81	1062.85	70.47	5.20	47.07	9553.90
52.49	590.43	101.09	0.15	35.89	8565.88
28.90	724.85	113.24	2.99	34.63	5515.48
207.21	1002.38	58.10	10.58	70.36	10390.20
9.90	451.74	34.14	4.54	19.89	7631.16
10.01	871.86	22.34	4.16	28.94	5017.24
7.72	1541.09	89.64	58.38	257.59	13430.02
39.42	1114.01	103.46	68.48	193.92	14808.18
11.67	1210.49	35.79	45.10	69.92	8821.59
7.81	1101.77	94.01	26.89	30.74	9670.13
32.72	389.49	38.22	33.38	20.91	4245.03
4.14	551.38	57.99	2.96	2.06	6034.15
42.12	948.45	172.96	86.20	191.38	19807.68
28.27	904.59	110.88	19.38	21.93	10300.43
12.68	574.06	98.61	2.61	109.72	11360.87
18.13	502.97	75.72	6.40	38.71	6636.21
84.46	1546.31	155.53	52.56	173.30	16453.02
8.97	256.05	28.20	2.08	34.29	5680.77
0.09	79.83	19.71	2.00	4.09	412.98
3.40	557.97	44.83	8.01	41.03	5298.98
60.70	1132.62	81.71	8.12	44.41	9746.25
12.19	350.04	28.15	0.14	7.07	4002.84
28.35	778.56	66.59	8.43	18.45	5566.71
0.17	26.80	3.78			60.96
71.60	1146.38	89.76	0.60	29.42	10468.20
58.85	188.72	17.04	7.48	28.49	6946.20
0.59	87.96	4.68		8.56	1195.39
0.37	752.07	15.71	0.98	0.03	1365.07
16.64	1769.31	36.29	3.65	7.86	4449.64

3-2 续表 2

地区	主营业务成本	销售费用	管理费用	财务费用	利息收入
全国	**199927.31**	**5245.53**	**11191.53**	**5420.69**	**756.65**
北京	9039.28	264.23	414.46	140.22	32.16
天津	6660.98	73.80	279.71	100.22	42.86
河北	8271.51	144.61	468.88	261.09	8.53
山西	7345.51	338.43	506.56	408.71	42.70
内蒙古	4685.49	92.47	262.97	262.53	18.42
辽宁	8732.30	270.51	573.43	327.06	52.74
吉林	6278.03	281.99	363.39	100.68	25.00
黑龙江	4092.88	84.31	373.00	84.98	30.82
上海	10490.81	255.54	788.09	45.43	72.88
江苏	12224.70	242.65	572.63	180.81	32.95
浙江	7200.53	126.23	285.40	152.02	15.62
安徽	8357.50	192.25	411.47	232.89	31.88
福建	3479.22	62.76	157.30	127.33	12.60
江西	5337.51	88.72	184.68	61.85	10.07
山东	16711.39	394.93	934.47	369.14	42.54
河南	9127.53	148.43	465.05	264.94	26.67
湖北	9355.14	276.96	540.82	189.41	23.88
湖南	4988.80	155.39	347.06	163.45	17.90
广东	13448.15	567.82	606.69	217.53	45.26
广西	4709.43	125.02	230.11	107.65	12.76
海南	303.31	5.80	12.61	9.97	0.67
重庆	4311.78	216.78	301.38	99.18	18.99
四川	7882.09	234.73	475.71	342.38	37.64
贵州	2916.76	84.50	208.13	168.02	12.29
云南	3926.53	118.23	262.69	267.88	17.95
西藏	62.08	1.07	3.86	4.28	0.38
陕西	8276.35	171.10	540.40	222.98	20.08
甘肃	6246.65	79.49	206.84	193.41	16.88
青海	941.84	37.68	51.23	80.79	3.62
宁夏	1110.95	19.50	66.16	63.54	13.77
新疆	3412.28	89.61	296.35	170.32	16.13

单位：亿元

利息支出	投资收益（损失以"-"号记）	营业利润	利润总额	亏损企业亏损额	平均用工人数（万人）
5688.21	**2521.76**	**9785.32**	**11416.72**	**5134.39**	**1777.83**
117.06	535.95	894.61	1079.01	62.21	46.90
135.77	-4.13	417.72	439.60	95.21	40.38
262.89	34.75	113.49	158.73	224.34	87.73
422.92	66.41	-128.34	-89.07	379.99	115.32
249.68	30.58	26.41	50.38	403.12	47.23
295.26	80.23	-200.48	-96.13	428.33	99.72
121.39	80.84	366.07	435.54	205.71	55.53
103.35	6.21	40.42	83.38	153.45	68.41
88.84	580.91	1393.87	1475.16	103.86	42.27
200.00	80.15	989.85	1058.21	166.24	71.40
157.08	32.83	559.45	597.90	46.74	31.43
231.91	109.12	209.09	225.76	196.05	85.21
128.03	38.46	138.68	157.62	90.95	24.92
67.35	17.35	186.09	209.71	45.12	36.51
415.67	165.97	873.83	948.91	265.25	146.27
279.86	34.55	-19.58	18.21	340.83	118.77
201.93	182.20	527.36	614.18	223.48	78.12
164.84	13.84	190.46	224.18	120.99	49.88
251.17	173.17	1038.68	1196.46	127.74	85.15
104.27	12.05	191.07	232.42	94.83	36.17
10.08	5.97	54.65	57.07	8.59	2.88
107.18	68.61	269.97	351.41	125.14	41.03
357.44	24.76	445.97	565.95	178.66	86.03
174.28	14.02	320.12	369.13	81.14	42.48
273.84	67.99	266.21	307.69	202.63	40.05
4.77	0.20	-10.36	-9.24	16.02	1.03
232.34	89.48	698.85	696.29	119.54	91.54
192.87	-42.93	-190.73	-144.48	293.12	42.40
78.54	1.59	29.69	52.13	42.37	12.24
74.98	4.69	14.15	18.39	45.66	12.40
182.60	15.96	78.06	132.19	247.07	38.42

3-3 按地区分组的集体

地区	工业销售产值(当年价格)	出口交货值	资产总计	固定资产合计	固定资产原价
全国	**6582.79**	**286.54**	**5092.53**	**1252.05**	**2141.85**
北京	25.30	0.56	37.75	7.81	15.53
天津	43.93	4.64	27.90	4.41	8.94
河北	274.98	0.15	200.38	76.76	94.47
山西	86.99	0.31	91.39	26.21	56.48
内蒙古	51.05		15.78	6.04	23.72
辽宁	363.93	1.42	212.69	75.24	152.48
吉林	64.80	1.21	36.57	14.61	61.21
黑龙江	61.50		67.71	14.80	29.41
上海	57.32	2.57	59.15	9.76	18.27
江苏	817.28	18.09	832.97	198.51	355.11
浙江	35.34	0.27	38.70	11.27	19.81
安徽	74.24	1.72	41.78	10.72	19.86
福建	130.66	4.15	43.53	12.91	23.88
江西	64.81	0.03	24.23	12.46	24.94
山东	1669.07	83.18	2103.18	244.45	389.50
河南	1387.27	12.05	662.22	311.34	469.31
湖北	121.80		53.27	16.79	31.68
湖南	249.79	2.91	89.65	40.50	54.33
广东	438.97	146.47	170.20	66.50	126.30
广西	221.08	5.96	66.41	22.60	33.15
海南	0.28		0.77		
重庆	32.61		19.48	3.91	6.79
四川	139.05		39.41	13.03	19.01
贵州	17.96		12.58	3.74	4.71
云南	20.19	0.46	25.96	6.94	13.34
西藏	0.29		1.68	0.43	0.85
陕西	78.97	0.38	57.60	20.22	55.80
甘肃	47.15		52.21	18.54	30.34
青海	0.55		1.19	0.19	0.21
宁夏	0.05		0.20	0.03	0.07
新疆	5.60		6.00	1.33	2.33

工业企业主要经济指标

单位：亿元

累计折旧	流动资产合计	应收账款	存货	产成品	负债合计
983.39	**3128.64**	**449.28**	**456.39**	**251.78**	**3008.36**
8.27	26.76	5.03	6.72	3.26	23.33
4.64	22.87	8.81	5.23	1.84	11.84
21.53	75.48	17.18	13.61	7.37	68.93
30.48	52.28	16.08	11.45	6.27	92.10
17.96	8.05	3.06	1.37	0.72	8.71
81.30	111.83	36.99	19.28	8.47	130.16
47.04	20.67	5.90	2.95	1.17	18.45
15.33	50.94	17.85	6.87	2.56	58.53
9.73	46.38	13.93	12.05	5.21	30.61
158.09	499.17	68.73	114.63	31.95	482.93
9.68	21.79	3.45	3.09	1.53	13.90
10.04	26.08	10.88	6.78	2.84	17.90
11.44	25.25	6.09	3.45	2.03	20.42
14.63	9.54	2.68	2.55	1.11	9.57
156.25	1540.85	108.24	151.17	129.69	1534.76
194.12	317.48	52.42	45.15	21.33	163.99
17.16	28.67	10.54	5.43	2.92	32.18
19.66	26.19	6.36	6.98	2.73	38.71
71.46	68.64	15.48	9.35	3.67	102.83
12.51	33.94	8.08	8.11	5.17	23.09
	0.34	0.13	0.15	0.13	0.58
3.39	10.00	2.78	3.54	2.20	13.59
7.69	23.18	4.91	4.20	2.32	19.54
1.44	5.71	1.90	0.83	0.39	5.76
7.90	15.06	4.86	2.05	0.63	13.35
0.42	0.80	0.12	0.08	0.01	0.50
37.79	27.83	7.39	4.27	1.31	32.08
12.10	27.46	6.96	3.84	2.35	35.74
0.03	0.99	0.24	0.44	0.09	0.88
0.04	0.17	0.15	0.02		0.12
1.28	4.23	2.05	0.76	0.53	3.27

3-3 续表 1

地区	流动负债合计	应付账款	所有者权益合计	实收资本	国家资本
全国	**2455.29**	**600.50**	**2019.27**	**529.69**	**7.02**
北京	19.82	5.15	14.42	3.49	
天津	10.24	5.57	16.47	4.26	0.03
河北	51.31	18.47	94.95	18.39	
山西	88.93	19.14	-0.71	6.46	
内蒙古	6.91	1.85	7.03	3.12	0.15
辽宁	94.87	21.04	80.62	26.80	0.07
吉林	16.51	5.40	18.12	3.46	
黑龙江	48.91	23.38	9.17	8.25	0.01
上海	27.39	9.01	28.48	5.88	0.02
江苏	413.26	61.41	349.38	168.26	0.49
浙江	13.08	3.07	24.65	6.10	0.01
安徽	15.70	7.45	23.51	3.64	0.31
福建	18.62	4.18	22.56	4.88	
江西	8.47	2.98	14.66	5.22	0.12
山东	1291.48	321.84	566.88	32.89	0.14
河南	108.40	28.43	483.90	133.20	3.49
湖北	24.35	8.63	20.97	9.49	1.16
湖南	28.94	5.90	50.65	26.19	0.03
广东	58.77	11.40	60.98	25.47	0.34
广西	14.63	4.22	43.32	7.54	
海南					
重庆	11.77	2.97	3.98	2.84	
四川	14.96	5.28	19.64	5.10	0.15
贵州	5.02	1.23	6.82	1.37	0.36
云南	12.03	3.85	12.62	4.43	0.06
西藏	0.50	0.15	1.18	0.32	
陕西	19.73	4.80	25.47	5.80	0.04
甘肃	26.52	11.91	16.47	5.76	0.03
青海	0.88	0.35	0.31	0.24	
宁夏	0.12	0.01	0.08	0.01	
新疆	3.17	1.43	2.73	0.82	

单位：亿元

集体资本	法人资本	个人资本	港澳台资本	外商资本	主营业务收入
274.29	**112.79**	**129.84**	**4.69**	**1.06**	**6726.92**
3.23	0.24	0.01			25.72
2.34	1.80	0.08			44.57
6.62	10.32	1.45			277.09
5.19	0.88	0.39			98.66
0.93	0.15	1.88			50.28
11.50	7.84	7.39			383.65
2.29	0.67	0.50			61.24
6.95	0.69	0.59		0.01	58.58
4.81	0.88	0.17			59.29
111.33	31.85	21.45	2.19	0.95	842.06
5.41	0.37	0.31			34.69
2.00	0.32	1.00			73.30
2.55	0.96	1.36			128.98
1.07	2.01	2.02			66.48
17.14	8.92	6.66	0.03		1799.10
45.78	18.86	65.07			1378.68
3.39	2.88	2.05			119.31
5.48	14.47	6.20			255.63
15.78	2.56	4.25	2.47	0.08	420.32
5.58	1.01	0.94		0.02	217.29
					0.24
1.19	1.12	0.54			32.64
1.73	0.99	2.23			136.55
0.79	0.15	0.07			17.69
2.93	1.04	0.41			20.82
0.32					0.33
3.25	0.97	1.53			75.65
4.15	0.29	1.29			41.61
0.24					0.89
		0.01			0.07
0.31	0.51				5.49

3-3 续表 2

地区	主营业务成本	销售费用	管理费用	财务费用	利息收入
全国	**5657.79**	**235.61**	**271.51**	**50.95**	**8.76**
北京	22.39	1.40	2.63	-0.03	0.16
天津	39.75	0.49	1.63	0.14	
河北	240.36	3.33	6.21	0.94	
山西	81.68	4.66	7.60	1.81	0.09
内蒙古	43.31	0.61	1.89	0.21	
辽宁	335.97	6.59	14.97	1.72	0.01
吉林	53.72	1.32	3.46	0.19	
黑龙江	52.05	0.59	3.92	0.18	0.01
上海	50.83	1.37	4.99	0.57	0.18
江苏	748.09	13.14	25.24	14.15	0.48
浙江	28.53	1.80	2.30	0.16	0.02
安徽	62.35	1.42	3.60	0.23	
福建	113.40	2.30	4.81	0.23	0.05
江西	56.05	1.32	2.77	0.35	
山东	1407.70	144.41	98.50	13.55	7.44
河南	1170.47	21.96	22.57	6.93	0.04
湖北	104.68	2.68	5.07	0.65	0.01
湖南	216.18	6.44	9.97	2.25	
广东	372.14	5.70	19.42	2.54	0.04
广西	173.49	5.27	14.02	1.22	0.02
海南	0.18		0.04	0.02	
重庆	27.50	1.43	1.68	0.16	0.01
四川	115.14	3.96	4.82	1.39	0.01
贵州	15.82	0.05	1.89	0.14	-0.02
云南	16.61	0.84	1.86	0.23	0.09
西藏	0.32		0.07		
陕西	66.86	1.77	2.66	0.37	0.01
甘肃	36.52	0.63	2.46	0.63	0.09
青海	0.71	0.07	0.14		
宁夏	0.07		0.01		
新疆	4.91	0.09	0.27	0.03	0.01

单位：亿元

利息支出	投资收益（损失以"–"号记）	营业利润	利润总额	亏损企业亏损额	平均用工人数（万人）
49.60	**12.55**	**496.82**	**509.45**	**17.62**	**66.84**
0.12	0.22	-0.17	0.97	0.56	0.65
0.12		2.42	2.53	0.07	0.63
0.86	0.02	24.80	23.99	1.00	2.20
1.37	0.06	1.34	1.61	2.53	2.05
0.15	0.21	4.05	2.87	0.25	0.38
1.10	-0.51	21.45	21.96	3.12	5.58
0.16	0.03	2.26	2.27	0.34	0.62
0.16	0.01	1.78	1.68	1.03	1.48
0.76	0.33	1.95	2.43	0.62	0.89
14.16	3.04	51.63	53.10	1.28	6.73
0.20	0.15	2.40	2.55	0.05	0.44
0.21	0.03	5.18	5.01	0.46	0.82
0.23	-0.66	5.92	5.81	0.12	1.70
0.32		5.27	5.18		1.01
15.01	8.35	137.77	151.54	0.82	8.53
6.54	1.26	151.38	150.11	0.03	9.45
0.47	-0.07	5.17	5.28	0.45	1.89
1.85	0.09	17.68	16.28	0.19	3.57
2.02		20.54	20.30	1.82	10.56
1.04	-0.19	17.60	17.65	0.13	2.24
0.01		-0.01	-0.01	0.01	0.03
0.10		1.32	1.41	0.41	0.76
1.25	0.01	9.53	8.64	0.18	1.46
0.04	0.01	-0.39	-0.56	0.89	0.32
0.31	0.15	1.33	1.29	0.30	0.57
		-0.07	-0.07	0.07	0.02
0.34		3.37	3.67	0.39	1.04
0.68	0.01	1.18	1.78	0.33	0.98
	0.01	0.04	0.03		0.05
		-0.01	-0.01	0.01	
0.03		0.09	0.13	0.17	0.15

3-4 按地区分组的有限责任公司

地　区	工业销售产值(当年价格)	出口交货值	资产总计	固定资产合计	固定资产原价
全　国	**314906.09**	**15410.82**	**374094.85**	**151934.24**	**222848.66**
北　京	3747.12	182.10	9723.36	2604.52	4313.62
天　津	7764.72	239.62	9387.66	3122.65	4288.31
河　北	13681.81	487.80	17813.19	7967.64	11140.19
山　西	5589.96	159.47	20048.55	7793.35	10132.00
内蒙古	9137.60	69.21	15404.92	7295.33	10724.52
辽　宁	7726.08	592.39	13911.21	5139.46	8011.76
吉　林	5829.28	68.66	4667.53	2418.60	5263.47
黑龙江	5172.70	62.31	9236.24	4469.93	8321.72
上　海	5533.58	589.34	8620.94	1864.57	3237.95
江　苏	24320.55	1502.55	22858.41	7958.91	13402.95
浙　江	13682.12	1569.93	16272.58	5487.40	8428.81
安　徽	11010.47	557.45	12253.23	5473.85	7444.85
福　建	10674.78	722.05	9200.21	4232.71	5775.54
江　西	10105.30	396.78	7027.99	3107.76	4755.78
山　东	40569.54	1670.55	39178.08	14315.56	21855.71
河　南	29879.88	564.66	23989.20	10461.06	13519.02
湖　北	14533.26	521.68	11687.65	4126.55	6612.38
湖　南	7367.50	278.57	6252.93	2697.97	3825.24
广　东	31455.87	3965.20	27546.17	10883.89	16346.16
广　西	6845.87	111.74	5736.67	2374.64	3671.10
海　南	733.47	34.13	1242.86	517.56	648.30
重　庆	5783.45	310.68	7170.62	3142.59	4427.78
四　川	14683.85	287.49	21302.51	9574.81	13431.53
贵　州	4721.79	78.46	7328.50	3271.61	3976.08
云　南	5146.78	88.00	10084.80	4919.69	6383.32
西　藏	57.18		503.13	302.37	396.62
陕　西	10920.09	196.82	14595.57	5392.88	8247.13
甘　肃	2878.27	26.06	6021.31	3076.11	4013.14
青　海	835.76	10.38	2332.18	1417.81	2063.42
宁　夏	1310.88	33.69	3895.89	1985.17	2581.11
新　疆	3206.58	33.04	8800.72	4537.26	5609.16

工业企业主要经济指标

单位：亿元

累计折旧	流动资产合　计	应收账款	存货		负债合计
				产成品	
85557.22	**156451.11**	**34651.51**	**35893.99**	**12462.53**	**233367.37**
1807.84	4543.41	1344.02	713.44	240.31	5562.42
1707.46	4816.60	963.53	1210.74	503.62	6435.97
4143.22	6756.53	1349.36	1759.47	580.97	11466.30
3959.74	7694.75	1269.06	1034.27	414.08	15769.49
4004.12	5076.86	1000.88	676.31	286.02	10165.98
3288.68	6373.56	1165.57	1602.50	397.31	9654.08
3032.52	1532.28	386.41	399.96	138.25	2712.77
4065.72	3386.61	543.55	779.71	238.05	5135.80
1462.73	5057.59	1112.07	1234.95	272.94	4485.60
5555.17	11115.54	3121.87	2384.78	899.16	13484.46
3352.76	8039.94	2324.69	1767.44	642.04	10090.58
2998.49	4734.78	1113.31	1166.77	400.71	7612.14
1899.17	3287.74	725.69	977.64	310.41	5580.40
1884.60	2822.89	652.12	632.40	272.17	3727.37
9010.10	17465.91	2924.16	4204.34	1559.43	24115.26
4220.12	10730.86	1985.19	2137.50	752.04	11993.09
2761.95	5876.63	1612.53	1586.74	634.92	6863.77
1325.35	2709.06	728.71	681.34	217.12	3820.16
7075.59	12474.05	3467.07	2911.05	984.01	16355.67
1431.30	2425.67	470.84	560.12	250.02	3822.34
158.87	457.87	80.27	106.24	59.37	746.14
1515.96	2957.85	798.72	585.71	221.45	4549.41
4577.35	7629.58	1570.68	1916.72	575.01	13793.13
1174.46	2893.75	650.31	619.59	252.76	5142.32
1684.93	3523.11	610.67	1422.92	273.13	6238.67
99.10	105.19	6.62	9.90	3.64	201.34
3289.48	5883.94	1304.10	1325.12	498.24	8824.81
1311.61	2002.10	455.02	556.85	189.85	4175.44
689.78	578.42	176.11	112.61	37.58	1818.64
743.53	984.08	217.93	240.80	107.33	2683.76
1325.50	2513.98	520.46	576.04	250.56	6340.05

3-4 续表 1

地　区	流动负债合计	应付账款	所有者权益合计	实收资本	国家资本
全　国	**161961.67**	**39539.76**	**140030.01**	**75138.20**	**25828.89**
北　京	4077.33	1258.17	4155.43	2426.14	1235.71
天　津	5410.76	1239.05	2943.87	1888.06	974.27
河　北	8798.25	2222.92	6321.01	4165.52	1062.36
山　西	10091.99	1861.23	4272.12	2557.92	1462.52
内蒙古	5986.91	1417.19	5221.09	4000.26	1384.92
辽　宁	7073.31	1605.60	4234.79	2563.55	1151.22
吉　林	1943.38	461.25	1942.12	1171.66	415.27
黑龙江	3677.88	931.50	4086.89	1645.98	399.64
上　海	3715.76	1131.52	4110.92	2205.49	797.31
江　苏	10500.56	2382.83	9359.92	4063.35	1105.47
浙　江	7821.05	1937.74	6178.45	3009.95	502.58
安　徽	5067.00	1169.21	4616.57	2528.52	891.47
福　建	3264.98	871.52	3584.67	1997.59	867.00
江　西	2710.65	724.49	3260.70	1806.09	372.76
山　东	17173.41	3326.12	14954.43	4956.99	1221.06
河　南	8858.78	1866.78	11830.75	6266.46	750.44
湖　北	5250.92	1521.87	4784.40	2312.79	622.07
湖　南	2811.98	695.75	2431.41	1383.43	483.19
广　东	11501.79	3550.46	11096.76	5363.55	2248.80
广　西	2682.33	632.40	1905.35	1474.60	444.08
海　南	429.27	98.40	496.43	263.23	82.55
重　庆	3283.63	896.00	2622.02	1264.12	578.11
四　川	7733.27	1801.19	7490.70	3773.06	1588.50
贵　州	3218.91	740.83	2188.32	1433.15	536.93
云　南	3731.64	1012.94	3838.39	2576.93	1233.90
西　藏	124.70	49.79	301.79	59.87	30.03
陕　西	5929.17	1710.20	5772.21	2857.23	1296.76
甘　肃	2608.30	651.00	1842.04	1078.38	534.71
青　海	895.96	225.29	513.54	439.60	235.69
宁　夏	1390.80	372.54	1209.90	1559.62	642.47
新　疆	4197.01	1173.98	2462.99	2045.13	677.08

单位：亿元

集体资本	法人资本	个人资本	港澳台资本	外商资本	主营业务收入
2039.04	**33113.87**	**13516.90**	**238.14**	**394.32**	**321610.14**
11.30	1088.16	89.29		1.69	4208.96
21.16	732.22	148.74	1.55	6.14	8055.25
79.08	1439.09	1575.20	2.46	7.33	14071.58
79.51	671.78	332.80	0.04	11.27	7798.87
57.65	2256.90	297.42	0.86	2.51	8990.21
23.69	1114.62	231.77	22.11	20.14	7963.49
24.56	330.10	391.70	1.57	8.45	5555.68
28.03	1008.74	206.36	0.58	2.62	5299.12
14.95	1343.81	45.72	1.73	1.96	6032.72
162.36	1702.30	1030.08	29.76	33.33	24535.80
63.53	1741.66	685.13	4.23	12.82	13398.39
37.08	1250.56	328.07	12.20	9.13	11925.85
46.93	658.24	376.94	8.04	40.44	10405.48
34.00	1040.82	354.33	1.93	2.25	10455.46
191.03	2206.68	1149.74	48.67	139.81	42207.89
375.26	2437.98	2660.22	23.85	18.60	30376.80
68.74	1084.55	522.41	6.20	8.82	14919.39
28.67	693.23	161.04	7.19	10.11	7194.98
66.85	2456.13	534.63	37.22	19.92	31148.35
13.92	409.47	604.16	0.36	2.61	6452.45
5.51	147.00	14.06		14.11	681.24
22.36	522.04	140.76	0.61	1.48	5790.15
98.80	1592.98	469.14	13.03	7.37	15057.04
238.45	533.27	120.50	4.32	0.53	4680.89
50.83	1142.11	149.66	0.01	0.43	5080.10
2.25	23.38	4.20			59.16
79.37	892.85	574.28	6.38	5.82	10978.32
67.78	360.95	111.51	2.89	0.53	3122.55
13.89	164.85	25.17			747.32
2.43	844.33	70.39			1168.27
29.06	1223.03	111.48	0.37	4.11	3248.38

3-4 续表 2

地 区	主营业务成 本	销售费用	管理费用	财务费用	利息收入
全 国	**272770.34**	**7798.91**	**13114.46**	**5885.32**	**635.09**
北 京	3680.96	130.13	290.20	61.93	18.29
天 津	7001.99	174.13	261.50	81.67	36.22
河 北	12280.75	245.12	513.16	274.38	5.36
山 西	6733.28	259.80	499.80	400.68	42.15
内 蒙 古	7481.45	190.40	357.68	266.17	16.04
辽 宁	7079.27	155.49	383.44	220.32	38.17
吉 林	4799.48	168.32	239.08	85.38	5.43
黑 龙 江	4493.60	101.41	325.78	77.46	27.70
上 海	4574.14	137.84	382.14	34.03	31.18
江 苏	20674.46	760.52	983.18	334.49	44.68
浙 江	11239.80	327.34	644.62	246.37	36.87
安 徽	10243.22	210.72	462.08	219.55	18.99
福 建	8806.49	191.78	333.89	167.23	7.52
江 西	9171.50	183.45	260.27	84.69	7.86
山 东	37138.17	829.38	1231.17	710.06	80.74
河 南	26435.39	517.75	714.63	374.06	17.40
湖 北	12514.60	408.04	588.62	175.80	12.49
湖 南	6003.38	196.09	349.94	113.57	11.39
广 东	25793.65	1002.67	1711.38	354.90	56.16
广 西	5412.84	147.39	250.13	106.60	11.45
海 南	560.14	36.36	26.89	14.06	1.93
重 庆	4926.04	128.71	242.09	89.60	14.38
四 川	12316.51	522.43	704.33	395.83	23.72
贵 州	3685.00	139.85	239.14	158.59	14.21
云 南	3506.79	118.14	242.39	206.90	11.43
西 藏	57.59	2.85	3.22	1.65	0.50
陕 西	9048.32	281.80	476.27	192.87	11.51
甘 肃	2787.05	75.31	149.02	125.86	9.56
青 海	634.58	20.32	26.52	66.33	0.84
宁 夏	979.33	26.96	69.26	67.00	14.52
新 疆	2710.56	108.39	152.61	177.27	6.38

单位：亿元

利息支出	投资收益（损失以“-”号记）	营业利润	利润总额	亏损企业亏损额	平均用工人数（万人）
5798.14	**897.87**	**15674.71**	**16712.49**	**3831.21**	**2754.09**
72.55	74.29	104.32	240.37	81.45	36.45
117.90	9.33	449.33	465.69	70.81	42.26
265.53	-129.76	478.84	517.70	191.80	124.38
409.94	62.40	-177.58	-146.01	386.60	113.49
253.64	-29.22	545.32	452.11	273.21	63.61
233.02	36.46	76.04	158.89	165.25	83.85
70.99	17.57	200.27	240.45	57.84	48.34
88.99	-1.61	156.76	195.42	112.49	64.51
59.58	149.86	395.57	465.94	111.47	33.76
332.18	41.42	1436.05	1530.05	149.75	165.14
270.45	46.90	749.00	824.64	104.97	123.02
198.38	52.98	548.80	522.91	129.71	106.19
158.53	-13.00	558.80	545.17	76.55	89.76
78.50	5.94	612.90	637.08	43.05	85.73
696.16	79.47	1955.31	2056.48	213.62	294.69
340.57	23.30	1988.37	1948.71	193.12	299.19
157.16	1.78	710.78	756.99	87.40	123.26
106.65	5.47	302.53	285.30	80.32	66.08
307.50	312.89	2157.78	2297.94	131.32	267.01
108.76	-23.10	363.27	392.35	61.15	48.45
14.73	4.17	16.25	21.51	16.13	5.51
93.81	5.62	289.05	334.15	61.96	56.60
373.19	10.10	782.76	856.59	186.09	143.02
158.52	9.87	163.54	203.65	91.65	45.41
208.34	49.64	267.48	293.52	192.75	43.68
2.21	0.45	-6.12	-5.64	14.88	1.01
182.83	65.83	621.70	600.77	124.31	92.16
121.26	13.68	-97.50	-60.01	171.64	31.07
61.54	-2.31	-9.68	0.26	42.61	6.65
77.37	4.85	14.60	19.35	46.67	14.01
177.37	12.66	20.15	60.16	160.65	35.81

3-5 按地区分组的股份有限公司

地区	工业销售产值(当年价格)	出口交货值	资产总计	固定资产合计	固定资产原价
全国	**97332.58**	**7298.49**	**139031.35**	**48513.35**	**81076.32**
北京	2083.33	89.21	4939.91	541.05	994.89
天津	2385.72	64.09	3661.87	1758.46	3571.00
河北	3518.07	75.46	4928.08	2430.40	3865.91
山西	873.62	2.80	2459.27	1236.77	1679.76
内蒙古	2311.71	28.90	4186.48	1353.31	2157.73
辽宁	4270.61	327.18	4637.09	2200.57	4860.88
吉林	3525.66	47.59	3659.28	1364.71	2706.17
黑龙江	1422.13	7.30	1746.82	636.29	1264.97
上海	1917.57	203.90	5469.73	836.61	2514.49
江苏	8671.58	755.15	9291.19	2574.99	4653.82
浙江	6135.34	986.72	8446.22	1685.14	2553.69
安徽	4295.63	409.52	5655.87	1815.75	3166.33
福建	1817.55	333.88	3212.43	774.04	1263.70
江西	2080.03	91.87	1632.69	670.80	1073.54
山东	11470.88	763.66	12690.70	4970.54	6609.67
河南	5889.83	251.85	6785.60	2416.54	3360.92
湖北	4696.47	178.79	6830.30	2508.73	4059.04
湖南	3363.17	85.32	4227.16	1506.15	2227.56
广东	9775.54	2217.76	12320.88	1970.10	3794.16
广西	1766.64	56.01	2038.24	774.97	1145.91
海南	184.35	4.01	479.72	136.33	245.14
重庆	1542.20	45.08	2449.29	880.56	1200.75
四川	3058.93	88.57	4584.04	1431.97	2211.35
贵州	652.81	21.67	1200.78	458.80	673.95
云南	1295.27	8.14	3761.19	1650.18	2128.88
西藏	40.32	0.03	172.24	41.74	43.69
陕西	2960.66	62.52	6367.00	4057.94	7153.52
甘肃	1934.71	61.73	3167.69	1118.51	1723.80
青海	512.50	0.07	1894.68	1156.75	1250.96
宁夏	469.17	17.25	610.85	366.38	538.43
新疆	2410.56	12.45	5524.06	3188.27	6381.72

工业企业主要经济指标

单位：亿元

累计折旧	流动资产合计	应收账款	存货	产成品	负债合计
36879.98	**59541.09**	**12514.74**	**12201.31**	**4697.45**	**72606.73**
445.71	2496.21	652.37	378.99	124.43	2067.82
1894.14	1248.52	206.65	174.93	68.26	2222.92
1662.74	1863.39	288.54	376.08	138.20	2660.10
758.47	792.27	131.54	130.75	49.18	1430.06
956.50	1482.31	182.03	352.38	146.77	2433.56
2784.87	1738.83	340.93	540.06	172.90	2731.90
1346.28	1611.86	315.12	419.62	112.42	1970.69
659.80	777.14	249.01	205.15	66.75	906.77
1659.69	2090.28	394.83	272.01	107.64	1661.62
2138.80	4733.22	1307.86	1077.33	375.35	4322.63
1103.31	4529.99	1126.62	915.65	380.91	3581.76
1431.23	2511.87	520.15	484.15	173.67	3318.00
541.58	1543.89	320.06	342.09	113.69	1641.84
435.27	696.09	152.06	157.23	78.11	879.39
3057.47	5516.93	936.41	1056.89	446.92	6937.18
1292.81	3267.00	782.82	609.43	235.37	3665.88
1736.71	2744.73	598.56	563.94	229.69	3111.12
784.09	2206.13	713.98	514.45	180.27	2519.49
1895.52	7396.18	1669.31	1273.75	572.09	6511.08
407.93	814.59	122.17	165.90	62.22	1111.40
116.29	151.73	20.06	21.42	10.35	177.38
354.07	1073.31	156.12	237.17	110.56	1547.45
973.55	1865.24	434.56	330.37	126.01	2227.28
269.74	457.52	106.27	90.05	42.34	752.03
539.96	957.57	118.46	215.41	69.56	2610.62
16.12	45.09	6.13	7.73	2.25	78.35
3160.34	1401.28	300.13	220.97	86.32	3054.46
663.30	1491.32	175.93	679.17	266.51	2077.17
463.01	479.68	32.81	94.40	40.27	1278.35
223.76	171.55	28.84	49.72	16.90	377.35
3106.91	1385.36	124.42	244.12	91.54	2741.10

3-5 续表 1

地区	流动负债合计	应付账款	所有者权益合计	实收资本	国家资本
全国	**53487.17**	**13691.99**	**66221.33**	**25732.23**	**9790.48**
北京	1612.88	508.02	2863.91	796.72	174.30
天津	1582.64	390.85	1435.56	495.76	226.79
河北	2037.01	591.61	2248.99	678.66	281.94
山西	965.58	241.34	1019.43	522.65	363.61
内蒙古	1618.70	510.66	1752.90	799.03	478.32
辽宁	2025.67	411.16	1903.23	1094.60	632.58
吉林	1473.37	451.98	1692.37	481.39	90.92
黑龙江	696.16	170.50	839.19	256.72	99.96
上海	1414.31	429.97	3806.26	725.25	306.02
江苏	3798.09	1026.30	4968.40	1803.72	348.40
浙江	3056.61	770.09	4864.75	1790.41	73.37
安徽	2443.90	580.96	2317.97	829.75	262.83
福建	1181.80	213.37	1568.16	1122.49	193.69
江西	719.49	174.74	748.08	261.37	43.76
山东	5234.77	1156.81	5724.28	2044.66	1032.15
河南	2772.44	604.20	3089.36	1103.69	313.82
湖北	2214.33	455.82	3718.20	841.06	342.48
湖南	1713.80	439.72	1707.33	674.33	239.46
广东	5755.36	1793.32	5752.57	1741.13	322.28
广西	777.51	139.17	926.17	320.55	179.19
海南	132.14	20.96	302.34	114.05	5.65
重庆	1116.65	336.10	900.47	292.07	55.33
四川	1529.07	370.74	2349.69	651.09	114.18
贵州	460.87	82.36	444.95	195.82	72.14
云南	1486.04	221.03	1150.56	468.20	100.27
西藏	41.86	8.66	93.89	48.27	19.82
陕西	1625.52	664.79	3312.16	2375.98	1664.97
甘肃	1563.67	297.59	1087.64	669.42	532.22
青海	648.11	182.57	616.34	122.48	108.33
宁夏	254.92	59.51	233.50	167.89	79.97
新疆	1533.91	387.07	2782.67	2243.03	1031.73

单位：亿元

集体资本	法人资本	个人资本	港澳台资本	外商资本	主营业务收入
755.42	**8983.39**	**5954.80**	**166.38**	**222.14**	**99630.68**
4.91	359.86	250.71	6.80	0.15	2313.26
2.96	178.91	86.17	0.18	0.75	2411.02
0.97	217.92	144.09	31.15	2.60	3619.27
26.57	76.36	53.60	0.11	2.40	902.15
17.21	158.39	140.15	0.32	4.63	2426.02
207.60	127.49	124.31	1.13	1.49	4227.70
7.57	277.10	105.46		0.34	3282.74
15.31	67.03	70.30	2.31	1.80	1424.10
3.61	268.12	136.28	1.23	9.99	2336.37
25.17	824.56	567.40	18.64	19.55	8691.12
52.25	951.65	688.18	10.85	14.09	5885.72
19.37	263.05	252.77	17.57	14.17	4191.01
19.08	234.54	667.50	7.22	0.46	1781.14
36.37	106.74	74.49			2197.24
49.00	483.96	432.80	20.71	26.04	11796.81
25.73	528.25	343.37	13.78	19.22	6062.65
16.03	201.99	274.87	1.29	4.39	4396.77
12.22	250.53	143.37	5.48	23.26	3299.04
42.31	626.82	712.60	19.88	17.24	9735.92
6.11	76.62	57.68	0.33	0.63	1661.09
1.58	79.80	25.60	1.17	0.25	187.88
6.52	141.45	78.56	0.03	10.07	1550.79
13.05	264.05	218.36	2.13	39.32	3127.96
4.28	73.85	45.54			577.65
22.33	293.73	51.88			1522.53
1.88	22.31	4.25			39.80
39.82	558.30	106.46		6.43	2658.78
14.97	100.20	21.60	0.41	0.02	3762.36
	3.75	9.64		0.77	515.83
4.10	64.17	19.64			470.58
56.52	1101.89	47.15	3.66	2.09	2575.38

3-5 续表 2

地区	主营业务成本	销售费用	管理费用	财务费用	利息收入
全国	**80136.76**	**3748.96**	**5196.66**	**1530.33**	**294.45**
北京	1768.39	125.45	167.61	32.40	9.87
天津	1743.92	61.72	100.76	39.13	5.76
河北	2966.01	78.68	184.08	63.69	3.90
山西	651.48	127.20	69.93	39.23	3.39
内蒙古	1955.08	76.59	90.99	34.64	1.25
辽宁	3404.25	70.82	207.66	71.32	9.34
吉林	2604.97	234.64	176.33	54.34	0.90
黑龙江	1047.00	37.22	93.47	22.84	1.93
上海	1867.50	143.19	190.77	17.91	25.62
江苏	6936.81	310.95	442.70	73.86	15.48
浙江	4628.10	216.25	358.25	60.61	18.68
安徽	3524.71	189.80	209.58	68.29	15.53
福建	1489.89	62.04	99.14	34.59	11.80
江西	1876.15	38.41	60.20	19.21	1.48
山东	10067.29	267.39	491.55	168.98	29.70
河南	5199.42	170.17	253.45	99.75	17.90
湖北	3541.45	198.88	256.10	69.38	9.96
湖南	2704.68	120.61	161.01	74.85	9.23
广东	7309.74	722.40	637.28	33.58	37.24
广西	1261.01	49.22	73.01	26.18	4.78
海南	129.79	7.63	11.05	3.78	0.29
重庆	1270.64	90.55	95.16	24.07	5.67
四川	2559.70	100.68	152.63	56.23	11.93
贵州	431.14	46.69	44.37	20.49	1.33
云南	1301.02	53.53	56.83	100.30	7.66
西藏	23.29	2.06	4.11	0.58	
陕西	1778.56	35.56	153.91	57.14	7.75
甘肃	3527.70	27.46	84.66	70.34	4.66
青海	350.74	28.06	35.66	22.98	2.62
宁夏	360.03	8.86	16.38	12.08	0.28
新疆	1856.30	46.25	218.03	57.54	18.51

单位：亿元

利息支出	投资收益(损失以"-"号记)	营业利润	利润总额	亏损企业亏损额	平均用工人数(万人)
1686.17	**1418.67**	**5848.20**	**6447.74**	**1754.05**	**793.42**
38.84	81.77	165.20	201.96	22.67	16.31
30.47	10.48	380.05	377.84	33.74	12.07
63.48	25.10	146.22	164.25	92.16	31.16
39.26	5.10	-5.07	3.00	61.67	15.00
36.70	25.92	169.49	189.21	62.94	13.11
60.34	2.65	-115.64	-104.25	224.34	28.65
51.32	36.86	121.11	114.59	78.56	28.34
22.65	9.81	26.08	34.02	51.53	13.17
28.10	393.28	386.16	403.87	4.15	10.62
90.82	46.94	690.28	709.02	46.73	59.84
84.28	79.80	515.47	556.27	25.65	47.35
79.40	51.11	90.58	148.72	90.19	38.02
43.77	28.37	108.38	122.94	37.39	21.03
20.28	6.32	125.00	130.26	10.41	15.54
179.85	110.57	615.15	660.08	131.34	79.29
110.54	16.78	218.95	235.05	147.12	73.28
76.76	162.69	401.55	449.24	43.50	37.83
74.21	6.76	81.12	94.73	47.41	23.14
77.43	175.78	840.23	941.11	39.41	88.41
29.25	-2.90	82.96	93.35	27.27	12.34
4.06	6.90	38.27	39.39	0.48	1.56
28.85	64.92	109.02	124.27	46.00	13.94
63.89	19.66	197.48	211.66	30.61	29.82
21.00	0.73	32.64	51.30	15.31	9.71
100.98	17.35	23.12	43.44	42.04	9.60
0.65	0.40	9.47	9.77	0.03	0.43
64.12	11.13	407.00	395.10	14.87	24.28
54.68	15.59	-117.53	-106.66	134.30	12.60
22.70	0.33	32.10	47.94	19.05	7.32
11.58	1.33	0.57	5.10	12.74	3.28
75.89	7.16	72.82	101.16	160.45	16.39

3-6 按地区分组的私营

地　区	工业销售产值(当年价格)	出口交货值	资产总计	固定资产合计	固定资产原价
全　国	**391618.21**	**19407.40**	**229006.48**	**81327.57**	**128858.36**
北　京	916.53	55.37	1444.14	195.03	299.74
天　津	6105.50	247.60	3220.17	771.17	1086.60
河　北	22011.19	494.38	13349.67	6519.32	8719.75
山　西	3811.92	38.34	5927.45	1868.70	2489.23
内蒙古	5121.99	23.52	4136.85	1495.78	2081.13
辽　宁	12591.85	240.02	8318.89	3383.24	5384.44
吉　林	6652.39	113.29	3048.04	1315.23	4415.49
黑龙江	3184.49	31.07	1825.31	707.02	1317.75
上　海	3690.83	330.53	4273.90	731.24	1143.70
江　苏	58991.25	3069.04	32525.54	10798.32	18939.58
浙　江	26617.81	4899.51	23666.27	5494.02	8415.41
安　徽	17330.11	608.39	8640.73	2945.22	4745.33
福　建	13241.82	1254.70	6217.86	1823.15	2713.40
江　西	12701.33	563.00	5568.77	2444.68	3687.22
山　东	66478.19	2032.97	31148.96	13836.09	21737.07
河　南	26943.58	230.93	15395.76	7402.90	8840.48
湖　北	15538.20	428.96	6989.18	2617.86	6505.76
湖　南	19988.50	600.25	8661.97	3647.13	4750.94
广　东	26285.47	3227.72	15366.86	3527.42	6824.95
广　西	7663.71	215.02	3461.46	1141.26	1601.57
海　南	52.42	3.08	82.65	15.76	23.42
重　庆	8412.87	378.87	4775.55	1710.66	2653.85
四　川	14645.21	131.23	7553.05	2633.42	4516.13
贵　州	3126.38	13.51	2244.57	631.47	733.21
云　南	2009.75	58.96	2331.22	678.80	922.28
西　藏	17.06		33.68	7.58	9.54
陕　西	3241.81	61.00	2066.30	821.42	1315.51
甘　肃	846.14	10.04	897.44	287.36	388.86
青　海	664.49	5.06	834.72	394.04	801.03
宁　夏	1164.58	27.28	2410.51	556.18	626.68
新　疆	1570.83	13.74	2589.01	926.12	1168.30

工业企业主要经济指标

单位：亿元

累计折旧	流动资产合计	应收账款	存货	产成品	负债合计
54120.33	**114893.16**	**30628.35**	**26063.47**	**12075.10**	**118651.48**
116.41	1025.21	347.15	255.34	104.05	793.79
394.09	1716.94	417.08	321.84	130.26	2067.44
2647.57	5199.29	1113.45	1152.08	519.44	6189.39
850.84	2962.43	633.20	548.84	258.63	4649.31
798.83	1799.10	323.59	286.40	128.20	2471.84
2394.94	3789.29	888.81	792.23	361.20	4326.83
3246.55	1264.20	397.30	342.37	197.70	1611.15
717.32	893.67	213.25	251.07	100.62	912.70
474.04	2988.00	1100.13	686.22	296.79	2382.34
8197.81	17620.29	5654.66	3855.38	1663.86	17660.52
3305.60	14545.88	4377.57	3226.04	1470.68	14832.02
2031.19	4520.72	1501.43	1116.75	532.65	4171.55
1043.44	3471.32	1001.13	918.94	460.95	2988.52
1492.54	2111.76	530.45	532.40	274.71	2266.83
9257.72	13418.13	2452.43	3317.68	1694.26	13713.74
2083.30	6226.38	904.47	859.52	391.98	4429.88
4093.64	3280.58	932.86	864.26	441.65	3241.14
1387.99	3580.48	1009.45	841.70	382.57	3718.07
3563.80	9958.08	3253.95	2494.54	1034.82	9500.91
563.90	1844.08	461.48	469.99	241.10	2047.50
9.88	53.49	8.16	10.26	4.53	59.56
1146.76	2409.36	736.40	480.13	252.48	2620.83
2203.55	3740.21	944.20	866.35	424.14	3749.32
189.93	1077.78	225.35	196.41	86.78	1308.18
331.56	1267.99	221.82	316.87	139.69	1462.99
2.39	18.62	2.98	4.58	1.44	15.16
582.31	884.57	255.75	206.36	115.10	1021.79
135.53	475.54	118.91	128.06	72.97	478.75
436.14	332.76	59.04	71.85	35.35	519.72
143.63	1233.83	206.37	400.03	137.57	1709.87
277.10	1183.16	335.56	248.98	118.93	1729.86

3-6 续表 1

地 区	流动负债合计	应付账款	所有者权益合计	实收资本	国家资本
全 国	**95559.52**	**22340.87**	**108660.59**	**45401.69**	**1534.01**
北 京	740.49	291.79	645.33	292.73	
天 津	1566.06	339.79	1148.96	593.78	0.07
河 北	5012.35	1254.33	7089.08	2632.46	5.04
山 西	3408.46	810.76	1260.04	909.08	8.42
内蒙古	1807.75	424.26	1631.42	809.85	3.55
辽 宁	3325.01	625.33	3956.95	1550.26	9.78
吉 林	880.94	212.73	1416.17	500.28	3.29
黑龙江	700.22	166.59	913.78	371.10	5.38
上 海	2191.24	753.93	1877.75	869.21	3.21
江 苏	15892.98	3463.06	14764.82	6099.79	20.12
浙 江	13611.69	2773.43	8768.22	3898.49	1.45
安 徽	3423.01	858.89	4289.13	1780.37	6.08
福 建	2449.48	583.36	3157.10	1618.09	4.24
江 西	1620.86	353.60	3273.99	1374.70	4.91
山 东	10242.75	1785.44	17080.16	5246.01	17.63
河 南	3079.39	560.74	10556.31	4314.75	6.29
湖 北	2429.81	780.72	3728.57	2278.46	407.84
湖 南	2500.24	556.79	4923.84	2262.34	10.51
广 东	8078.80	2582.52	5762.78	2057.66	2.50
广 西	1584.50	368.23	1405.05	451.48	3.55
海 南	51.03	7.58	23.09	10.98	
重 庆	2089.32	538.65	2123.21	632.15	3.23
四 川	2797.21	717.76	3746.83	1446.92	17.61
贵 州	832.32	184.92	925.58	1365.99	959.17
云 南	1191.68	224.08	863.61	401.87	2.36
西 藏	10.80	3.47	18.53	5.92	0.04
陕 西	734.33	210.78	1036.21	439.73	1.56
甘 肃	329.72	77.85	416.12	197.73	6.05
青 海	402.42	86.44	313.94	132.95	1.35
宁 夏	1292.06	404.30	687.16	386.73	1.77
新 疆	1282.60	338.74	856.89	469.85	17.00

单位：亿元

集体资本	法人资本	个人资本	港澳台资本	外商资本	主营业务收入
557.32	**17586.54**	**25495.59**	**103.42**	**118.63**	**386394.60**
	76.69	215.96	0.06	0.01	1016.95
1.31	146.89	445.47	0.01	0.04	6037.66
4.70	1096.83	1524.88	0.12	0.89	21608.74
15.73	390.28	492.90	0.01	1.66	3591.71
18.77	511.30	275.67	0.55		5093.83
73.27	668.44	790.58	0.66	3.42	12442.57
7.23	200.20	289.01	0.20	0.35	6382.28
7.38	99.33	258.76	0.05	0.20	3036.75
8.76	362.51	494.04	0.04	0.64	3804.60
53.52	2112.08	3826.07	36.93	51.08	59137.91
8.39	1328.87	2542.21	4.69	12.88	26363.46
24.59	575.81	1164.16	8.64	1.10	16954.43
13.59	427.60	1164.39	6.89	1.23	13091.37
12.80	675.09	678.78	2.35	0.76	12985.51
78.26	2044.49	3074.77	13.98	16.80	66538.38
46.85	1579.22	2677.74	3.80	0.83	26255.56
21.51	955.49	888.54	1.01	4.08	14714.91
27.04	1165.82	1055.71	1.85	1.06	19600.23
39.34	944.07	1044.42	16.28	11.04	25868.70
12.83	174.55	258.86	0.96	0.74	7324.61
0.24	5.49	5.25			53.77
7.71	238.61	380.79	0.59	1.22	8305.20
18.68	705.44	699.98	2.80	1.23	14255.89
7.74	169.94	228.72	0.21	0.01	2849.93
16.20	160.98	222.19	0.15		1991.83
0.09	2.27	3.51			18.92
10.89	134.99	290.62	0.55	1.13	3040.10
5.31	95.38	90.92	0.04	0.04	698.51
3.82	73.55	54.21		0.02	519.99
1.47	250.36	131.92		1.20	1178.73
9.33	213.98	224.56		4.98	1631.56

3-6 续表 2

地　区	主营业务成本	销售费用	管理费用	财务费用	利息收入
全　国	**334569.19**	**8618.52**	**12278.54**	**3602.95**	**198.50**
北　京	778.70	70.96	100.61	8.64	1.33
天　津	5255.32	60.98	121.86	27.54	1.46
河　北	18967.41	324.46	424.57	169.66	7.97
山　西	3236.76	103.50	125.56	110.08	3.85
内蒙古	4236.27	92.83	166.68	52.02	2.41
辽　宁	11048.26	242.30	398.71	111.27	2.70
吉　林	5521.19	164.07	256.32	60.89	0.94
黑龙江	2678.08	73.86	94.13	19.12	0.83
上　海	3135.71	145.45	308.60	33.98	3.20
江　苏	51195.83	1239.03	1977.04	566.67	40.18
浙　江	22671.38	624.41	1237.17	416.92	45.55
安　徽	14811.21	408.93	494.97	134.01	4.25
福　建	11364.32	310.55	445.10	106.85	6.48
江　西	11405.47	217.13	251.64	61.67	2.17
山　东	58846.83	1152.64	1330.32	574.76	23.30
河　南	22687.72	530.73	454.42	188.37	4.11
湖　北	12657.15	403.92	541.03	157.19	2.59
湖　南	16144.50	631.94	833.32	185.47	2.85
广　东	22372.97	663.63	1111.95	151.58	18.44
广　西	6255.48	143.35	311.71	52.77	2.03
海　南	46.03	2.10	3.56	1.09	0.01
重　庆	6985.00	233.64	337.46	70.60	5.52
四　川	12166.10	410.94	506.90	146.53	6.49
贵　州	2362.55	94.06	123.16	31.03	1.33
云　南	1735.91	57.23	79.66	37.57	1.79
西　藏	13.66	0.57	1.15	0.28	0.02
陕　西	2502.07	91.28	110.00	33.74	0.77
甘　肃	614.80	21.32	23.71	15.18	1.42
青　海	456.83	16.56	15.33	13.71	-0.09
宁　夏	1064.46	27.06	36.61	35.47	1.19
新　疆	1351.22	59.10	55.31	28.29	3.41

单位：亿元

利息支出	投资收益（损失以"-"号记）	营业利润	利润总额	亏损企业亏损额	平均用工人数（万人）
3041.23	**-240.02**	**24345.29**	**24249.73**	**1041.90**	**3463.98**
9.21	4.74	61.74	70.35	7.85	14.58
20.70	2.78	561.56	562.34	15.71	38.10
149.64	-197.36	1453.64	1435.70	99.98	167.67
84.43	5.03	9.24	14.05	132.58	42.82
43.40	-21.36	477.49	347.51	39.48	31.52
83.21	-11.95	549.22	556.13	58.91	102.37
43.79	2.23	326.01	315.09	7.91	36.19
14.00	1.39	161.89	162.28	19.20	23.33
31.13	21.99	200.46	220.68	23.43	51.18
513.34	6.00	3919.40	3871.90	100.90	476.11
452.90	64.72	1297.86	1366.49	91.38	362.50
109.10	-2.32	1010.85	1021.18	25.20	155.54
93.55	-13.82	776.44	767.88	14.24	151.31
48.64	-6.14	960.45	957.62	8.20	100.73
413.13	-14.35	4361.90	4381.55	63.44	402.95
140.74	3.50	2220.35	2217.97	17.44	243.08
103.08	-3.12	822.33	825.66	24.24	120.82
145.54	11.04	1186.09	1122.63	20.38	191.74
128.61	3.57	1350.67	1385.80	56.39	341.00
46.74	-60.40	470.72	471.94	19.95	70.75
0.85	0.05	1.16	0.30	2.24	1.18
64.73	-5.18	603.89	610.63	10.22	86.35
124.61	-29.06	866.06	847.74	30.46	130.42
22.34	-1.35	181.64	182.44	26.14	29.47
36.30	1.39	67.61	73.98	35.15	27.08
0.27	0.03	3.05	3.14	0.26	0.30
29.33	-1.54	259.37	245.93	17.28	27.20
13.41	0.13	20.19	21.71	9.51	7.81
12.11	-6.54	9.18	14.65	13.15	4.49
32.78	0.58	19.37	28.15	26.73	11.45
29.61	5.30	135.48	146.31	23.95	13.94

3-7 按地区分组的港澳台商

地区	工业销售产值(当年价格)	出口交货值	资产总计	固定资产合计	固定资产原价
全国	**96995.39**	**31331.09**	**83244.01**	**24176.62**	**43251.68**
北京	1814.79	180.29	2223.25	348.65	665.22
天津	3054.07	441.14	2882.32	688.52	1364.33
河北	1667.71	183.63	2009.14	870.23	1260.44
山西	727.80	427.84	987.71	375.52	643.25
内蒙古	309.31	15.33	672.42	386.01	485.52
辽宁	1565.30	206.49	2481.93	663.80	1033.93
吉林	655.77	5.68	459.15	219.66	306.10
黑龙江	272.06	4.31	421.17	178.69	296.79
上海	4524.61	2252.30	3970.37	925.56	2154.05
江苏	16541.81	4249.60	12801.37	4589.73	8902.60
浙江	7288.30	1741.42	8310.79	1981.49	3024.24
安徽	2306.77	409.19	1537.67	512.94	829.31
福建	8428.60	2513.73	6589.83	1570.56	2739.16
江西	2464.93	687.28	1511.04	680.86	961.23
山东	4173.38	662.26	3130.73	1119.01	2049.07
河南	3992.41	2804.45	3563.19	791.38	1100.91
湖北	1858.95	258.82	1425.67	604.34	1021.24
湖南	1750.49	326.52	1037.09	451.73	688.10
广东	26848.81	12286.53	21797.61	5184.49	10773.02
广西	1466.92	294.56	876.86	329.71	497.37
海南	84.09	4.46	92.99	31.61	56.64
重庆	1763.17	1070.27	1060.52	436.14	717.83
四川	2234.07	276.45	1705.73	537.33	667.24
贵州	235.71	1.98	233.61	108.62	128.63
云南	215.51	7.05	372.26	149.94	218.46
西藏	0.40		3.28	1.86	1.94
陕西	401.68	17.75	395.17	138.87	253.28
甘肃	30.49		94.36	46.58	69.92
青海	61.70		150.74	36.85	80.85
宁夏	201.52	0.05	346.02	177.54	202.02
新疆	54.28	1.71	99.99	38.39	58.99

投资工业企业主要经济指标

单位：亿元

累计折旧	流动资产合计	应收账款	存货	产成品	负债合计
20507.59	**47835.88**	**15042.74**	**9745.48**	**3858.82**	**46666.60**
325.84	1414.58	369.88	249.61	98.73	1300.83
702.98	1993.39	926.94	393.58	110.65	1899.28
501.12	890.51	186.85	198.49	78.19	1098.88
278.08	558.38	150.40	98.40	52.87	725.31
135.38	162.30	25.88	40.46	13.66	427.79
395.25	1257.99	211.42	193.08	75.74	1399.64
161.39	198.59	67.21	37.34	15.94	323.16
150.82	170.36	33.05	39.93	9.81	229.48
1255.33	2478.46	925.05	491.96	196.95	1939.60
4337.83	6676.79	2216.99	1330.39	522.78	6620.92
1271.69	5082.46	1268.82	1010.76	453.24	4383.07
330.29	859.89	462.52	127.71	54.37	1004.37
1283.05	3876.02	1117.82	751.73	342.63	3340.13
403.48	623.66	183.88	133.87	70.21	728.75
1019.32	1710.36	391.20	387.06	213.74	1646.46
341.33	2559.89	898.06	396.39	163.59	2544.86
437.66	625.74	179.16	129.68	54.71	725.14
253.49	428.24	137.19	79.19	32.43	472.43
5867.59	13773.10	4447.04	3210.67	1115.32	12473.48
177.80	410.19	153.83	88.20	40.65	489.94
25.84	48.63	11.08	9.14	4.52	37.65
331.07	473.82	172.49	86.91	30.36	654.40
162.92	941.53	401.11	133.06	55.36	1144.38
33.28	79.86	18.41	11.76	4.46	172.26
78.75	173.80	38.49	39.02	16.28	212.89
0.08	0.36	0.33			1.61
125.53	174.75	31.67	44.50	20.72	223.03
24.98	32.00	1.16	4.61	1.10	40.35
47.69	40.54	2.72	5.95	1.38	125.60
26.22	84.56	4.32	8.77	2.83	221.56
21.51	35.13	7.76	13.26	5.61	59.34

3-7 续表 1

地区	流动负债合计	应付账款	所有者权益合计	实收资本	国家资本
全国	**39350.68**	**13437.70**	**36379.57**	**20431.26**	**931.44**
北京	1203.46	510.42	920.93	414.13	44.27
天津	1715.89	268.48	980.20	467.23	9.45
河北	804.20	237.19	901.32	373.26	56.76
山西	601.95	253.47	262.40	208.48	29.98
内蒙古	256.17	73.36	244.63	195.44	51.39
辽宁	1091.52	172.23	1112.61	653.38	37.98
吉林	224.31	43.86	135.99	1271.97	4.94
黑龙江	191.42	41.27	191.69	60.06	13.62
上海	1785.49	948.33	2023.08	1053.15	37.73
江苏	5666.07	1677.41	6168.41	3665.10	85.92
浙江	3890.99	921.02	3908.80	2033.91	71.53
安徽	846.50	470.75	527.40	317.78	51.61
福建	2619.68	699.52	3197.17	1491.68	22.68
江西	565.66	192.68	776.98	414.28	22.38
山东	1336.87	290.28	1470.97	658.15	37.78
河南	2381.54	1208.83	1004.27	417.96	37.20
湖北	532.70	198.88	699.12	336.59	12.50
湖南	365.51	123.73	564.58	247.54	8.21
广东	10884.36	4470.87	9245.94	5018.26	182.73
广西	353.08	163.54	382.80	194.34	5.96
海南	33.77	7.14	55.34	18.86	3.29
重庆	423.95	138.56	406.12	250.69	32.77
四川	842.34	143.18	560.17	259.27	7.91
贵州	107.37	25.93	61.31	61.64	19.15
云南	157.06	33.21	159.38	101.87	26.56
西藏	0.06	0.06	1.67	1.46	
陕西	191.92	43.76	172.04	68.97	2.22
甘肃	22.10	5.21	54.00	32.96	10.55
青海	75.36	24.52	25.14	11.96	0.80
宁夏	130.75	40.74	124.47	94.47	0.84
新疆	48.64	9.27	40.65	36.45	2.70

单位：亿元

集体资本	法人资本	个人资本	港澳台资本	外商资本	主营业务收入
141.98	**5091.00**	**957.48**	**11229.74**	**2078.74**	**96925.99**
1.48	122.67	16.67	228.04	0.99	2277.09
4.65	115.16	11.16	191.60	135.20	3207.43
11.37	70.50	9.66	187.36	37.59	1785.72
0.62	51.70	3.13	84.71	38.34	754.68
	45.54	2.29	76.48	19.74	315.68
4.11	152.69	15.40	376.27	66.93	1545.01
5.68	1212.46	4.24	37.48	7.17	602.35
0.48	4.78	2.53	30.42	8.21	279.07
11.50	204.26	53.97	722.65	23.03	4821.60
25.08	639.51	230.59	2295.22	388.78	16266.92
12.16	481.21	94.69	1311.57	62.75	7152.19
1.96	49.66	27.26	165.43	21.85	2320.93
4.68	282.64	70.60	954.74	155.84	8278.86
1.51	90.16	47.24	216.43	36.56	2576.15
11.68	159.98	92.04	279.42	77.24	4195.02
1.57	117.76	95.39	127.66	38.38	4255.19
2.45	103.92	13.43	112.21	92.07	1744.52
3.27	100.90	29.86	82.94	22.35	1690.34
26.96	769.79	96.01	3232.07	710.33	26414.13
2.04	39.12	3.34	121.99	21.89	1402.09
0.20	1.93	1.40	9.14	2.90	84.82
0.79	34.57	7.23	156.79	18.54	1764.66
0.47	111.15	3.69	88.08	47.98	2011.04
0.05	8.81	2.89	9.69	21.04	224.58
2.42	19.18	4.05	33.01	16.64	207.05
	1.46				0.40
	28.18	9.14	27.60	1.83	398.01
4.77	6.94	0.14	8.10	2.46	30.44
	0.51	1.18	9.47		65.63
	55.39	6.34	30.72	1.18	200.41
0.01	8.44	1.91	22.44	0.94	53.97

3-7 续表 2

地　区	主营业务成　本	销售费用	管理费用	财务费用	利息收入
全　国	**83155.89**	**2802.06**	**3995.33**	**713.78**	**168.00**
北　京	1982.95	141.37	96.53	15.11	7.08
天　津	2674.56	119.16	115.13	24.43	5.09
河　北	1476.62	94.59	68.10	23.60	2.95
山　西	645.15	6.72	14.32	15.36	-1.41
内蒙古	253.30	10.11	12.42	13.81	0.16
辽　宁	1307.77	45.60	62.22	43.02	3.61
吉　林	531.01	16.82	19.78	6.13	0.11
黑龙江	225.77	12.36	21.55	4.23	-0.19
上　海	4008.11	171.80	255.48	13.46	16.26
江　苏	13976.29	353.12	610.60	113.05	30.19
浙　江	5985.67	216.17	382.39	96.46	25.67
安　徽	2018.38	33.22	54.89	10.17	1.13
福　建	7010.40	255.54	338.32	65.46	15.16
江　西	2239.16	52.93	56.30	9.35	-0.09
山　东	3568.47	145.87	136.10	42.32	9.11
河　南	3896.07	48.26	72.19	25.69	13.69
湖　北	1472.06	64.74	96.58	15.34	0.70
湖　南	1441.20	32.51	62.06	10.38	1.41
广　东	22708.61	844.08	1305.23	104.03	31.37
广　西	1208.56	21.19	42.93	8.40	1.59
海　南	68.86	5.77	4.33	0.95	0.08
重　庆	1610.33	24.36	59.98	10.37	2.66
四　川	1869.21	46.52	56.99	22.18	-0.09
贵　州	186.01	4.47	7.48	4.55	-0.34
云　南	154.48	12.48	14.06	4.98	0.61
西　藏	0.11		0.03	0.06	
陕　西	330.65	12.34	18.93	2.13	0.70
甘　肃	26.80	0.16	1.54	1.14	0.02
青　海	64.27	1.95	1.63	0.71	0.05
宁　夏	172.63	2.79	4.18	6.33	0.33
新　疆	42.45	5.08	3.07	0.57	0.40

单位：亿元

利息支出	投资收益（损失以“–”号记）	营业利润	利润总额	亏损企业亏损额	平均用工人数（万人）
767.85	**173.00**	**5760.97**	**5948.33**	**717.71**	**1171.23**
11.60	53.35	83.37	82.84	52.09	9.20
21.86	16.11	283.77	292.56	14.70	21.75
26.22	-0.59	113.85	114.22	16.27	16.09
14.79	-30.78	39.03	42.60	7.77	8.88
11.48	0.80	20.89	16.75	4.80	2.28
36.00	4.64	89.17	97.61	25.40	11.79
6.42	0.02	23.39	20.00	3.87	3.16
4.16	0.11	15.80	18.56	4.63	2.33
25.05	38.77	257.25	267.57	32.46	36.88
120.32	13.50	1160.68	1140.84	152.06	155.09
114.85	23.47	451.65	498.02	57.80	80.19
9.98	-2.13	154.89	101.98	13.66	14.30
71.84	-6.38	566.45	573.73	63.57	106.44
8.32	0.33	199.49	198.49	4.27	31.09
41.25	2.32	284.43	290.74	23.38	36.68
22.95	4.53	211.40	212.79	7.04	49.73
15.58	1.45	96.03	101.81	7.63	17.96
8.81	0.84	91.92	97.42	3.97	21.76
133.67	51.72	1337.82	1470.77	135.36	485.15
9.76	-3.26	117.16	122.99	3.48	16.56
0.91	0.22	4.57	4.92	1.29	0.61
10.14	1.67	61.01	66.11	4.70	12.88
22.49	0.46	6.52	13.99	70.52	18.02
4.32	0.83	22.27	22.52	1.36	1.70
5.11	-0.10	18.37	20.70	1.84	2.73
		0.21	0.21		
2.57	0.45	29.82	31.95	0.56	5.06
1.11	0.38	1.20	3.55	0.25	0.37
0.54		-2.55	1.18	0.20	0.44
5.51		18.23	16.88	1.08	1.23
0.26	0.28	2.87	4.08	1.70	0.90

3-8 按地区分组的外商投资

地区	工业销售产值(当年价格)	出口交货值	资产总计	固定资产合计	固定资产原价
全国	**148427.55**	**41617.48**	**118058.68**	**37200.28**	**68970.75**
北京	5189.40	567.33	5421.27	1035.75	1866.10
天津	6956.30	1661.46	4421.04	1459.27	2708.83
河北	2819.77	303.40	2817.97	959.65	1769.32
山西	414.60	19.65	926.52	412.36	691.81
内蒙古	818.63	26.01	2107.34	774.83	1115.46
辽宁	5409.22	895.78	5666.37	1826.50	3129.78
吉林	1551.96	129.57	1656.43	468.83	936.24
黑龙江	837.08	41.91	1111.18	487.72	818.39
上海	14489.67	4206.08	12758.15	2942.82	6361.76
江苏	34246.73	13559.52	24455.33	7983.49	16037.74
浙江	7102.08	2207.67	6991.85	2025.26	3451.65
安徽	2616.34	186.47	1728.43	552.23	1315.32
福建	5560.14	1874.58	4117.44	1144.07	2021.98
江西	1852.45	340.26	1489.83	760.61	1163.79
山东	14931.86	3125.64	8990.71	3322.64	6916.16
河南	2050.19	121.19	2272.56	677.54	944.72
湖北	4434.98	180.20	3744.39	1373.04	2159.76
湖南	1211.70	85.06	960.46	403.85	622.49
广东	25207.12	10156.08	17349.59	4830.19	9394.53
广西	2380.18	93.35	1963.45	666.78	946.80
海南	646.83	131.08	618.02	322.48	456.28
重庆	3214.87	858.64	1987.28	744.19	1123.41
四川	2809.45	602.90	1986.43	682.74	1059.55
贵州	128.86	2.25	146.54	43.41	64.33
云南	263.45	9.21	403.01	173.06	285.21
西藏	6.08		11.76	3.46	6.95
陕西	921.68	214.75	1396.36	809.53	1100.15
甘肃	102.01		164.82	117.01	180.84
青海	55.52		105.18	54.69	119.76
宁夏	67.73	15.45	110.95	42.35	67.20
新疆	130.67	1.98	178.01	99.94	134.43

工业企业主要经济指标

单位：亿元

累计折旧	流动资产合计	应收账款	存货	产成品	负债合计
33774.12	**66645.07**	**20912.34**	**13876.70**	**5074.96**	**63013.21**
864.97	3237.12	835.52	542.26	187.22	2829.32
1363.03	2573.99	905.31	554.55	198.57	2150.67
847.66	1427.81	340.42	283.15	89.98	1489.81
351.76	374.98	90.16	53.40	18.38	548.44
379.58	706.49	98.97	142.40	59.46	1212.65
1408.47	3106.99	920.19	799.23	233.52	3363.30
498.94	1024.07	293.67	178.71	59.90	1032.07
360.69	544.86	144.94	125.37	40.85	714.10
3499.69	8362.58	2757.06	1818.48	626.67	6952.01
8076.96	13840.95	4958.56	2934.81	1069.29	11946.53
1529.66	4096.69	1265.63	860.00	336.83	3532.74
797.08	1007.58	262.10	162.21	76.07	976.67
907.04	2459.88	704.98	546.69	203.33	2168.55
576.62	571.10	135.79	110.99	46.84	812.26
3906.26	4742.10	1458.01	987.28	379.25	4414.83
353.30	1262.99	260.00	143.61	50.41	1390.92
895.31	1874.98	439.96	304.02	116.85	2349.59
239.08	430.96	106.81	82.61	31.37	460.03
4894.65	10748.96	3757.83	2256.08	826.83	9310.16
358.84	1044.12	110.78	249.99	129.95	1252.72
153.29	214.44	48.60	51.82	16.17	339.16
407.36	1028.68	328.43	243.57	98.80	1389.34
424.22	1118.10	491.63	212.59	93.21	1029.95
22.95	76.07	20.33	14.23	4.79	65.08
132.73	140.69	27.72	42.87	13.99	256.52
3.51	7.83	0.64	0.56	0.08	1.71
324.61	435.30	109.70	121.50	49.76	734.14
65.78	40.51	6.33	11.53	3.03	78.79
65.56	29.03	4.23	6.39	2.13	43.95
26.72	53.15	14.92	23.02	6.78	59.26
37.82	62.08	13.14	12.78	4.65	107.94

3-8 续表 1

地区	流动负债合计	应付账款	所有者权益合计	实收资本	国家资本
全国	**52680.31**	**19794.79**	**54747.18**	**30459.52**	**1775.40**
北京	2471.00	1074.10	2585.01	1223.07	106.92
天津	1841.36	777.77	2254.27	1355.76	55.95
河北	1263.37	395.01	1338.14	643.28	35.91
山西	434.85	113.76	378.07	225.38	54.51
内蒙古	724.38	163.38	893.83	307.00	35.42
辽宁	2609.41	859.47	2292.45	1229.16	134.68
吉林	895.23	250.09	624.34	291.48	24.19
黑龙江	603.07	179.19	398.64	213.72	33.85
上海	6320.23	2643.74	5748.45	3149.42	185.15
江苏	10422.30	3955.54	12484.36	7705.42	207.19
浙江	3126.56	968.45	3438.23	2100.69	54.12
安徽	889.47	277.69	734.67	461.62	32.51
福建	1685.52	516.58	1932.78	1091.65	30.61
江西	589.20	101.26	677.03	371.90	11.87
山东	3514.16	1248.32	4534.02	2146.41	92.91
河南	1067.64	177.65	875.37	370.37	30.24
湖北	1937.78	769.46	1393.02	786.21	217.29
湖南	352.61	140.42	499.41	318.41	22.36
广东	7712.90	3556.84	7960.94	4327.26	192.29
广西	1065.54	344.65	707.64	348.83	61.47
海南	246.74	54.31	278.85	194.54	4.30
重庆	1109.69	602.90	593.56	340.89	34.64
四川	807.39	410.92	954.09	443.89	23.14
贵州	54.24	13.20	82.25	42.91	3.85
云南	207.34	53.94	146.93	145.92	27.89
西藏	1.71	0.40	10.05	4.58	
陕西	529.20	85.85	662.22	433.84	30.81
甘肃	33.64	12.74	86.03	66.62	13.92
青海	28.64	6.16	61.23	28.10	13.21
宁夏	54.50	20.53	51.70	34.42	0.70
新疆	80.62	20.49	69.58	56.76	3.51

单位：亿元

集体资本	法人资本	个人资本	港澳台资本	外商资本	主营业务收入
263.40	**6583.71**	**1097.27**	**1342.96**	**19396.77**	**148771.56**
0.92	285.31	20.79	0.95	808.19	5496.78
6.41	197.70	31.58	8.88	1055.25	7030.25
0.80	136.54	14.00	27.36	428.68	2785.51
13.15	47.04	4.56	1.53	104.59	429.03
4.91	131.89	20.51	19.89	94.38	1135.49
7.90	255.89	41.47	63.01	726.22	5397.02
3.25	61.73	11.26	12.42	178.62	1654.53
2.29	29.63	5.35	5.81	136.79	958.92
23.60	441.52	52.76	22.73	2423.66	16103.24
35.32	1256.86	320.03	378.24	5507.79	33804.00
8.77	562.44	58.78	20.02	1396.56	6954.96
7.44	99.59	8.41	10.64	303.03	2440.51
3.20	277.16	36.52	116.85	627.31	5594.46
2.56	102.78	18.45	57.01	179.24	1888.06
36.26	609.42	240.25	91.24	1076.33	14677.66
4.17	112.96	48.62	27.34	147.04	2150.60
5.13	158.67	23.95	34.40	346.78	4341.11
4.43	133.76	9.55	6.03	142.29	1149.34
74.83	978.35	72.80	372.53	2636.47	24520.06
6.77	143.19	7.84	7.17	122.38	2352.85
	135.75	2.37	13.67	38.44	525.70
2.81	108.47	10.83	6.97	177.16	3264.20
1.85	161.03	13.68	22.12	222.06	2490.89
	10.00	1.44	1.91	25.71	127.54
1.76	51.33	2.80	6.66	55.48	275.68
	4.11			0.47	6.88
4.54	44.46	17.69	4.06	332.29	909.20
0.32	12.50	0.84	2.13	36.91	67.06
	2.49			12.41	49.47
	11.50	0.14	1.34	20.74	67.46
0.02	19.65	0.01	0.06	33.52	123.12

3-8 续表 2

地区	主营业务成本	销售费用	管理费用	财务费用	利息收入
全国	**125110.65**	**5204.37**	**6545.95**	**990.15**	**246.71**
北京	4253.70	438.36	260.36	35.68	16.69
天津	5905.82	233.58	254.50	25.32	5.50
河北	2478.06	70.51	96.30	40.17	4.76
山西	338.04	11.30	23.00	12.40	1.92
内蒙古	932.70	66.00	46.70	28.50	9.84
辽宁	4299.57	256.79	263.73	83.45	14.33
吉林	1390.51	48.22	93.81	33.84	1.90
黑龙江	760.45	72.95	60.89	12.65	2.08
上海	13010.25	709.49	1054.05	46.76	41.94
江苏	29062.07	915.77	1374.65	168.27	53.46
浙江	5726.18	282.46	410.27	71.02	17.88
安徽	2031.30	105.61	117.09	10.16	5.24
福建	4702.50	179.42	224.84	54.30	10.92
江西	1648.67	32.17	59.67	18.31	0.87
山东	12885.88	328.57	394.27	111.73	10.55
河南	1905.51	56.93	55.14	30.73	6.01
湖北	3556.93	156.04	187.05	25.07	-5.12
湖南	928.97	43.40	54.00	13.83	1.80
广东	20898.21	813.34	1061.51	70.02	34.29
广西	1948.19	96.50	99.41	21.54	0.33
海南	398.10	14.78	14.44	12.91	1.06
重庆	2672.79	119.27	145.62	16.24	5.61
四川	2106.65	52.48	91.23	14.73	1.79
贵州	89.52	11.66	6.97	1.27	0.18
云南	225.16	23.52	15.07	7.88	1.08
西藏	4.44	0.56	0.27	-0.15	0.15
陕西	702.55	46.03	64.04	15.91	1.09
甘肃	52.90	6.54	3.10	3.01	0.28
青海	42.71	0.82	1.90	1.08	0.01
宁夏	53.45	4.45	4.49	1.57	-0.13
新疆	98.85	6.85	7.56	1.97	0.38

单位：亿元

利息支出	投资收益（损失以“－”号记）	营业利润	利润总额	亏损企业亏损额	平均用工人数（万人）
1004.47	**309.85**	**9653.37**	**9957.45**	**1322.39**	**1184.21**
34.43	84.98	481.19	502.43	48.44	27.76
25.07	-35.17	471.88	463.64	70.70	39.67
33.22	9.37	75.96	81.33	72.03	25.09
11.54	0.84	35.46	40.12	11.78	6.79
35.80	15.83	56.90	59.47	12.40	5.83
50.19	6.92	337.03	347.13	102.55	40.36
34.39	10.38	71.32	75.21	52.33	9.48
12.87	0.68	40.56	50.34	10.64	7.89
67.83	86.01	1238.92	1274.37	145.84	96.48
187.90	25.33	2217.76	2225.46	243.55	262.17
85.79	27.37	475.36	499.70	66.16	80.72
12.21	-2.85	151.43	152.06	18.25	17.02
51.31	3.12	328.60	327.80	65.42	62.37
17.21	-1.17	114.62	120.13	4.45	17.75
93.10	17.99	886.31	898.57	66.25	106.97
32.03	4.32	99.68	102.39	29.56	18.39
23.78	2.77	321.33	339.72	29.40	27.33
13.39	-2.25	45.41	49.72	26.24	10.46
101.94	34.97	1499.84	1566.28	133.67	258.30
17.28	19.93	170.45	170.63	12.52	12.40
8.80	0.56	11.88	14.16	3.30	1.66
14.91	1.07	250.32	280.06	29.79	18.34
14.90	-0.21	169.40	199.95	36.60	17.48
1.26	0.05	15.23	16.19	0.89	1.04
8.77	0.11	1.68	2.40	12.30	2.62
		1.46	1.49		0.07
7.61	-1.94	74.01	84.51	6.28	6.44
2.83	0.01	-0.20	0.68	3.42	0.77
0.51	0.30	3.06	3.06	0.23	0.52
1.44	0.51	3.59	4.23	1.39	1.08
2.15	0.02	2.93	4.23	6.02	0.95

3-9 按地区分组的大型工业

地区	工业销售产值(当年价格)	出口交货值	资产总计	固定资产合计	固定资产原价
全国	**405225.93**	**65334.65**	**476028.20**	**171743.14**	**284245.35**
北京	11305.66	697.14	27499.75	4968.61	9315.83
天津	13985.58	1781.56	14154.03	5224.50	9199.86
河北	16211.60	706.39	21328.24	10108.17	15568.22
山西	6241.38	588.70	17178.07	6374.21	8908.04
内蒙古	5335.58	91.39	12662.04	5132.19	7627.21
辽宁	11212.85	1301.07	19326.19	6487.17	11516.40
吉林	8047.90	93.92	9190.74	3636.15	6653.66
黑龙江	4519.17	91.12	8499.36	3960.59	8301.88
上海	16674.77	5149.08	19997.96	5021.40	11362.74
江苏	55513.92	14582.93	45579.93	15524.70	30474.33
浙江	15299.49	3145.05	16519.47	4015.92	6125.20
安徽	12296.54	1262.21	15159.91	6379.87	9558.99
福建	11234.99	2824.07	10104.12	3328.76	4798.89
江西	6830.62	748.19	6986.96	2731.83	4574.53
山东	49563.77	4168.83	48482.24	17515.33	27442.85
河南	24383.03	3456.93	23223.45	9415.63	12958.88
湖北	15460.32	823.76	17866.20	6911.15	12308.40
湖南	9548.97	660.61	10465.31	3719.89	6068.44
广东	53844.12	19332.20	43265.74	11379.71	21146.76
广西	7369.49	326.63	5585.74	2085.49	3264.49
海南	362.13	25.00	717.69	362.20	517.98
重庆	9082.64	2044.55	8492.02	3155.55	4846.96
四川	13061.50	792.99	18116.10	7153.00	10481.23
贵州	2320.18	113.41	5345.24	2117.28	2927.90
云南	4203.25	49.23	7952.51	3334.17	4794.34
西藏	13.47		411.57	262.66	336.43
陕西	9884.73	331.03	17976.23	8784.93	13649.12
甘肃	4131.51	68.58	6870.65	3289.72	4989.77
青海	899.97	0.36	3153.84	2138.88	2648.12
宁夏	1836.88	45.48	4080.94	1756.67	2448.15
新疆	4549.93	32.25	9835.96	5466.82	9429.74

企业主要经济指标

单位：亿元

累计折旧	流动资产合　计	应收账款	存货	产成品	负债合计
128531.62	**212169.27**	**47249.97**	**46476.30**	**14954.67**	**281147.08**
4460.82	8459.57	1651.56	931.19	323.46	12456.57
4579.86	6797.99	1793.64	1599.87	552.61	9262.62
6613.41	7662.89	1139.89	1833.59	503.55	13346.21
4143.01	7544.84	1215.31	1011.69	410.88	12715.27
3075.07	4377.07	711.90	749.65	268.47	7742.28
5632.26	8918.78	1647.38	2301.75	601.32	13064.42
3214.02	4141.86	615.80	910.60	241.93	5184.09
4467.76	3341.99	619.59	746.47	188.80	4745.03
6441.51	10159.64	2553.73	2123.30	556.24	9276.34
15179.73	22767.75	6470.85	4897.33	1662.66	24864.64
2572.18	9149.01	2388.83	1760.99	761.48	8435.98
4366.81	6150.26	1493.76	1259.57	397.48	9503.44
1616.72	4942.47	1242.62	1300.98	424.87	5818.99
2135.28	3471.41	635.28	691.21	227.41	4260.81
12808.70	22928.63	3799.37	5074.74	1779.40	28855.37
5031.67	11125.26	2547.40	2241.78	740.62	14036.07
5742.50	7479.63	1536.61	1947.53	610.23	10502.12
2454.67	5363.37	1453.85	1577.54	386.72	6482.16
10386.81	25735.38	8097.15	5217.52	1887.79	25805.22
1319.58	2653.69	423.64	638.22	263.64	3677.12
176.26	243.55	41.63	58.09	36.57	413.10
1895.33	3959.17	882.87	805.72	345.15	5446.37
4318.40	7064.71	1560.85	1804.54	460.32	11427.76
1136.57	2251.82	272.79	606.71	146.71	3194.08
1605.85	2816.06	372.73	1333.44	191.27	4739.36
82.72	51.76	0.85	3.39	0.30	154.14
5260.20	5893.21	1132.82	1206.57	384.59	10195.09
2040.35	2375.78	324.31	939.69	311.75	4464.00
923.06	656.62	92.22	108.10	40.50	2179.89
891.13	1115.85	151.17	359.33	110.91	2868.08
3959.36	2569.25	379.58	435.20	137.05	6030.46

3-9 续表 1

地区	流动负债合计	应付账款	所有者权益合计	实收资本	国家资本
全国	**207775.02**	**59895.06**	**194826.78**	**81128.91**	**34141.79**
北京	7434.44	2200.27	15043.18	8270.93	6722.41
天津	7551.60	1778.85	4877.29	2367.58	1229.89
河北	10632.24	3080.86	7982.03	3123.52	1094.80
山西	7823.89	1658.00	4462.80	1955.26	1263.97
内蒙古	5017.57	1257.92	4919.76	2274.09	1176.16
辽宁	9639.84	2128.32	6254.71	3480.47	1574.67
吉林	3931.93	1538.01	4010.47	1002.43	408.19
黑龙江	3557.60	972.29	3754.32	1244.12	341.40
上海	8315.99	3245.72	10680.80	4635.71	1920.30
江苏	20888.72	6087.37	20715.28	8518.72	1498.06
浙江	7136.86	2149.68	8083.49	2997.89	223.42
安徽	6630.42	1870.56	5622.32	2279.68	827.36
福建	3793.18	1089.51	4285.13	1906.04	564.99
江西	3369.98	887.89	2726.15	992.78	274.66
山东	21422.40	4555.57	19626.87	5128.37	1810.43
河南	11110.82	3146.52	9187.38	3467.26	908.55
湖北	8231.50	2260.08	7364.08	2280.24	1296.37
湖南	4544.23	1186.01	3983.15	1401.47	673.20
广东	21725.29	8855.51	17453.68	6643.68	1367.59
广西	2879.59	828.13	1908.63	746.34	304.14
海南	274.91	55.79	304.60	172.05	6.85
重庆	4052.47	1367.23	3046.93	1221.22	406.29
四川	7229.15	1776.83	6688.34	2455.17	1047.49
贵州	2019.35	408.70	2147.43	638.03	358.37
云南	2745.24	750.16	3213.15	1322.49	614.61
西藏	62.99	44.12	257.43	47.60	32.30
陕西	6284.82	1955.52	7828.42	4304.91	2938.26
甘肃	3037.74	648.65	2406.65	1295.54	1090.64
青海	952.22	343.90	973.95	344.66	268.11
宁夏	1743.71	581.55	1212.87	1528.29	602.62
新疆	3734.33	1185.55	3805.49	3082.37	1295.70

单位：亿元

集体资本	法人资本	个人资本	港澳台资本	外商资本	主营业务收入
1217.51	**25525.94**	**7245.71**	**4736.17**	**8374.36**	**421567.32**
1.89	947.29	94.95	107.68	396.70	12017.79
9.82	433.36	92.01	76.28	526.21	14232.19
58.96	1139.58	539.23	152.09	138.85	17070.58
30.34	348.20	170.30	49.20	93.24	8442.60
15.63	761.11	215.49	52.88	52.84	5609.53
263.63	993.80	96.49	251.16	300.73	11638.10
10.41	477.30	37.35	17.02	52.17	8735.02
3.41	792.17	43.41	8.54	55.19	4827.90
1.99	1305.20	146.55	299.37	962.30	18776.75
209.35	2223.29	1210.52	1115.28	2262.22	55800.22
59.22	1489.85	640.52	244.61	340.26	15001.54
14.40	980.80	239.61	88.19	129.32	13224.00
19.11	607.43	137.99	271.68	304.84	11184.70
34.66	347.58	122.03	111.55	102.30	8642.02
125.03	1707.59	815.83	175.51	493.98	51666.73
48.81	1640.06	805.67	123.91	80.74	25831.88
13.89	478.12	254.00	54.08	183.78	15881.60
4.05	460.20	145.10	40.71	78.21	9298.45
80.16	2009.24	587.52	1283.88	1315.28	52877.20
4.21	281.77	89.76	34.46	32.01	7174.42
3.53	157.69	1.38		2.60	350.35
4.08	517.11	113.64	107.19	75.49	9093.01
16.10	1004.52	221.76	16.45	106.91	12855.59
	239.87	35.10		4.68	2982.30
33.63	605.78	54.26	13.16	1.05	4437.80
	15.30				25.93
32.38	890.35	190.32	7.51	257.54	10003.63
58.03	124.60	12.51	5.32	4.44	6398.11
	46.45	16.36	5.95	7.79	994.55
	825.19	76.66	20.00	3.82	1727.22
60.77	1675.13	39.39	2.50	8.89	4765.61

3-9 续表 2

地 区	主营业务成本	销售费用	管理费用	财务费用	
					利息收入
全 国	**354972.97**	**12192.79**	**17176.93**	**5563.80**	**1066.69**
北 京	10243.44	533.31	394.95	133.90	33.81
天 津	11865.76	391.55	414.81	93.78	39.28
河 北	15118.36	307.66	602.94	298.58	16.49
山 西	7313.88	348.15	430.81	325.16	41.25
内蒙古	4606.55	212.58	280.84	177.30	20.40
辽 宁	9669.01	342.73	640.53	330.69	54.42
吉 林	7128.84	444.52	395.64	77.69	22.64
黑龙江	3908.46	102.87	355.23	59.28	30.08
上 海	15062.37	547.02	1017.26	46.34	92.79
江 苏	48052.10	1382.70	1845.98	466.22	106.99
浙 江	12187.50	532.23	750.96	145.04	49.18
安 徽	11323.25	339.33	552.53	229.25	35.27
福 建	9289.22	333.66	419.29	135.79	23.61
江 西	7607.29	182.16	259.58	67.80	10.48
山 东	44937.52	1135.80	1533.10	784.12	119.24
河 南	22889.73	435.30	673.78	359.06	48.08
湖 北	13316.35	469.45	664.72	209.73	20.03
湖 南	7317.54	248.36	432.34	167.00	21.76
广 东	43439.36	2371.20	2848.10	210.84	124.40
广 西	6068.83	199.18	268.29	75.19	13.90
海 南	272.72	16.51	12.69	14.16	1.90
重 庆	7729.60	276.50	408.68	74.76	21.12
四 川	10735.35	392.06	579.87	257.39	29.57
贵 州	2099.85	94.30	140.41	90.26	9.61
云 南	3041.03	112.05	197.92	141.66	11.73
西 藏	36.69	0.04	1.12	1.34	0.36
陕 西	7894.73	201.86	493.87	192.26	17.78
甘 肃	5765.51	69.84	182.17	140.53	11.21
青 海	776.87	35.94	40.27	58.50	2.87
宁 夏	1483.13	28.37	71.25	59.47	15.89
新 疆	3792.13	105.57	266.97	140.71	20.54

单位：亿元

利息支出	投资收益（损失以"-"号记）	营业利润	利润总额	亏损企业亏损额	平均用工人数（万人）
5937.48	**2977.33**	**22063.23**	**23582.32**	**4419.14**	**3293.42**
93.38	511.98	970.16	1070.90	48.07	47.24
123.02	22.53	1279.47	1297.12	71.67	71.70
295.37	-38.42	333.49	380.39	290.34	139.66
342.56	32.09	-51.39	-16.95	253.11	109.14
184.90	38.27	187.88	199.85	246.38	47.44
297.85	89.46	-11.06	85.02	406.08	108.76
98.96	94.00	484.49	551.56	194.12	61.79
79.88	2.15	60.37	98.58	133.17	63.04
89.98	588.89	1624.69	1709.19	89.45	84.03
520.88	92.74	3433.84	3412.59	234.39	377.25
186.10	121.45	1165.30	1263.29	48.79	129.31
234.63	97.30	431.22	451.46	187.06	110.19
142.52	41.67	672.48	668.56	105.02	112.28
72.56	18.47	336.75	370.96	36.69	70.23
835.88	223.20	2799.25	2925.77	225.72	315.06
365.36	54.62	1123.52	1083.60	299.39	250.58
211.63	194.17	741.61	831.85	207.10	117.12
171.29	41.86	304.72	334.74	100.03	65.05
278.95	501.64	3535.72	3902.18	126.83	534.86
81.18	17.79	399.50	416.12	38.74	49.55
12.04	3.44	34.41	35.60	2.43	3.06
82.19	62.05	479.25	544.94	88.02	66.40
273.64	27.32	503.12	593.98	199.32	121.98
99.07	12.22	319.08	356.72	25.52	28.92
142.17	63.78	223.78	243.45	113.86	27.66
1.69	0.02	-13.20	-12.91	13.05	0.50
192.57	87.08	724.68	694.54	85.91	86.46
143.59	-43.89	-163.47	-123.57	244.85	35.50
57.53	1.21	28.51	52.20	30.58	10.57
69.08	5.58	16.78	24.65	45.29	16.05
157.04	12.64	88.28	135.93	228.18	32.04

3-10 按地区分组的中型

地 区	工业销售产值(当年价格)	出口交货值	资产总计	固定资产合计	固定资产原价
全 国	**275163.79**	**28452.07**	**242810.41**	**90770.92**	**146698.77**
北 京	3075.64	212.39	5481.19	870.92	1610.86
天 津	6483.39	480.70	5184.44	1639.50	2598.46
河 北	10739.87	418.27	9207.52	4214.46	6113.05
山 西	3390.56	37.86	9557.48	4215.88	5675.95
内蒙古	5814.32	40.44	8515.40	3751.75	5363.80
辽 宁	6396.45	601.55	8157.00	3016.94	4656.23
吉 林	3485.93	118.15	2929.92	1246.87	2996.52
黑龙江	2249.41	29.69	2841.25	1256.99	2202.80
上 海	6542.37	1297.08	7896.06	1603.80	3009.90
江 苏	36925.42	5184.06	26542.62	9520.47	17425.69
浙 江	20061.78	3684.64	20502.39	6096.87	10131.80
安 徽	7522.98	465.71	5891.16	2294.19	3745.09
福 建	11897.00	2365.80	9034.98	2871.30	4647.78
江 西	10871.45	845.32	5805.70	2924.49	4302.27
山 东	28736.23	1916.20	20382.66	7737.66	13661.27
河 南	23761.95	291.15	16290.04	7852.95	10034.89
湖 北	9821.25	433.93	6630.87	2411.28	5105.98
湖 南	9127.16	386.65	5325.13	2627.91	3578.16
广 东	31941.74	8043.04	26211.64	7634.50	14626.25
广 西	6979.94	322.33	5239.44	2126.59	3074.77
海 南	1105.95	146.17	1288.17	628.71	800.01
重 庆	5630.86	420.98	4391.22	1767.99	2674.79
四 川	10281.72	480.87	8560.60	3210.96	5455.57
贵 州	2411.33	12.20	3896.09	1806.02	2292.89
云 南	2213.19	53.74	4003.37	1633.65	2325.14
西 藏	47.87		173.97	44.75	50.90
陕 西	4185.13	110.29	5123.70	2215.80	3481.77
甘 肃	994.69	17.87	1677.47	829.78	1115.16
青 海	588.68	3.56	1201.55	483.97	1021.59
宁 夏	781.96	23.82	1621.64	754.88	1009.95
新 疆	1097.59	7.60	3245.73	1479.09	1909.50

工业企业主要经济指标

单位：亿元

累计折旧	流动资产合计	应收账款	存货		负债合计
				产成品	
62703.02	**113295.12**	**28665.95**	**24281.51**	**10175.30**	**135561.25**
759.99	3283.34	1049.33	596.61	177.90	2792.99
1095.11	2689.67	659.59	532.67	210.44	2986.48
2179.50	3871.79	818.43	854.82	388.71	4844.21
2041.21	2951.57	561.20	441.92	185.54	7730.07
1972.11	2726.00	432.80	374.99	168.43	5588.33
1912.33	4047.40	812.35	931.88	309.27	4935.07
1816.02	1171.85	313.76	259.14	102.81	1645.28
1053.84	1182.57	277.55	313.43	122.06	1719.22
1461.51	5034.50	1718.35	1023.28	397.14	3982.70
7937.90	13517.70	4403.23	2941.24	1239.84	13819.70
4388.29	10609.24	2828.97	2238.80	937.77	11589.64
1617.32	2625.91	717.21	603.10	276.67	3238.91
2000.68	4594.99	1146.46	1045.86	453.76	4608.73
1713.67	2013.85	456.69	517.24	264.32	2466.19
6603.25	10018.36	1910.02	2255.30	1091.62	11492.95
2832.70	6850.72	1199.75	993.37	411.27	6656.65
2863.81	3351.72	927.24	798.04	409.28	3571.64
1148.39	2006.82	588.93	464.61	209.29	2428.78
7488.53	14508.15	4211.96	3491.91	1265.19	14218.85
1091.87	2314.02	453.93	528.75	233.05	3126.60
227.27	413.75	58.15	101.96	41.78	742.58
1088.87	2024.81	672.99	439.52	190.22	2668.49
2578.48	3920.44	986.48	831.78	355.89	4748.37
693.87	1379.20	249.75	223.95	76.75	2850.45
847.76	1501.08	260.09	314.37	125.36	2861.12
20.80	48.87	5.55	8.38	2.63	77.45
1464.72	1905.62	465.02	447.62	212.83	2962.22
428.09	645.23	143.62	193.51	90.49	1121.80
563.81	432.89	76.91	107.74	35.68	833.34
300.09	624.65	103.99	150.28	60.57	1093.93
511.23	1028.42	155.63	255.44	128.77	2158.51

3-10 续表 1

地区	流动负债合计	应付账款	所有者权益合计	实收资本	国家资本
全国	**104357.48**	**26407.85**	**107120.92**	**51803.53**	**9458.57**
北京	2284.11	818.24	2688.20	1212.15	279.45
天津	2486.92	587.69	2192.43	1202.30	189.16
河北	3753.00	871.90	4340.10	1719.78	285.64
山西	5706.33	1137.33	1817.22	1469.10	615.92
内蒙古	3218.40	849.49	2927.08	1523.15	586.79
辽宁	3817.76	786.27	3238.24	1557.11	346.39
吉林	1243.38	276.10	1291.26	525.29	116.67
黑龙江	1286.32	262.46	1122.04	513.41	142.15
上海	3494.84	1260.05	3904.17	1937.39	354.68
江苏	11799.02	3336.55	12722.92	6123.51	504.86
浙江	9804.88	2311.29	8911.77	4155.60	838.75
安徽	2497.20	686.80	2621.64	1408.84	276.63
福建	3544.47	816.73	4424.99	2084.75	252.58
江西	1826.48	388.81	3334.92	1360.36	187.24
山东	8982.89	1764.46	8881.06	3441.51	538.71
河南	4733.40	920.05	9623.53	4292.50	368.17
湖北	2772.54	874.77	3059.10	1395.07	231.69
湖南	1729.54	447.19	2899.29	1639.93	193.25
广东	11539.73	3801.38	11946.54	6102.81	742.46
广西	2263.00	499.18	2112.08	1373.30	314.32
海南	435.48	91.79	545.60	315.48	84.98
重庆	2101.11	595.34	1720.78	732.00	190.13
四川	3578.67	953.44	3811.22	1518.29	243.03
贵州	1778.74	344.95	1045.71	716.69	342.24
云南	2069.67	398.21	1142.25	785.80	385.10
西藏	44.29	8.97	96.53	46.03	22.12
陕西	2102.02	530.11	2161.48	1109.08	313.25
甘肃	718.68	198.30	555.66	308.57	134.17
青海	587.97	130.50	368.20	210.45	90.01
宁夏	725.69	157.42	527.71	325.89	74.73
新疆	1430.94	302.09	1087.22	697.40	213.33

单位：亿元

集体资本	法人资本	个人资本	港澳台资本	外商资本	主营业务收入
1009.33	**18503.74**	**11755.40**	**4263.16**	**6808.12**	**272360.51**
9.74	465.65	182.63	60.08	214.60	3522.90
10.95	510.02	160.70	54.48	273.02	6720.86
22.33	667.53	495.28	54.31	194.70	10546.00
75.02	461.02	254.40	26.87	34.46	3312.17
34.51	685.95	175.00	15.66	25.24	5843.28
32.58	594.33	217.63	133.22	232.97	6392.93
10.67	194.16	106.28	17.29	80.22	3151.32
27.97	164.21	113.69	12.30	53.08	2280.26
35.05	530.22	180.41	167.33	669.69	6933.27
71.24	1683.55	1269.96	804.87	1788.98	37014.00
26.72	1416.49	999.19	406.30	468.15	19676.02
20.51	630.31	299.21	74.42	107.76	7347.30
36.22	544.16	432.85	517.18	301.76	11749.87
11.23	535.73	442.80	109.35	74.01	11026.42
117.65	1281.23	995.45	144.42	364.04	28927.98
75.27	1632.95	2080.46	42.75	92.91	23411.80
31.81	607.06	334.18	39.70	150.64	9427.55
37.76	814.50	477.88	34.75	81.80	8807.73
100.69	1959.89	790.32	1342.71	1166.73	31367.20
23.90	300.89	602.63	70.60	60.96	6602.00
1.59	149.42	30.82	12.05	36.62	950.66
21.25	260.49	156.33	39.39	66.47	5719.66
39.94	673.90	368.57	48.15	143.63	10044.76
18.07	241.79	80.74	8.53	26.32	2183.98
23.91	246.95	97.44	5.09	27.30	2219.20
	18.89	5.02			46.73
59.60	469.10	212.93	7.04	45.39	3891.51
6.15	116.56	47.73		3.96	840.33
6.98	92.01	17.10	1.37	2.99	499.25
6.09	181.14	49.88	4.48	9.58	789.76
13.94	373.66	77.88	8.46	10.13	1113.82

3-10 续表 2

地 区	主营业务成本	销售费用	管理费用	财务费用	利息收入
全 国	**230665.36**	**7373.18**	**11193.02**	**3305.70**	**315.79**
北 京	2765.21	222.24	270.70	45.80	12.45
天 津	5667.82	116.29	208.18	51.66	11.24
河 北	8950.89	199.28	319.16	115.33	1.73
山 西	2813.80	82.30	230.58	187.65	8.88
内蒙古	4893.50	121.61	211.57	135.61	7.96
辽 宁	5396.52	202.36	329.03	108.32	10.28
吉 林	2603.38	124.16	167.66	47.15	2.37
黑龙江	1881.33	91.91	124.82	39.64	1.56
上 海	5507.64	409.08	536.21	31.97	14.36
江 苏	31156.28	1058.44	1520.17	321.49	42.15
浙 江	16898.63	521.32	928.84	291.66	47.87
安 徽	6220.18	185.68	268.25	74.07	6.49
福 建	9994.55	303.55	441.26	130.37	19.96
江 西	9637.08	181.23	236.36	64.39	3.45
山 东	25334.75	606.13	802.87	342.81	26.45
河 南	20334.42	436.79	503.19	216.35	8.06
湖 北	7910.31	287.17	446.48	106.38	8.13
湖 南	7157.40	314.32	454.14	96.58	3.55
广 东	26567.83	861.56	1564.71	231.20	30.33
广 西	5429.61	127.46	315.77	83.51	7.85
海 南	728.60	36.67	31.35	15.58	1.35
重 庆	4824.78	157.78	231.81	59.43	6.91
四 川	8453.92	326.65	440.08	141.38	8.63
贵 州	1761.62	77.35	127.08	85.12	3.80
云 南	1919.61	82.74	119.25	80.99	7.34
西 藏	30.81	1.68	3.88	0.33	0.16
陕 西	3050.89	124.51	191.70	71.69	4.38
甘 肃	741.98	27.58	44.78	28.99	1.60
青 海	444.85	19.81	23.13	19.54	0.47
宁 夏	678.23	19.92	30.04	31.50	0.43
新 疆	908.92	45.61	69.96	49.21	5.58

单位：亿元

利息支出	投资收益（损失以"-"号记）	营业利润	利润总额	亏损企业亏损额	平均用工人数（万人）
3232.97	**179.18**	**17511.70**	**17982.59**	**2434.61**	**2951.81**
47.15	88.86	251.15	305.27	107.81	31.34
57.43	-19.92	592.37	597.43	47.69	42.33
113.63	-136.94	800.93	799.68	90.36	101.55
166.52	7.07	-70.35	-57.01	248.87	59.65
123.71	6.61	431.48	385.75	181.15	34.46
104.16	3.40	260.86	319.47	97.19	72.74
41.33	16.99	175.28	182.07	40.53	28.57
33.59	7.60	131.37	147.88	41.23	29.17
53.65	64.31	503.20	535.70	80.93	66.66
328.54	37.43	2829.16	2868.08	180.26	313.60
332.12	72.05	1056.59	1113.21	83.48	214.50
72.26	3.60	531.51	487.25	36.59	75.84
135.01	-15.78	804.72	796.88	91.27	159.11
55.75	-0.72	835.75	849.56	14.31	95.31
293.70	14.43	1577.19	1635.14	163.73	234.10
192.20	1.90	1780.94	1795.13	96.62	251.03
92.33	5.96	617.70	650.79	42.17	97.22
83.22	-5.87	520.71	497.37	47.99	121.86
249.48	18.39	1890.84	1960.27	162.49	523.67
82.86	-11.86	452.29	476.06	62.99	71.52
14.47	4.99	37.04	43.34	11.37	5.11
62.55	7.90	418.09	431.05	31.30	61.79
135.64	-11.97	589.69	613.90	89.84	110.13
76.97	2.59	108.97	118.88	69.28	31.52
85.44	3.22	5.10	21.05	112.69	33.90
0.55	0.17	9.33	9.67	0.12	0.69
70.53	5.35	355.21	350.11	48.52	40.93
28.63	1.29	-14.60	-7.78	45.13	13.09
17.36	-3.30	-12.69	-6.20	31.41	5.45
30.11	1.15	21.93	24.74	23.01	7.81
52.07	10.27	19.94	37.85	54.27	17.14

3-11 按地区分组的小型

地　区	工业销售产值(当年价格)	出口交货值	资产总计	固定资产合计	固定资产原价
全　国	**423636.98**	**22226.36**	**304559.51**	**115054.41**	**172329.64**
北　京	2897.97	168.86	5628.83	820.65	1338.78
天　津	6991.52	403.63	5904.51	1588.56	2275.55
河　北	18455.91	423.92	12182.07	5423.24	6926.77
山　西	2935.03	24.42	5332.90	2159.50	2764.69
内蒙古	7552.31	31.13	8280.60	3996.25	5571.13
辽　宁	15317.51	438.14	11089.86	4747.51	8250.24
吉　林	10995.38	183.45	5872.62	2483.01	6966.47
黑龙江	4755.29	35.18	4067.35	1758.24	2384.29
上　海	7997.18	1148.99	9412.93	2055.43	3835.24
江　苏	54952.60	3447.07	34939.18	11745.61	19566.89
浙　江	28918.12	4610.55	29604.85	8368.12	12897.42
安　徽	18978.73	449.89	10308.88	3712.83	5872.96
福　建	17084.05	1532.26	10508.43	3456.95	5230.95
江　西	12916.35	519.70	6424.85	2636.53	3950.02
山　东	65933.55	2304.52	32478.60	14660.81	22110.86
河　南	25222.32	256.18	16197.47	6797.09	8120.29
湖　北	18831.87	430.33	10902.06	4006.47	6947.43
湖　南	17555.44	364.06	7785.31	3556.15	4619.50
广　东	35263.82	4659.92	25933.84	7929.48	12331.09
广　西	7062.96	155.28	4297.12	1537.73	2236.42
海　南	365.18	5.93	782.20	231.19	364.16
重　庆	6231.32	200.80	4962.84	2168.99	2871.58
四　川	15870.00	138.09	13724.69	6405.00	8476.05
贵　州	5089.56	14.54	4298.73	1517.68	1855.75
云　南	3251.41	69.98	6224.70	3383.14	4089.28
西　藏	64.78	0.03	309.46	159.19	180.63
陕　西	6178.37	138.80	5127.46	1873.90	2929.53
甘　肃	1815.87	11.53	3370.21	1714.38	2110.62
青　海	870.03	11.59	1426.02	789.28	1200.50
宁　夏	985.39	24.48	2098.49	896.06	1006.05
新　疆	2297.15	23.11	5082.47	2475.42	3048.49

工业企业主要经济指标

单位：亿元

累计折旧	流动资产合计	应收账款	存货	产成品	负债合计
66221.05	**143742.87**	**41330.39**	**32046.19**	**14371.18**	**162602.13**
546.96	3478.52	1129.50	749.36	276.59	2852.88
863.69	3580.55	1052.32	741.93	271.34	3614.20
1886.98	5054.65	1400.67	1142.08	541.18	5798.43
764.17	2274.86	576.61	458.58	216.49	3912.79
1880.38	2721.75	591.03	442.41	209.91	5346.62
3872.02	4695.20	1271.64	947.05	402.92	5787.56
4715.48	2558.50	642.63	662.67	319.52	3032.91
837.98	1721.86	413.31	431.24	166.06	2224.13
1867.89	6180.29	2070.55	1417.18	564.42	4852.01
7848.77	19090.99	6626.26	4020.50	1693.68	18204.43
5152.17	17049.89	5249.09	3924.87	1620.93	18061.16
2387.64	5211.85	1733.21	1272.58	582.42	5285.81
2116.26	5230.16	1511.50	1208.91	561.08	5451.51
1536.83	2562.08	739.21	590.77	300.73	2872.03
8756.89	12556.78	2713.06	3150.60	1648.32	14631.14
1902.02	7099.86	1269.12	1069.73	502.33	5496.85
3254.12	5144.74	1592.61	1233.59	598.76	5386.23
1390.97	2877.25	815.48	662.94	314.60	3330.00
5889.99	14471.85	4362.61	3497.98	1398.83	14723.84
801.73	2013.81	515.23	504.18	261.95	2599.10
143.81	311.17	70.77	48.28	19.01	389.29
868.98	2111.00	676.46	427.98	200.94	2938.90
2464.11	5030.83	1431.42	1054.33	494.16	8062.78
474.05	1992.10	557.70	368.67	190.57	2556.26
862.81	2048.51	433.94	463.66	242.54	4181.82
26.99	87.88	11.44	12.14	4.85	216.29
1258.38	2298.84	707.94	529.15	253.35	2783.20
498.71	1225.87	329.47	289.85	156.39	2204.82
454.19	428.80	114.06	82.45	41.46	985.86
188.69	883.07	231.46	220.18	102.13	1363.38
707.38	1749.35	490.09	420.36	213.72	3455.91

3-11 续表 1

地区	流动负债合计	应付账款	所有者权益合计	实收资本	国家资本
全国	**119752.38**	**30583.09**	**138984.95**	**80249.93**	**9475.96**
北京	2509.63	987.73	2748.82	1325.87	180.66
天津	2995.51	837.11	2275.11	1620.98	213.76
河北	4308.67	1020.21	6253.43	3897.43	268.91
山西	2779.25	704.23	1395.49	1205.36	207.76
内蒙古	3163.16	691.25	2881.60	2858.52	539.70
辽宁	4362.37	1062.60	5250.98	2755.03	425.07
吉林	1793.00	397.05	2803.35	2518.18	102.10
黑龙江	1555.20	376.78	1831.53	894.20	137.98
上海	4247.13	1553.62	4503.44	2654.29	245.50
江苏	16011.89	3751.49	16583.23	9558.00	394.31
浙江	15543.06	3298.47	11435.49	6416.33	314.18
安徽	4167.78	1052.82	4839.02	2435.52	201.70
福建	3964.50	1014.59	4877.30	3372.69	323.43
江西	2053.02	512.22	3476.83	2001.35	91.56
山东	9994.99	2285.71	17281.97	7064.06	500.58
河南	3771.29	819.22	10062.05	5312.06	137.40
湖北	3910.54	1228.63	5452.15	3456.80	604.65
湖南	2204.19	564.17	4429.01	2216.00	149.80
广东	11030.86	3416.41	10838.79	6008.47	953.32
广西	1840.43	416.41	1673.11	795.62	147.37
海南	265.98	60.94	392.43	140.43	29.47
重庆	2091.32	588.75	1986.44	910.15	172.74
四川	4319.90	1088.60	5576.04	3064.52	634.29
贵州	1612.01	447.92	1734.09	2003.55	1129.28
云南	2277.27	473.05	2030.95	1675.05	458.88
西藏	166.88	13.30	93.16	47.55	16.24
陕西	1889.14	653.90	2339.68	1320.28	166.62
甘肃	1138.30	331.49	1155.14	832.25	252.08
青海	648.54	103.97	439.10	257.34	73.53
宁夏	799.45	223.52	719.41	444.53	77.88
新疆	2337.12	606.93	1625.82	1187.52	325.22

单位：亿元

集体资本	法人资本	个人资本	港澳台资本	外商资本	主营业务收入
1874.25	**29292.09**	**28458.08**	**4091.31**	**7051.56**	**415925.14**
10.63	541.01	325.75	68.09	199.73	3324.21
19.59	441.50	476.54	71.44	398.15	7016.53
22.37	1181.73	2238.84	42.04	143.54	18031.52
35.41	454.75	466.47	10.32	30.56	2869.36
54.89	1787.45	402.34	30.43	43.72	7472.80
35.09	1022.46	903.54	78.80	285.95	15212.26
30.11	1630.65	664.61	17.37	73.34	10435.62
31.83	274.31	390.37	18.33	41.37	4610.87
30.82	811.59	457.36	281.69	827.33	8462.21
137.47	2699.82	3531.27	842.78	1952.34	54260.23
65.36	2198.69	2446.78	700.62	690.69	28536.84
58.27	763.13	1248.36	51.87	112.20	18493.11
34.81	734.99	1754.62	305.50	218.68	16656.71
42.68	1148.87	618.92	56.83	42.50	13286.37
145.63	2591.52	3210.73	134.11	481.42	65034.16
376.73	1652.94	3064.04	30.41	50.42	24122.27
73.68	1442.67	1150.44	61.33	124.02	17870.07
44.33	1162.42	791.88	28.16	39.07	17304.28
88.05	1900.92	1097.95	1054.81	913.05	34913.46
19.46	304.35	243.40	25.75	55.30	6666.09
2.41	63.66	16.49	11.93	16.48	360.71
16.13	285.33	350.92	18.41	66.51	6089.58
91.32	1379.68	827.70	63.56	67.41	15745.56
237.51	326.35	286.33	7.60	16.28	4710.53
39.61	827.46	283.33	21.57	44.20	3172.69
4.54	19.34	6.95		0.47	63.72
56.79	419.59	606.71	24.04	46.54	5795.52
34.59	338.49	167.30	8.25	31.55	1450.92
11.02	111.47	56.75	2.16	2.42	676.87
1.93	244.89	102.53	7.58	9.72	955.78
21.17	530.06	268.88	15.57	26.62	2324.31

3-11 续表 2

地区	主营业务成本	销售费用	管理费用	财务费用	利息收入
全国	**359218.93**	**9584.27**	**14755.35**	**4624.75**	**236.71**
北京	2702.32	169.70	290.96	31.96	11.14
天津	6140.25	147.53	267.94	58.20	6.21
河北	15762.79	316.68	411.22	171.46	3.98
山西	2535.77	90.96	104.70	91.46	0.87
内蒙古	6177.15	129.85	235.54	134.06	2.52
辽宁	13569.59	274.79	468.79	138.02	5.35
吉林	9029.80	295.39	427.24	122.55	1.57
黑龙江	4087.63	108.77	149.59	46.23	1.45
上海	7026.42	357.23	664.41	67.97	13.25
江苏	46835.17	1178.11	2117.88	502.00	39.54
浙江	24260.80	653.50	1422.42	501.82	50.10
安徽	16210.37	429.69	550.24	156.79	5.78
福建	14473.55	368.08	597.99	164.91	8.55
江西	11761.20	198.30	269.14	71.45	2.43
山东	57457.58	1167.40	1489.66	540.72	16.37
河南	20768.66	496.38	476.85	199.85	4.28
湖北	15337.65	524.65	700.19	200.88	0.18
湖南	14333.02	502.19	679.26	162.66	2.93
广东	30376.71	835.87	1488.87	286.75	24.08
广西	5699.70	146.43	262.74	81.58	0.92
海南	297.87	13.86	20.11	6.30	0.61
重庆	5110.68	170.08	259.23	83.01	6.12
四川	13325.56	439.06	572.74	291.63	7.28
贵州	3862.48	157.76	228.74	73.09	4.91
云南	2624.81	80.45	133.69	140.77	4.53
西藏	41.49	4.56	5.11	3.23	0.15
陕西	4853.18	175.14	240.67	66.01	2.04
甘肃	1249.18	37.83	56.71	72.46	4.88
青海	588.28	12.42	19.95	30.07	0.41
宁夏	829.23	24.15	35.48	37.92	0.93
新疆	1890.02	77.47	107.31	88.96	3.34

单位：亿元

利息支出	投资收益（损失以"–"号记）	营业利润	利润总额	亏损企业亏损额	平均用工人数（万人）
3859.32	**-128.57**	**24350.96**	**24622.16**	**2513.09**	**3529.79**
38.11	35.15	159.74	221.53	58.38	31.86
43.08	-20.77	332.32	327.27	90.04	45.80
146.49	-118.51	1177.42	1180.92	100.15	139.44
76.76	3.80	32.35	43.26	117.54	29.35
111.27	-51.03	635.06	462.95	104.75	42.66
97.95	-21.74	646.51	665.17	105.70	115.73
92.34	15.10	485.48	474.84	39.59	58.65
37.45	1.28	205.91	218.63	46.53	32.70
70.27	44.79	398.62	435.64	150.22	83.02
431.13	18.48	3373.43	3406.17	301.08	447.37
536.13	51.81	1368.35	1463.49	215.45	361.35
122.57	-0.71	1040.49	1061.41	56.09	153.81
144.18	-29.87	887.73	894.38	63.11	164.78
57.84	-2.24	898.76	894.13	22.66	97.87
353.14	-25.82	4091.25	4099.57	135.68	401.59
142.94	2.41	2013.40	2021.87	48.66	215.71
138.66	-7.94	953.99	973.37	61.51	141.37
122.20	-4.97	1043.14	976.59	37.86	143.38
234.99	60.96	1820.52	1860.71	220.86	405.27
64.52	-69.73	378.24	386.88	53.24	50.78
6.50	3.87	23.98	24.67	9.65	3.47
74.06	0.03	410.54	435.87	45.26	63.80
244.52	-13.70	935.30	963.39	98.83	123.24
62.22	0.53	240.98	257.16	57.92	41.74
138.49	1.87	177.75	201.02	71.70	33.15
3.36	0.72	9.10	10.17	4.33	0.80
52.85	-2.04	393.24	396.65	47.00	49.16
64.70	1.12	28.29	39.46	39.96	15.24
26.02	-6.34	16.22	21.84	14.23	4.92
35.06	0.55	26.92	35.95	20.53	8.95
89.53	4.37	145.94	167.19	74.60	22.83

3-12 按地区分组的

地　区	工业销售产值(当年价格)	出口交货值	资产总计	固定资产合计	固定资产原价
全　国	**49498.49**	**184.96**	**97632.54**	**43443.24**	**65613.65**
北　京	296.42	21.91	3211.23	557.56	904.19
天　津	2005.05	0.20	3021.79	1489.03	3572.80
河　北	3021.61	0.87	4957.46	2081.23	3368.56
山　西	4472.69	0.93	17127.22	5940.52	7108.01
内蒙古	5064.54	1.30	7713.29	2760.30	4142.58
辽　宁	1751.92	7.16	3036.28	1383.63	2844.24
吉　林	1150.82	0.05	1810.07	1186.56	2402.69
黑龙江	1482.43		4000.89	2427.86	5305.73
上　海	6.42		34.24	0.08	0.27
江　苏	607.97	0.95	1269.31	644.72	1036.72
浙　江	177.56	0.27	207.08	47.89	67.04
安　徽	1328.90		4111.39	2187.28	2205.52
福　建	558.79	5.52	332.89	143.75	177.80
江　西	1018.57	0.07	793.68	325.88	453.53
山　东	4679.73	2.83	10219.37	4388.10	5001.96
河　南	4002.52	90.34	5301.44	2454.85	3069.47
湖　北	1209.93	0.53	1052.05	433.35	793.99
湖　南	1337.65	7.80	837.28	440.75	562.66
广　东	1113.49	15.80	1456.38	713.55	1293.66
广　西	797.10	8.08	638.65	198.29	253.61
海　南	31.69		192.39	38.93	67.30
重　庆	566.95	0.10	966.32	495.86	583.91
四　川	2711.74	0.91	4220.09	1751.70	1967.13
贵　州	1900.72	3.63	2606.35	906.30	931.71
云　南	753.58		1697.87	492.90	665.18
西　藏	19.16		222.54	50.41	43.68
陕　西	4414.88	4.27	8486.02	5122.89	8412.87
甘　肃	811.04	10.98	1474.15	933.91	1266.26
青　海	271.70		630.50	353.86	616.27
宁　夏	468.58		1494.40	606.28	885.68
新　疆	1464.34	0.45	4509.90	2885.04	5608.64

采矿业主要经济指标

单位：亿元

累计折旧	流动资产合计	应收账款	存货		负债合计
				产成品	
29615.07	**31858.34**	**5804.65**	**3990.73**	**1733.78**	**59154.06**
336.70	1188.53	278.55	54.61	9.97	1686.63
2070.71	1258.36	645.02	216.06	11.93	2193.47
1486.87	1803.62	342.98	245.71	134.52	2826.08
2893.37	6946.38	989.80	568.52	242.72	13142.40
1750.30	2926.49	548.30	275.58	152.52	4134.35
1669.15	1047.05	183.64	204.88	71.83	1761.29
1285.11	447.98	79.62	56.57	16.57	1001.14
2965.24	1025.29	86.80	79.37	53.24	1466.67
0.19	21.85	0.97	1.06	0.55	7.70
486.05	340.90	59.35	51.49	23.24	762.68
24.84	92.87	16.93	11.53	6.78	135.39
915.81	870.91	92.97	126.34	44.34	2997.24
71.21	107.49	23.59	16.27	10.00	143.00
154.20	258.88	47.15	55.99	36.39	408.32
2081.04	3222.70	439.80	626.85	270.54	6452.19
1143.81	1985.90	345.05	276.29	109.65	3045.18
387.49	383.90	109.15	50.73	31.71	601.08
197.81	237.21	38.40	45.45	23.83	365.64
652.49	236.95	64.17	63.80	17.52	1116.29
89.01	286.32	56.24	44.15	30.51	371.93
28.61	32.37	6.61	8.10	2.27	32.98
162.38	234.77	55.74	28.23	20.91	528.48
830.43	1210.05	223.91	144.60	53.37	2069.27
313.84	962.97	183.26	67.33	40.87	1773.24
261.33	703.22	117.65	108.13	43.01	1021.10
16.02	41.98	4.23	6.13	2.59	130.06
3484.53	2173.54	433.20	199.91	84.80	4285.97
543.60	379.31	75.51	78.12	47.62	838.60
268.61	182.62	18.82	20.34	14.19	320.92
324.16	295.19	57.39	90.16	54.29	1055.49
2720.17	952.71	179.82	168.45	71.49	2479.30

3-12 续表 1

地区	流动负债合计	应付账款	所有者权益合计	实收资本	国家资本
全国	**37764.78**	**7680.26**	**38315.82**	**18045.41**	**9704.60**
北京	1038.02	164.03	1524.60	609.56	286.82
天津	1737.63	133.08	830.01	330.56	280.94
河北	2025.33	399.48	2123.73	642.62	246.99
山西	8496.48	1362.05	3973.39	2068.99	1209.08
内蒙古	2391.66	565.20	3574.67	1090.07	355.67
辽宁	1180.13	362.11	1272.04	783.40	666.02
吉林	674.81	204.56	802.89	268.31	147.33
黑龙江	893.67	302.76	2533.94	623.77	84.64
上海	2.79	1.27	26.55	9.00	9.00
江苏	512.16	84.10	505.49	268.98	206.97
浙江	111.02	10.44	71.69	46.40	8.26
安徽	1691.92	227.62	1106.47	581.43	396.59
福建	113.97	18.11	187.87	65.34	11.36
江西	273.42	42.52	383.87	172.35	37.58
山东	3666.95	645.60	3728.45	1204.51	962.84
河南	2238.03	462.69	2212.61	837.20	361.46
湖北	497.64	150.29	447.89	170.06	34.84
湖南	234.00	27.14	466.64	294.10	42.59
广东	696.10	130.00	332.19	186.76	101.93
广西	283.65	43.83	262.44	61.27	20.70
海南	25.21	6.75	159.21	22.40	1.23
重庆	343.62	60.62	430.78	153.83	77.03
四川	1425.54	343.22	2139.41	599.06	321.81
贵州	1137.98	172.12	830.13	362.65	96.52
云南	853.06	123.28	674.77	366.70	171.95
西藏	47.52	7.91	92.48	62.20	38.66
陕西	2426.23	854.53	4208.82	2625.30	1846.78
甘肃	516.38	115.85	634.56	409.41	313.17
青海	186.14	69.53	309.58	66.64	44.57
宁夏	569.98	156.83	438.25	1041.08	495.69
新疆	1473.71	432.75	2030.38	2021.45	825.60

单位：亿元

集体资本	法人资本	个人资本	港澳台资本	外商资本	主营业务收入
270.09	**5819.65**	**2167.09**	**86.50**	**136.96**	**52300.39**
0.04	302.69	5.57	10.65	3.79	420.36
3.41	45.99	0.03		0.19	2130.63
4.76	149.06	237.32	2.24	2.24	3537.84
56.25	412.23	346.49	2.15	42.70	6106.38
28.05	496.87	181.98	9.29	18.20	5092.82
2.89	34.13	76.51	1.76	2.09	1866.98
5.45	60.22	46.07	0.05	9.19	1165.34
8.98	502.98	25.86	0.95	0.37	1495.74
					6.42
6.58	29.58	19.35	5.63	0.89	623.84
0.20	14.23	19.82	0.19	3.69	177.14
1.99	131.05	49.58	0.61	1.60	1744.14
3.00	14.27	34.53	2.15	0.03	546.64
2.38	43.85	85.32	3.11	0.12	1033.13
19.53	158.09	54.19	3.86	5.99	5007.83
45.63	360.60	204.72	2.20	3.07	4689.45
10.06	64.55	60.61		0.01	1134.96
6.48	136.62	107.82	0.57	0.01	1310.40
3.11	34.84	13.47	29.69	3.72	1083.78
3.65	16.81	17.96	1.35	0.80	817.87
	21.12	0.04		0.01	29.20
0.35	51.56	24.89			561.60
6.30	160.25	90.03	0.46	19.29	2692.00
10.66	136.55	117.47	1.45		1631.85
6.89	92.50	83.22	0.50	11.64	722.47
1.69	17.08	4.77			26.75
18.14	580.52	177.91	0.94	1.02	3902.91
3.60	59.61	32.83	0.10	0.10	576.87
4.81	9.94	6.54		0.79	245.74
0.02	537.05	8.32			346.39
5.19	1144.81	33.86	6.57	5.42	1572.91

3-12 续表 2

地区	主营业务成本	销售费用	管理费用	财务费用	利息收入
全国	**42690.30**	**1166.94**	**3248.28**	**1311.57**	**144.77**
北京	387.26	2.35	29.51	19.14	3.34
天津	1673.80	3.89	43.30	32.86	2.75
河北	3048.38	46.48	159.96	77.03	1.50
山西	5110.66	306.16	422.13	305.92	34.73
内蒙古	3955.86	130.99	252.35	77.30	4.03
辽宁	1684.07	26.40	132.67	44.09	3.99
吉林	1049.89	22.56	72.57	27.78	3.01
黑龙江	1102.55	18.70	183.34	14.22	19.65
上海	8.25	0.02	0.66	-0.54	0.77
江苏	531.29	14.86	66.30	11.74	2.68
浙江	142.16	3.92	11.15	3.40	0.24
安徽	1591.27	35.71	133.22	97.76	4.72
福建	462.42	17.04	31.89	3.13	0.25
江西	889.08	17.30	32.36	6.00	-0.04
山东	4199.68	78.75	373.85	139.33	11.42
河南	4179.36	57.45	193.68	88.00	5.59
湖北	943.09	35.55	60.02	15.52	0.41
湖南	1072.94	40.36	72.72	11.58	0.32
广东	778.30	18.15	42.16	18.78	1.33
广西	661.38	26.54	47.47	9.56	0.52
海南	19.95	0.65	5.22	0.38	0.29
重庆	452.62	18.86	40.85	10.52	0.95
四川	2185.81	59.12	139.89	48.68	8.86
贵州	1305.25	49.51	105.80	44.12	1.02
云南	581.53	21.67	56.67	25.53	2.02
西藏	16.84	0.46	4.03	0.49	0.11
陕西	2725.76	61.14	261.27	87.64	7.77
甘肃	365.36	10.56	32.52	19.97	1.24
青海	129.66	3.50	23.52	4.98	2.16
宁夏	290.68	9.93	35.02	17.24	12.79
新疆	1145.15	28.38	182.19	49.39	6.36

单位：亿元

利息支出	投资收益（损失以"–"号记）	营业利润	利润总额	亏损企业亏损额	平均用工人数（万人）
1359.01	**148.70**	**2410.93**	**2541.21**	**1840.74**	**710.93**
20.22	44.34	20.51	31.72	4.60	5.64
17.71	-6.16	340.93	340.48	30.70	6.41
80.81	13.95	153.87	179.02	142.40	37.40
317.57	41.71	-140.41	-121.05	315.51	99.20
69.97	4.28	539.53	495.87	119.20	33.06
46.05	3.91	-78.12	-57.90	151.59	35.33
25.82	-0.07	-54.78	-40.48	88.04	17.48
32.04	-0.08	77.08	87.88	53.59	33.08
0.01		-2.08	-1.96	1.96	0.02
11.01	4.49	-17.77	-13.78	39.81	11.83
3.52	0.11	10.88	11.99	3.76	1.52
94.60	56.11	-89.78	-58.05	108.00	35.30
3.02	0.09	25.10	25.16	5.24	7.49
5.28	0.93	78.69	72.32	9.56	13.91
172.77	29.26	93.47	106.50	155.16	73.79
97.46	8.39	103.45	103.87	206.93	68.24
10.58	-0.23	55.16	55.23	23.85	13.12
8.98	-1.58	68.90	64.14	12.74	23.88
8.18	0.19	175.69	180.52	3.51	5.36
8.98	5.39	68.57	70.18	8.87	7.18
0.56	0.22	1.74	1.84	0.57	0.65
9.79	1.73	30.20	49.54	5.74	14.89
58.98	1.02	185.44	201.22	30.60	38.52
36.20	0.03	81.73	84.57	44.04	31.59
23.62	6.24	25.96	28.78	32.02	14.80
0.66	0.22	4.34	4.89	0.71	0.46
85.72	10.44	548.11	507.84	46.45	39.40
19.79	-73.26	36.18	34.74	20.46	12.18
6.67	-3.60	47.29	51.87	4.56	3.98
27.51	0.16	-18.10	-18.74	22.04	6.64
54.91	0.49	39.16	62.97	148.55	18.57

3-13 按地区分组的煤炭开采和

地　区	工业销售产值(当年价格)	出口交货值	资产总计	固定资产合计	固定资产原价
全　国	**20793.30**	**17.66**	**53788.47**	**20122.63**	**26371.78**
北　京	21.20	9.35	140.56	4.15	18.02
天　津	717.99		739.13	116.82	342.51
河　北	944.71	0.01	1957.54	643.21	986.13
山　西	4149.65	0.93	16406.84	5700.80	6804.25
内蒙古	2931.13		6310.94	2101.52	3196.25
辽　宁	257.19		1008.50	365.71	648.40
吉　林	241.83		329.01	182.01	409.09
黑龙江	272.66		783.87	321.86	572.76
上　海					
江　苏	207.84		720.70	338.97	459.05
浙　江	0.54		0.38	0.13	0.17
安　徽	617.73		3236.55	1908.79	1790.05
福　建	120.07		107.94	41.71	49.83
江　西	173.12	0.03	228.89	120.71	168.73
山　东	1918.76	2.33	6675.23	2078.85	3118.65
河　南	1421.84	0.02	3328.68	1536.61	1942.38
湖　北	104.67	0.04	60.13	27.14	32.62
湖　南	465.47	0.81	303.41	181.82	263.00
广　东					
广　西	52.17		81.09	28.88	31.42
海　南					
重　庆	348.29	0.10	607.85	233.72	266.30
四　川	823.75		862.35	355.23	528.19
贵　州	1577.22	3.63	2426.80	856.07	878.31
云　南	317.28		636.55	195.58	271.97
西　藏					
陕　西	2161.41	0.39	3746.73	1408.47	1897.90
甘　肃	243.72		629.34	405.04	378.86
青　海	17.07		107.12	20.33	30.50
宁　夏	454.29		1478.65	598.91	883.09
新　疆	231.71		873.68	349.58	403.33

洗选业主要经济指标

单位：亿元

累计折旧	流动资产合计	应收账款	存货	产成品	负债合计
10889.40	**19852.98**	**3390.61**	**2286.74**	**979.08**	**36955.15**
13.87	60.44	4.23	4.08	4.00	72.61
229.54	599.79	339.62	133.52	2.38	626.93
470.77	793.58	162.05	123.10	61.55	1356.92
2813.56	6657.41	947.88	502.62	203.87	12673.54
1302.50	2426.99	423.00	182.95	98.70	3466.26
349.62	359.68	59.26	107.56	34.98	667.22
236.18	104.91	21.96	11.98	5.20	270.51
313.32	268.79	60.48	39.90	23.26	688.32
197.61	215.89	39.27	30.13	12.09	466.86
0.04	0.21	0.08	0.07	0.07	0.24
734.69	623.96	57.48	100.42	28.36	2520.56
19.58	36.26	6.97	4.53	3.59	51.28
55.72	56.85	8.56	5.69	2.77	162.17
1236.88	2450.94	296.90	464.27	207.80	4641.88
758.35	1179.74	195.33	157.99	64.90	2221.95
7.89	20.64	2.66	2.81	1.47	26.40
104.16	67.61	13.21	12.90	6.84	122.63
13.59	23.97	8.58	3.88	2.70	50.31
98.40	173.21	35.54	19.65	14.75	313.75
246.73	317.10	50.20	23.61	10.62	570.66
299.53	879.16	165.74	56.53	32.96	1677.87
97.60	240.02	44.76	21.82	9.01	369.87
664.61	1563.28	299.21	105.24	41.64	1809.97
172.38	186.92	43.06	43.01	26.54	386.70
10.75	34.50	7.73	5.32	4.56	62.84
323.88	287.04	54.54	88.58	54.12	1045.52
117.66	224.09	42.34	34.56	20.36	631.38

3-13 续表 1

地 区	流动负债合计	应付账款	所有者权益合计	实收资本	国家资本
全 国	**23178.99**	**4078.07**	**16771.88**	**7182.22**	**3510.16**
北 京	40.72	1.54	67.95	12.00	
天 津	574.79	0.21	112.19	16.89	
河 北	997.48	163.90	600.62	264.76	149.54
山 西	8143.82	1280.59	3722.42	1874.57	1092.81
内蒙古	1919.41	448.12	2844.23	813.80	275.23
辽 宁	485.56	192.81	341.22	94.49	79.15
吉 林	214.17	31.36	57.37	59.35	46.97
黑龙江	621.16	125.29	95.27	108.46	78.17
上 海					
江 苏	289.56	59.28	253.42	58.95	45.42
浙 江	0.24	0.10	0.15	0.06	
安 徽	1332.00	180.73	714.93	364.54	269.80
福 建	42.26	8.63	56.60	22.93	5.76
江 西	120.81	15.59	66.47	50.68	30.66
山 东	2293.68	359.97	2011.10	316.41	198.43
河 南	1561.80	320.11	1099.87	425.68	172.50
湖 北	18.83	3.40	31.92	15.84	1.35
湖 南	91.36	12.06	176.28	114.23	8.25
广 东					
广 西	30.32	5.40	30.78	6.39	2.04
海 南					
重 庆	163.43	27.47	287.43	130.79	68.64
四 川	377.60	55.20	283.31	119.09	26.76
贵 州	1070.87	159.31	746.47	332.21	93.40
云 南	296.09	41.49	264.51	114.86	50.53
西 藏					
陕 西	1101.14	291.62	1946.48	529.86	209.90
甘 肃	294.53	47.36	242.06	69.29	46.13
青 海	51.45	6.07	44.29	42.72	40.04
宁 夏	560.01	152.63	432.47	1039.56	495.59
新 疆	485.91	87.84	242.07	183.83	23.08

单位：亿元

集体资本	法人资本	个人资本	港澳台资本	外商资本	主营业务收入
130.42	**2437.56**	**1024.97**	**18.88**	**59.21**	**23770.31**
	7.48	4.52			21.20
3.40	13.49				819.04
2.96	82.21	29.30		0.75	1485.15
55.16	381.06	311.09	0.10	34.25	5792.41
18.40	396.21	96.80	9.29	17.87	2989.36
0.05	5.14	10.14			258.96
0.10	9.06	3.22			236.83
0.03	14.47	15.80			279.42
0.60	12.21	0.72			205.60
		0.06			0.58
	80.89	13.85			1052.02
1.77	3.89	9.61	1.90		120.86
0.19	5.46	14.20	0.18		162.45
8.04	95.38	8.80	3.00	2.77	2259.93
2.99	196.41	51.32		2.45	2178.95
1.89	5.36	7.25			102.20
5.33	55.77	44.88			456.15
0.25	1.79	1.11	1.20		48.98
0.25	44.25	17.65			344.55
0.38	43.12	47.82	0.07		772.30
9.64	122.21	106.48	0.48		1327.55
4.68	25.30	34.35			299.40
13.03	149.41	156.41	0.09	1.02	1814.66
0.59	3.24	19.13	0.10	0.10	149.58
	1.82	0.86			23.36
	536.80	7.16			332.16
0.70	145.14	12.44	2.46		236.64

3-13 续表 2

地区	主营业务成本	销售费用	管理费用	财务费用	利息收入
全国	**19766.74**	**708.95**	**1667.45**	**847.09**	**73.28**
北京	15.20	0.77	3.28	0.80	0.09
天津	724.69	0.52	11.01	9.27	0.93
河北	1409.02	24.45	69.56	33.75	-1.60
山西	4839.84	303.33	399.10	296.23	34.75
内蒙古	2168.98	106.70	197.12	58.13	3.81
辽宁	214.66	6.08	54.14	20.20	0.83
吉林	223.98	3.90	14.37	3.33	0.66
黑龙江	275.98	4.65	38.06	11.02	1.61
上海					
江苏	168.15	4.84	30.21	4.22	2.22
浙江	0.47	0.01	0.02	0.02	
安徽	1001.24	13.50	98.91	85.31	3.97
福建	98.80	3.57	12.75	0.71	0.18
江西	138.22	2.98	8.05	1.69	-0.18
山东	1793.71	49.09	190.96	98.66	7.70
河南	2012.38	24.60	103.34	68.19	3.55
湖北	83.66	2.31	4.99	0.56	0.09
湖南	383.93	11.15	19.86	3.40	0.17
广东					
广西	47.20	0.26	2.59	0.48	0.01
海南					
重庆	287.74	9.86	23.16	5.44	0.08
四川	665.20	17.44	46.24	16.08	-0.64
贵州	1071.88	39.44	87.79	41.28	1.02
云南	245.18	8.99	25.69	8.57	0.28
西藏					
陕西	1275.10	46.10	148.10	42.39	0.50
甘肃	140.37	6.22	19.16	8.45	0.11
青海	19.82	1.01	2.82	0.92	0.04
宁夏	279.29	9.23	34.11	17.14	12.79
新疆	182.01	7.96	22.06	10.86	0.32

单位：亿元

利息支出	投资收益（损失以“–”号记）	营业利润	利润总额	亏损企业亏损额	平均用工人数（万人）
893.42	**138.33**	**327.03**	**405.07**	**989.37**	**443.21**
0.45	0.44	0.76	0.71		1.05
6.45	-4.99	67.94	67.33		1.13
39.76	11.32	-45.32	-33.73	55.60	18.95
307.55	40.72	-147.46	-134.99	303.65	95.86
51.88	4.64	340.70	318.47	88.06	21.82
21.04	2.34	-36.01	-30.61	32.20	14.91
3.31	0.11	-10.61	-6.78	12.03	7.76
10.85	-0.33	-55.63	-39.64	48.83	19.58
5.02	3.59	-6.31	-4.88	8.12	7.17
0.02		0.04	0.04		
82.27	40.55	-130.83	-90.57	95.38	27.46
0.84	0.81	3.17	3.30	3.89	3.79
1.40	0.20	11.27	9.43	4.44	6.88
130.92	26.53	68.47	80.90	46.56	47.15
79.84	7.66	-42.10	-39.89	106.39	45.76
0.45		8.92	8.97	0.45	2.33
2.55	-1.43	26.06	27.45	3.89	12.33
0.47		-2.27	-1.24	2.29	0.87
5.35	1.63	16.04	22.85	4.79	12.70
17.70	-3.59	21.81	27.51	16.60	20.26
34.19	-0.38	50.89	53.74	42.96	25.01
8.10	0.01	3.59	3.67	17.77	8.99
35.70	8.41	224.22	200.54	39.51	21.43
8.13	-0.03	-15.35	-13.67	14.90	7.13
0.84	-0.26	-2.11	-1.66	2.22	0.78
27.49	0.16	-19.08	-19.71	21.63	6.47
10.85	0.21	-3.79	-2.46	17.20	5.62

3-14 按地区分组的石油和

地区	工业销售产值（当年价格）	出口交货值	资产总计	固定资产合计	固定资产原价
全国	**8042.76**	**13.74**	**20570.46**	**15390.20**	**27528.72**
北京	22.96		157.20	40.83	49.79
天津	742.02		1422.90	1242.03	2860.59
河北	165.37		664.76	553.45	1225.01
山西	51.90		247.74	73.99	89.76
内蒙古	715.34		288.88	165.82	197.11
辽宁	204.86		636.61	531.42	1375.32
吉林	319.49		905.51	710.37	1305.41
黑龙江	933.57		2826.47	1861.11	4351.11
上海	6.42		34.24	0.08	0.27
江苏	43.24		208.17	158.41	344.51
浙江					
安徽					
福建					
江西					
山东	642.63		1678.53	1538.17	877.13
河南	162.13		340.99	187.11	235.06
湖北	40.08	0.46	149.26	96.94	311.92
湖南					
广东	518.92	13.27	1054.27	562.28	1073.82
广西	10.04		32.69	11.60	21.18
海南	8.92		39.87	26.71	44.23
重庆	61.10		236.27	221.45	259.51
四川	540.75		1806.21	931.48	765.54
贵州					
云南					
西藏					
陕西	1408.76		4096.19	3486.39	6181.18
甘肃	363.69		514.86	420.38	689.56
青海	192.57		388.48	291.69	494.34
宁夏	3.55		5.07	2.17	1.15
新疆	884.44		2835.27	2276.32	4775.22

天然气开采业主要经济指标

单位：亿元

累计折旧	流动资产合计	应收账款	存货		负债合计
				产成品	
13965.91	**2632.28**	**257.48**	**257.05**	**99.38**	**9639.93**
8.96	21.02	1.40	0.45		68.88
1628.56	83.78	3.45	25.22	5.12	935.60
667.54	75.87	0.95	4.92	2.15	258.44
19.93	85.51	19.71	7.42	0.35	141.75
120.01	101.68	70.69	2.64	1.69	60.29
864.27	105.19	1.34	5.77	5.77	323.51
644.30	172.17	8.73	6.01	3.83	360.74
2490.01	680.57	5.37	30.04	26.46	605.72
0.19	21.85	0.97	1.06	0.55	7.70
194.52	4.08	0.77	2.03	0.68	105.71
481.69	134.39	40.43	14.27	5.10	793.35
130.42	66.19	13.24	8.21	6.25	192.69
214.97	39.08	0.95	1.80	0.86	113.17
572.13	69.25	15.52	31.73	2.48	929.31
9.58	3.41		0.09		4.05
17.52	1.63		0.38	0.18	6.80
39.28	13.00	11.31	0.26	0.05	147.30
267.40	160.76	17.02	8.24	4.23	715.61
2694.84	283.24	30.49	37.02	16.68	2129.04
270.68	39.03	3.18	5.61	2.19	240.27
202.64	88.25		3.44	0.90	178.86
0.04	2.89	1.07	0.01		0.08
2426.43	379.44	10.85	60.44	13.87	1321.06

3-14 续表 1

地区	流动负债合计	应付账款	所有者权益合计	实收资本	国家资本
全国	**4887.62**	**1660.52**	**10925.90**	**6110.79**	**4204.43**
北京	16.94	10.75	88.32	23.11	
天津	560.01	93.35	487.30	174.87	174.87
河北	52.06	46.62	406.32		
山西	112.70	38.36	105.98	90.52	75.59
内蒙古	22.38	11.15	228.58	68.97	52.62
辽宁	37.83	32.80	313.11	313.11	313.11
吉林	147.85	108.24	540.14	33.96	0.36
黑龙江	158.43	141.26	2220.75	475.00	
上海	2.79	1.27	26.55	9.00	9.00
江苏	92.53	6.82	102.46	135.60	135.60
浙江					
安徽					
福建					
江西					
山东	577.80	155.55	885.18	659.76	654.36
河南	171.49	26.99	148.30	94.43	156.74
湖北	101.41	-3.58	36.09		
湖南					
广东	561.70	97.39	124.96	118.55	88.10
广西			28.65		
海南	4.51	2.19	33.07	0.50	0.50
重庆	128.01	25.97	88.97	2.65	1.84
四川	407.83	97.90	1090.60	81.37	50.21
贵州					
云南					
西藏					
陕西	1051.75	460.54	1967.15	1998.73	1598.48
甘肃	58.10	43.40	274.59	263.11	263.11
青海	71.28	50.67	209.62		
宁夏	0.08		4.98	0.10	0.10
新疆	550.12	212.91	1514.21	1567.46	629.84

单位：亿元

集体资本	法人资本	个人资本	港澳台资本	外商资本	主营业务收入
0.97	**1967.67**	**13.46**	**31.46**	**33.28**	**7908.52**
	23.11				15.52
					733.37
					161.70
	3.80	0.64	2.05	8.45	58.12
	14.25	2.10			703.06
					199.04
0.24	15.11	10.67		7.58	304.11
	475.00				942.43
					6.42
					56.28
0.20	5.16	0.05			639.06
0.29	77.88	0.01			134.18
					40.09
			29.41	1.03	493.02
					22.28
					8.92
	0.81				61.10
	14.93	0.01		16.22	587.65
0.25	400.00				1314.78
					277.22
					160.94
					3.55
	937.62				985.67

3-14 续表 2

地区	主营业务成本	销售费用	管理费用	财务费用	利息收入
全国	**5503.62**	**46.14**	**692.98**	**180.96**	**51.58**
北京	11.22		4.19	1.67	0.32
天津	429.83	2.05	18.21	16.23	0.78
河北	138.06	0.33	29.03	7.38	1.61
山西	44.31	0.39	4.12	3.28	-0.23
内蒙古	616.91	1.33	4.12	2.35	
辽宁	225.69	0.81	26.69	8.53	1.88
吉林	283.47	5.47	21.46	11.15	2.35
黑龙江	607.21	10.61	125.67	-0.73	17.85
上海	8.25	0.02	0.66	-0.54	0.77
江苏	53.13	0.53	18.91	2.30	0.01
浙江					
安徽					
福建					
江西					
山东	557.50	3.24	98.52	16.33	1.60
河南	139.99	1.94	36.45	1.07	1.37
湖北	42.86	0.86	8.28	0.98	0.09
湖南					
广东	310.15	1.05	9.90	11.67	1.19
广西	16.00	0.03	0.15	0.25	
海南	4.45		1.79	-0.02	0.07
重庆	42.94	0.82	9.16	2.51	0.83
四川	363.33	4.44	36.89	17.68	7.14
贵州					
云南					
西藏					
陕西	775.77	1.47	79.84	39.93	5.77
甘肃	97.16	0.43	6.32	6.52	0.92
青海	60.67	0.59	16.13	2.52	2.07
宁夏	1.38	0.19	0.62		
新疆	673.35	9.56	135.88	29.90	5.19

单位：亿元

利息支出	投资收益（损失以"–"号记）	营业利润	利润总额	亏损企业亏损额	平均用工人数（万人）
208.22	**-68.61**	**656.59**	**692.37**	**592.03**	**73.52**
1.95	0.04	-1.23	4.07		0.20
5.25		237.71	229.49	26.81	2.09
8.99	0.15	-49.25	-42.06	42.06	2.84
4.08	0.99	6.37	13.90	1.17	0.50
2.44		75.03	74.84	15.56	0.72
10.38	-0.02	-99.60	-94.95	94.95	4.78
11.30	-0.66	-50.95	-49.07	58.77	3.74
17.60	0.02	112.74	108.01		11.32
0.01		-2.08	-1.96	1.96	0.02
2.29		-25.31	-25.18	25.18	1.07
17.77	0.03	-92.19	-93.81	96.68	10.53
2.36	0.49	-86.94	-88.77	88.86	5.50
1.05		-19.42	-19.62	19.62	1.76
3.57	0.09	119.09	124.53		0.57
		5.19	5.19		0.01
0.05		2.21	2.09		
2.52	0.02	3.22	15.83		0.15
24.30	4.14	112.47	117.10		3.66
45.35	0.22	284.87	267.72	1.59	11.98
7.44	-74.35	46.71	43.43		2.60
4.58		46.05	49.55		2.38
		1.30	1.30		0.02
34.96	0.23	30.60	50.74	118.83	7.07

3-15 按地区分组的黑色金属

地区	工业销售产值(当年价格)	出口交货值	资产总计	固定资产合计	固定资产原价
全国	**7216.98**	**12.87**	**10558.32**	**3209.91**	**4836.27**
北京	80.31		2362.52	395.98	573.45
天津	456.47		575.03	80.50	241.40
河北	1753.43		2185.22	817.08	1072.59
山西	246.76		412.18	149.83	187.81
内蒙古	555.50	0.89	457.60	202.35	352.69
辽宁	631.29		731.43	223.82	446.05
吉林	263.91		210.65	92.60	285.34
黑龙江	41.93		61.53	26.78	40.68
上海					
江苏	56.97		44.06	23.02	27.52
浙江	10.98		15.85	3.24	6.71
安徽	372.46		640.41	193.55	290.32
福建	152.90		94.18	49.21	47.80
江西	193.25		87.28	33.95	49.73
山东	406.66	0.23	578.08	251.60	279.91
河南	157.14		144.95	58.44	70.19
湖北	326.66		133.71	64.55	101.54
湖南	130.59	0.77	71.04	36.42	50.24
广东	121.83		139.92	37.45	56.86
广西	195.21		111.10	44.16	47.59
海南	12.45		60.28	9.27	19.30
重庆	10.74		22.14	8.36	9.07
四川	522.22		503.62	138.26	180.53
贵州	56.25		16.58	3.27	5.13
云南	128.29		337.52	84.11	122.36
西藏	1.94		26.88	1.37	3.35
陕西	166.71		145.22	55.99	68.21
甘肃	66.06	10.98	96.60	35.87	78.54
青海	5.29		28.81	13.47	18.64
宁夏	9.36		9.66	4.88	1.07
新疆	83.40		254.29	70.51	101.66

矿采选业主要经济指标

单位：亿元

累计折旧	流动资产合计	应收账款	存货	产成品	负债合计
2000.13	**4188.27**	**936.88**	**519.07**	**267.77**	**6126.44**
176.42	827.79	161.94	24.87	3.85	1323.97
161.47	380.07	283.62	51.54	1.40	508.44
323.62	883.51	167.89	105.83	63.74	1123.01
47.26	167.37	19.05	44.93	31.48	274.84
195.37	191.80	27.51	46.56	27.73	263.17
270.01	308.11	29.76	27.74	14.81	436.35
199.25	53.80	11.77	5.76	1.79	119.39
14.52	10.21	1.56	1.57	0.47	37.64
6.60	16.73	4.29	4.02	2.31	33.95
3.49	8.21	1.75	1.51	1.25	5.88
131.09	146.82	17.59	12.17	6.98	362.29
19.26	27.62	4.72	4.31	2.19	47.45
18.55	25.15	5.06	3.15	2.19	45.22
81.23	203.89	21.09	29.45	12.22	296.43
20.52	57.46	10.39	7.73	5.34	55.14
41.73	52.78	13.91	14.75	11.02	71.14
18.14	23.04	4.17	4.11	1.30	29.57
20.88	63.60	10.68	7.72	2.77	75.75
12.71	51.43	13.01	8.86	5.75	56.86
10.03	25.39	5.67	4.51	1.80	16.59
2.24	10.11	1.10	1.85	1.44	18.09
58.32	233.29	36.47	27.21	14.81	304.27
2.77	9.47	2.96	1.49	0.82	9.81
57.18	163.97	32.65	18.60	10.80	215.35
2.03	4.52	0.45	0.77	0.37	4.64
22.30	52.43	10.65	10.06	7.39	93.25
43.60	53.11	7.52	10.38	7.66	76.33
5.82	9.96	2.22	1.80	1.24	22.86
0.16	4.56	1.24	1.57	0.14	9.29
33.54	122.07	26.17	34.23	22.71	189.48

3-15 续表 1

地　区	流动负债合　计	应付账款	所有者权益合计	实收资本	国家资本
全　国	**4627.45**	**718.77**	**4400.47**	**1663.76**	**770.91**
北　京	770.53	84.80	1038.55	290.24	286.78
天　津	485.22	7.93	68.54	28.42	
河　北	913.58	176.59	1055.08	352.35	91.00
山　西	191.75	36.77	136.80	96.90	40.43
内蒙古	201.82	57.79	192.98	86.95	12.80
辽　宁	357.08	49.82	293.24	73.93	23.02
吉　林	93.46	23.74	91.22	44.32	11.85
黑龙江	15.64	5.14	23.89	11.81	
上　海					
江　苏	27.15	6.94	9.78	7.42	1.06
浙　江	5.69	0.78	9.98	3.00	1.89
安　徽	271.65	32.52	277.18	167.86	123.94
福　建	35.48	4.13	46.73	11.08	2.16
江　西	31.47	4.95	40.84	11.84	0.22
山　东	212.61	36.70	269.03	108.70	54.44
河　南	42.37	4.46	86.75	29.04	1.47
湖　北	55.80	17.71	62.13	35.14	13.11
湖　南	16.67	1.72	41.16	27.36	0.01
广　东	48.59	6.85	62.30	17.11	0.27
广　西	41.54	10.33	54.10	8.29	0.21
海　南	12.61	1.99	43.49	18.79	
重　庆	15.69	2.49	3.99	2.89	1.88
四　川	245.06	47.04	198.65	56.27	6.38
贵　州	8.30	1.17	6.76	2.36	
云　南	184.45	29.21	122.60	88.06	79.58
西　藏	2.43	0.51	22.24	6.76	2.99
陕　西	71.88	15.42	51.05	15.15	1.42
甘　肃	65.40	9.25	20.28	10.64	
青　海	19.29	3.67	5.96	7.13	1.03
宁　夏	9.29	3.81	0.36	1.20	
新　疆	174.94	34.53	64.81	42.74	12.96

单位：亿元

集体资本	法人资本	个人资本	港澳台资本	外商资本	主营业务收入
30.69	**416.56**	**434.06**	**7.59**	**3.95**	**7207.49**
0.04	2.83	0.60			217.71
0.01	28.38	0.03			489.65
1.79	58.11	200.18	1.27		1728.39
1.09	24.41	30.97			232.21
2.57	41.22	30.36			555.75
1.21	15.16	33.25	1.28		643.65
3.05	18.73	10.70			253.65
	9.71	2.10			42.89
0.11	0.69	1.66	3.90		53.23
	0.97	0.14			10.69
1.50	26.91	14.12	0.51	0.88	356.98
0.93	1.74	6.05	0.20		149.47
0.03	4.04	7.55			203.49
2.78	27.88	20.66		2.94	410.56
2.99	9.56	14.86	0.16		153.97
2.78	10.67	8.57			315.65
0.35	16.00	11.00			128.85
	15.33	1.50			119.37
0.05	1.48	6.55			195.31
	18.79				11.02
	0.50	0.50			11.26
1.86	36.74	11.09	0.20		480.06
0.02	1.75	0.58	0.01		52.87
0.29	6.04	2.04		0.11	127.61
		3.77			2.90
2.28	6.80	4.59	0.07		124.60
0.36	6.77	3.51			36.14
4.50	0.40	1.18		0.02	5.60
	0.20	1.00			9.34
0.11	24.74	4.94			84.60

3-15 续表 2

地　区	主营业务成　本	销售费用	管理费用	财务费用	利息收入
全　国	**6120.29**	**117.74**	**279.49**	**131.46**	**7.50**
北　京	213.67	0.89	14.17	15.76	1.51
天　津	425.63	1.15	8.52	7.63	0.59
河　北	1364.16	17.11	52.62	34.18	1.47
山　西	206.39	1.27	17.62	5.88	0.21
内蒙古	478.55	5.91	17.27	7.09	0.02
辽　宁	553.59	4.27	25.98	9.20	0.28
吉　林	225.25	4.39	10.13	4.59	-0.16
黑龙江	37.37	0.92	1.57	0.21	
上　海					
江　苏	48.60	0.75	2.49	0.53	0.07
浙　江	10.44	0.30	1.06	0.12	0.03
安　徽	314.99	6.58	19.03	8.03	0.67
福　建	133.89	3.32	6.60	0.69	0.04
江　西	176.18	3.13	3.72	0.51	
山　东	356.31	4.39	14.38	4.31	1.10
河　南	129.80	2.37	5.08	1.67	0.10
湖　北	275.99	10.96	10.02	3.62	0.03
湖　南	106.58	3.55	5.37	1.11	0.01
广　东	94.50	3.60	6.40	2.54	0.01
广　西	170.30	2.23	6.07	1.10	0.02
海　南	7.23	0.13	3.01	0.26	0.23
重　庆	7.09	1.98	2.08	0.51	
四　川	415.26	19.39	19.82	8.99	0.19
贵　州	42.59	1.09	2.84	0.31	
云　南	105.81	6.68	8.48	5.27	0.40
西　藏	2.44	0.02	0.52	0.12	0.04
陕　西	107.71	2.20	5.66	1.69	0.02
甘　肃	32.80	1.84	1.68	1.83	0.02
青　海	4.41	0.56	0.65	0.59	
宁　夏	9.08	0.19	0.25	0.09	
新　疆	63.67	6.54	6.38	3.04	0.61

单位：亿元

利息支出	投资收益（损失以"－"号记）	营业利润	利润总额	亏损企业亏损额	平均用工人数（万人）
119.36	**61.49**	**522.31**	**519.26**	**145.73**	**57.80**
14.53	43.01	12.26	16.46	2.94	2.36
5.63	-1.87	44.67	44.76	0.54	0.73
30.86	2.55	239.03	242.35	43.10	13.63
5.37	-0.11	-0.29	-0.85	9.99	2.45
6.75	0.05	40.94	35.91	10.72	4.37
8.54	1.53	38.79	38.63	11.99	4.84
3.62	-0.12	6.62	7.45	3.61	1.62
0.18		2.68	2.68	0.39	0.35
0.38	-0.39	-2.53	-2.43	5.63	0.54
0.15	0.06	-1.25	-1.17	1.28	0.16
8.95	15.14	20.30	12.92	11.10	4.39
0.69	0.15	4.19	4.22	0.73	0.93
0.43		14.90	14.93	0.28	1.35
4.96	0.50	24.65	25.13	7.30	3.96
1.21	0.20	13.33	13.35	1.57	1.36
2.34	0.09	11.31	11.09	1.49	2.35
0.98	-0.01	8.30	8.01	0.21	1.78
1.49		10.79	10.53	1.81	0.92
0.79	-0.28	14.20	14.00	1.04	1.12
0.42	0.22	-0.39	-0.11	0.22	0.51
0.51		-0.18	-0.18	0.65	0.40
8.27	-0.03	12.70	13.18	8.25	2.90
0.11		3.18	3.18	0.57	0.53
5.08	0.10	-1.49	-0.73	7.53	1.18
0.13	0.17	-0.01	-0.02	0.12	0.10
1.07	0.01	6.09	6.11	3.50	1.29
1.79		-2.48	-2.41	2.98	0.45
0.55		-0.76	-0.59	0.63	0.09
0.02		-0.38	-0.38	0.38	0.15
3.58	0.52	3.14	3.25	5.17	0.99

3-16 按地区分组的有色

地区	工业销售产值(当年价格)	出口交货值	资产总计	固定资产合计	固定资产原价
全国	**6344.87**	**13.04**	**5829.68**	**2212.02**	**2843.66**
北京					
天津					
河北	42.73		52.64	35.87	41.80
山西	20.91		56.02	14.97	24.90
内蒙古	613.17		519.40	221.70	293.16
辽宁	208.00	6.11	155.98	51.56	77.58
吉林	135.48		139.71	72.13	121.83
黑龙江	25.13		81.81	49.27	59.97
上海					
江苏	7.40		11.56	5.12	9.23
浙江	23.67		32.03	7.36	10.78
安徽	93.42		85.56	26.30	49.32
福建	60.79		32.46	14.29	22.13
江西	386.24		277.60	106.96	138.34
山东	1105.02	0.10	873.73	324.18	425.05
河南	1687.47	0.44	1017.24	443.47	508.92
湖北	52.67		54.75	15.53	28.83
湖南	374.71	2.28	272.97	142.77	147.24
广东	70.93	0.02	54.43	19.24	32.85
广西	302.74	0.35	294.84	69.03	92.00
海南	9.06		8.48	2.54	2.66
重庆	5.69		5.07	1.80	2.13
四川	238.09	0.02	364.96	87.29	128.82
贵州	63.24		38.77	12.63	11.78
云南	220.20		456.07	158.50	181.74
西藏	17.13		194.67	48.97	40.16
陕西	414.55	3.72	283.17	113.01	168.59
甘肃	68.46		165.05	50.81	63.12
青海	42.12		74.57	19.61	31.47
宁夏					
新疆	55.87		226.13	97.12	129.28

金属矿采选业主要经济指标

单位：亿元

累计折旧	流动资产合计	应收账款	存货	产成品	负债合计
943.27	**2153.30**	**276.62**	**467.80**	**218.23**	**3055.33**
10.54	11.53	0.96	3.23	1.17	21.01
12.05	32.81	2.33	12.92	6.63	48.14
90.39	151.67	16.91	31.16	19.01	267.27
31.54	71.41	18.73	15.14	7.21	93.49
58.20	35.75	3.89	12.07	1.69	72.49
11.02	8.38	0.31	3.41	1.69	66.72
4.07	4.51	0.66	0.73	0.33	7.62
3.80	15.03	1.49	3.50	2.70	18.09
29.11	44.43	2.84	3.77	2.21	45.87
8.41	9.93	3.25	1.30	0.71	13.84
44.92	110.95	22.95	35.41	24.62	130.26
146.72	265.39	16.07	88.05	31.22	494.40
116.54	469.85	67.43	64.66	26.10	379.97
15.03	18.47	3.64	5.05	3.52	26.61
46.29	71.21	10.94	18.60	8.78	126.75
15.48	22.55	4.34	8.37	2.42	35.11
31.94	151.85	23.01	23.77	16.64	193.75
0.34	4.74	0.83	2.93	0.12	6.21
0.34	2.09	0.13	1.32	1.29	4.15
49.30	118.99	9.47	20.57	11.89	181.81
3.05	17.00	2.22	3.91	3.17	21.59
67.08	191.04	23.21	34.19	10.96	275.39
13.89	36.97	3.75	5.34	2.22	125.07
62.38	138.12	10.51	32.62	12.33	134.60
20.68	59.20	11.78	14.13	8.16	93.21
16.65	31.95	7.14	3.46	1.91	35.96
33.49	57.46	7.81	18.20	9.53	135.97

3-16 续表 1

地区	流动负债合计	应付账款	所有者权益合计	实收资本	国家资本
全国	**2278.65**	**313.27**	**2729.46**	**1028.03**	**240.11**
北京					
天津					
河北	12.40	3.49	31.63	5.78	0.05
山西	44.18	5.41	7.88	6.05	0.24
内蒙古	188.90	32.87	249.98	94.20	14.45
辽宁	80.54	9.89	61.83	26.96	3.34
吉林	53.93	12.23	67.21	30.71	2.45
黑龙江	39.41	6.26	15.09	10.62	1.07
上海					
江苏	7.12	-0.15	3.95	2.05	0.92
浙江	15.86	0.93	13.94	8.44	3.16
安徽	37.56	2.81	38.39	12.51	1.08
福建	11.16	1.66	16.90	7.35	1.04
江西	84.81	14.24	147.33	40.57	2.21
山东	384.02	35.36	378.15	70.30	47.47
河南	293.30	43.65	605.68	203.40	23.75
湖北	21.55	2.57	27.38	8.87	4.47
湖南	64.63	6.22	146.15	84.76	25.46
广东	30.80	5.39	19.30	4.46	1.00
广西	160.76	17.72	98.15	30.29	17.77
海南	5.89	2.54	2.27	2.28	
重庆	3.50	0.16	0.63	0.20	
四川	146.22	21.24	181.25	75.77	21.77
贵州	11.86	2.85	17.18	7.26	0.73
云南	246.72	32.50	180.40	87.23	10.19
西藏	44.75	7.24	69.60	55.28	35.65
陕西	97.97	20.16	148.57	35.41	9.13
甘肃	70.37	7.72	71.85	53.99	2.57
青海	27.27	7.23	38.61	9.75	0.80
宁夏					
新疆	93.18	11.06	90.17	53.54	9.34

单位：亿元

集体资本	法人资本	个人资本	港澳台资本	外商资本	主营业务收入
80.06	**385.34**	**296.63**	**12.08**	**13.80**	**6234.91**
	1.17	3.59	0.97		46.56
	2.80	3.00			20.47
6.84	34.73	37.85		0.33	597.10
0.25	5.31	17.57	0.10	0.39	211.34
1.58	10.51	14.94		1.23	141.22
8.00	1.13	0.42			24.94
	0.93	0.20			7.35
	0.44	4.83		0.01	23.81
0.23	6.02	5.09	0.10		94.55
0.10	1.27	4.94			54.83
0.79	18.52	16.29	2.76		396.95
6.42	13.56	2.59		0.26	1082.20
39.10	44.72	93.17	2.04	0.62	1664.99
0.01	1.59	2.81			44.42
0.41	27.49	30.86	0.53	0.01	361.01
	0.88	1.08		1.50	76.08
2.51	4.53	5.48			318.41
	2.27	0.01			8.10
		0.20			6.08
2.86	37.20	13.92	0.01	0.01	220.67
0.71	1.85	3.01	0.96		61.43
1.91	55.81	13.80	0.50	5.03	199.76
1.55	17.08	1.00			23.75
2.26	17.52	6.51			394.68
0.60	43.67	7.15			57.49
	6.93	2.02			40.90
3.96	27.41	4.32	4.11	4.39	55.83

3-16 续表 2

地　区	主营业务成本	销售费用	管理费用	财务费用	利息收入
全　国	**5277.44**	**83.27**	**280.51**	**79.68**	**4.03**
北　京					
天　津					
河　北	36.47	0.47	2.93	0.90	0.01
山　西	17.44	1.08	1.17	0.39	
内蒙古	488.20	9.59	26.35	7.83	0.13
辽　宁	175.44	4.77	11.57	2.56	0.03
吉　林	111.59	3.71	10.50	1.55	0.04
黑龙江	21.32	0.46	2.24	2.96	0.11
上　海					
江　苏	6.54	0.26	0.72	0.08	0.01
浙　江	19.83	0.34	1.76	0.62	0.02
安　徽	77.59	3.67	6.23	2.36	0.04
福　建	48.34	0.57	2.74	0.44	
江　西	352.75	2.94	13.93	2.26	0.13
山　东	955.96	6.09	46.89	14.29	0.39
河　南	1424.47	19.34	32.61	11.91	0.50
湖　北	31.98	0.65	4.81	0.36	0.04
湖　南	286.19	7.85	27.54	3.95	0.10
广　东	62.88	0.51	3.44	1.29	0.04
广　西	261.77	7.06	19.80	5.90	0.44
海　南	7.36	0.22	0.18	0.11	
重　庆	5.69	0.02	0.05		
四　川	189.29	3.72	13.76	4.20	0.05
贵　州	45.34	2.60	4.59	0.67	0.04
云　南	168.27	1.89	12.48	6.19	0.18
西　藏	14.31	0.43	3.47	0.36	0.07
陕　西	350.97	2.57	17.36	2.50	1.30
甘　肃	48.55	0.82	3.90	2.59	0.16
青　海	32.49	0.56	2.50	0.60	0.07
宁　夏					
新　疆	36.42	1.07	6.97	2.82	0.15

单位：亿元

利息支出	投资收益（损失以“–”号记）	营业利润	利润总额	亏损企业亏损额	平均用工人数（万人）
72.57	**12.14**	**460.74**	**450.82**	**62.88**	**49.90**
0.58	-0.01	5.40	5.59	0.40	0.38
0.42	0.10	0.89	0.82	0.58	0.32
7.36	1.31	60.15	51.95	3.35	3.84
1.85	0.08	14.93	15.10	3.22	2.51
0.80	0.60	8.60	9.43	1.17	1.58
2.64	0.23	-3.67	-3.17	3.46	0.27
0.08		-0.38	-0.06	0.21	0.16
0.62	0.03	0.98	1.01	0.57	0.32
1.80	0.36	4.09	4.09	0.96	1.21
0.44	-0.60	2.07	2.11	0.51	0.48
2.14	0.57	27.51	23.77	4.83	3.62
13.99	2.94	58.51	58.93	1.23	5.14
11.15	0.04	169.10	169.94	8.19	8.60
0.29	-0.07	6.54	6.44	0.70	0.73
2.90	-0.30	13.43	8.39	7.55	5.48
1.12	0.03	6.97	7.00	1.32	0.78
6.21	5.73	24.97	25.92	4.80	2.89
0.07		0.24	0.20		0.04
	0.10	0.27	0.27		0.13
4.00	-0.05	7.90	8.20	4.41	2.70
0.58	0.01	5.19	5.27	0.17	0.40
5.38	2.73	12.15	13.72	5.61	3.35
0.53	0.05	4.39	4.95	0.56	0.35
2.39	1.78	17.80	17.98	1.45	2.33
1.99	1.08	2.05	2.15	2.37	0.98
0.37	-3.34	4.50	4.75	1.10	0.34
2.85	-1.25	6.16	6.09	4.16	0.95

3-17 按地区分组的非金属

地区	工业销售产值（当年价格）	出口交货值	资产总计	固定资产合计	固定资产原价
全国	**5539.19**	**24.97**	**4110.94**	**1449.39**	**2104.96**
北京	1.11		6.30	0.59	0.75
天津	12.84	0.20	183.27	10.57	19.59
河北	115.36	0.86	97.31	31.61	43.03
山西	3.47		4.44	0.92	1.28
内蒙古	237.46	0.40	130.74	65.27	99.77
辽宁	316.89	1.05	199.84	93.10	104.08
吉林	107.25	0.05	33.29	18.07	49.80
黑龙江	41.90		30.33	14.49	15.97
上海					
江苏	289.81	0.95	280.45	116.77	192.55
浙江	142.37	0.27	158.82	37.17	49.38
安徽	240.36		143.93	57.19	73.63
福建	225.03	5.52	98.31	38.54	58.04
江西	265.48	0.04	199.58	64.12	96.56
山东	484.33	0.17	251.66	100.43	157.56
河南	465.76		309.06	161.47	186.29
湖北	621.25	0.01	537.54	187.59	255.45
湖南	364.12	3.93	189.33	79.49	101.80
广东	374.31	2.51	160.60	68.07	95.95
广西	232.42	7.73	117.48	44.02	60.64
海南	1.26		83.75	0.42	1.11
重庆	140.91		94.91	30.51	46.86
四川	370.21	0.89	266.55	86.55	142.96
贵州	204.01		124.21	34.32	36.50
云南	87.81		267.73	54.70	89.10
西藏	0.10		1.00	0.08	0.18
陕西	117.21	0.16	51.61	22.41	26.95
甘肃	42.16		29.06	11.78	42.78
青海	14.66		31.51	8.76	41.32
宁夏	1.38		1.02	0.31	0.37
新疆	17.95	0.22	27.32	10.08	14.72

矿采选业主要经济指标

单位：亿元

累计折旧	流动资产合计	应收账款	存货	产成品	负债合计
825.05	**1636.12**	**300.19**	**258.01**	**155.75**	**1903.75**
0.22	3.72	1.23	0.64	0.63	3.38
9.73	140.73	2.38	3.49	3.02	58.76
14.40	39.13	11.13	8.63	5.92	66.70
0.57	3.27	0.83	0.63	0.40	4.14
41.54	52.81	10.10	11.72	5.27	75.69
44.53	60.72	14.52	12.63	6.62	54.27
33.63	12.74	2.09	2.79	2.19	11.39
4.02	12.91	3.28	2.50	1.21	15.53
81.83	97.75	13.60	13.97	7.51	145.38
17.51	69.41	13.61	6.44	2.76	111.19
20.03	52.21	14.46	9.52	6.36	65.98
23.96	33.68	8.65	6.13	3.50	30.43
34.99	65.79	10.50	11.72	6.80	70.56
64.60	101.39	16.46	20.87	14.05	113.85
48.69	121.98	11.90	10.56	6.84	86.91
83.17	186.00	49.30	23.13	14.69	275.33
29.09	75.08	9.97	9.83	6.89	86.41
36.34	63.16	18.28	14.65	8.67	68.17
21.01	54.83	11.44	7.47	5.34	66.70
0.71	0.62	0.11	0.27	0.17	3.37
22.09	36.30	7.59	5.15	3.37	45.12
67.64	117.09	24.22	16.26	11.72	142.67
8.49	57.34	12.35	5.40	3.91	63.97
39.46	108.19	17.03	33.51	12.24	160.48
0.10	0.49	0.03	0.01		0.35
6.53	21.57	5.72	5.40	3.66	21.57
32.41	14.55	3.40	4.06	2.81	14.33
32.74	17.96	1.72	6.32	5.59	20.40
0.08	0.70	0.53	0.01	0.03	0.59
4.96	14.00	3.75	4.29	3.58	20.12

3-17 续表 1

地区	流动负债合计	应付账款	所有者权益合计	实收资本	国家资本
全国	**1410.39**	**296.74**	**2187.69**	**867.61**	**127.27**
北京	3.38	0.78	2.91	0.62	0.04
天津	57.92	2.48	124.51	22.32	21.50
河北	49.81	8.87	30.09	19.74	6.41
山西	4.04	0.93	0.30	0.96	
内蒙古	57.60	14.97	54.84	24.58	0.47
辽宁	36.39	6.10	145.17	24.97	0.39
吉林	6.79	1.46	21.65	8.35	
黑龙江	12.55	2.78	14.80	8.17	0.26
上海					
江苏	93.00	10.01	134.68	63.43	23.97
浙江	89.23	8.63	47.63	34.90	3.21
安徽	48.47	10.88	74.06	35.64	1.78
福建	25.07	3.69	67.64	23.98	2.39
江西	36.23	7.71	129.02	69.14	4.49
山东	87.80	14.17	135.12	41.36	1.15
河南	60.55	7.29	220.02	77.63	
湖北	212.32	104.32	262.14	94.61	0.77
湖南	61.15	7.05	102.82	67.50	8.88
广东	47.26	13.02	86.43	33.88	0.49
广西	50.82	10.33	49.58	15.41	0.68
海南	2.19	0.04	80.38	0.82	0.73
重庆	32.92	4.52	49.74	17.28	4.67
四川	100.02	14.73	123.46	53.03	3.78
贵州	46.96	8.79	59.72	20.82	2.40
云南	125.80	20.08	107.26	76.54	31.65
西藏	0.35	0.16	0.65	0.16	0.02
陕西	15.70	4.58	30.00	12.84	2.34
甘肃	9.79	1.67	14.32	4.52	
青海	16.85	1.89	11.10	7.05	2.70
宁夏	0.59	0.38	0.44	0.23	
新疆	18.81	4.45	7.20	7.13	2.09

单位：亿元

集体资本	法人资本	个人资本	港澳台资本	外商资本	主营业务收入
23.94	**316.94**	**372.70**	**4.24**	**22.53**	**5414.60**
	0.13	0.45			2.03
	0.82				11.56
0.01	7.57	4.26		1.49	116.05
	0.16	0.80			3.17
0.24	10.46	13.41			236.17
1.24	7.11	14.15	0.39	1.70	310.74
0.17	2.72	5.04	0.05	0.37	104.38
	0.92	5.73	0.90	0.35	41.22
5.86	15.76	16.77	0.19	0.89	298.67
0.20	12.81	14.80	0.19	3.68	142.06
0.27	16.40	16.48		0.72	235.95
0.21	7.37	13.93	0.06	0.03	221.49
1.37	15.82	47.18	0.17	0.12	269.76
2.10	16.02	21.22	0.86	0.02	487.16
0.25	32.03	45.35			450.61
5.12	46.93	41.78		0.01	563.80
0.39	37.13	21.06	0.04		361.63
3.11	18.11	10.89	0.28	1.00	367.80
0.85	8.60	4.32	0.15	0.80	228.35
	0.05	0.03		0.01	1.16
0.10	5.97	6.53			138.38
1.20	27.95	16.86	0.18	3.06	363.71
0.29	10.74	7.39			190.00
0.01	5.35	33.03		6.50	95.69
0.14					0.10
0.05	4.33	5.33	0.78		109.76
0.43	2.12	1.96			28.41
0.31	0.79	2.48		0.77	14.94
0.02	0.05	0.16			1.34
	2.71	1.30		1.03	18.52

3-17 续表 2

地　区	主营业务成　本	销售费用	管理费用	财务费用	利息收入
全　国	**4397.04**	**204.11**	**245.62**	**59.21**	**3.19**
北　京	1.48	0.09	0.35	0.03	0.01
天　津	10.17	0.14	3.55	0.16	-0.09
河　北	100.67	4.12	5.83	0.82	0.01
山　西	2.68	0.10	0.12	0.14	
内蒙古	194.39	6.84	6.85	1.81	0.07
辽　宁	266.80	9.99	10.40	1.86	0.39
吉　林	91.05	2.95	3.98	0.73	
黑龙江	34.62	1.94	1.79	0.21	
上　海					
江　苏	252.75	8.45	13.72	4.58	0.38
浙　江	111.43	3.27	8.30	2.64	0.19
安　徽	193.27	11.79	8.85	2.06	0.04
福　建	181.39	9.58	9.80	1.29	0.04
江　西	221.51	8.23	6.65	1.54	0.01
山　东	415.68	15.87	15.17	4.05	0.63
河　南	375.94	9.02	8.48	3.27	0.05
湖　北	450.92	20.73	26.97	9.11	0.10
湖　南	294.26	17.49	19.61	3.10	0.04
广　东	290.74	12.74	20.67	3.09	0.03
广　西	162.91	16.66	18.58	1.81	0.05
海　南	0.90	0.29	0.24	0.03	-0.01
重　庆	108.93	6.19	6.40	2.07	0.04
四　川	294.15	14.02	18.25	5.17	0.06
贵　州	145.44	6.38	10.57	1.86	-0.04
云　南	62.27	4.11	10.03	5.50	1.17
西　藏	0.09		0.04	0.01	
陕　西	84.79	8.33	6.18	1.04	0.03
甘　肃	23.34	1.09	0.65	0.33	0.01
青　海	12.27	0.78	1.42	0.36	-0.01
宁　夏	0.93	0.32	0.03	0.01	
新　疆	11.28	2.59	2.12	0.53	0.01

单位：亿元

利息支出	投资收益（损失以"−"号记）	营业利润	利润总额	亏损企业亏损额	平均用工人数（万人）
46.92	**3.18**	**429.04**	**422.24**	**17.88**	**57.06**
0.04	0.05	0.19	0.20	0.07	0.03
0.27	0.72	0.67	0.75	0.06	0.79
0.63	-0.06	4.01	6.86	1.24	1.60
0.14		0.08	0.08	0.11	0.05
1.48	-1.73	21.69	13.97	1.50	2.23
1.52	0.02	17.69	16.71	1.26	3.01
0.41		4.58	4.46	0.01	0.59
0.17		2.48	2.45	0.18	0.48
3.20	1.30	16.53	18.53	0.68	2.86
2.73	0.02	11.10	12.10	1.90	1.04
1.59	0.06	16.57	15.44	0.55	2.07
1.05	-0.26	15.66	15.52	0.11	2.29
1.31	0.16	24.98	24.16	0.02	2.05
3.89	-0.85	37.13	37.46	1.03	4.11
2.22		50.52	49.05	0.50	4.33
5.95	-0.25	42.99	43.09	1.38	4.91
2.53	0.15	21.04	20.22	1.09	4.27
1.85	0.01	34.21	33.39	0.37	2.84
1.49	-0.06	25.78	25.61	0.75	2.25
0.03		-0.33	-0.34	0.35	0.09
1.41	-0.03	10.85	10.78	0.31	1.51
4.62	0.13	24.59	25.15	1.34	4.41
1.32	0.40	22.47	22.38	0.34	5.65
5.06	3.39	11.71	12.13	1.11	1.28
0.01		-0.03	-0.04	0.04	0.01
0.94	0.01	8.02	8.00	0.14	1.17
0.28		2.78	2.80	0.20	0.42
0.33	-0.01	-0.39	-0.18	0.60	0.37
0.01		0.05	0.05	0.02	0.01
0.45		1.42	1.43	0.63	0.31

3-18 按地区分组的开采

地　区	工业销售产值(当年价格)	出口交货值	资产总计	固定资产合计	固定资产原价
全　国	**1535.49**	**102.68**	**2760.84**	**1051.65**	**1919.62**
北　京	170.83	12.56	544.66	116.00	262.18
天　津	75.73		101.46	39.10	108.71
河　北					
山　西					
内蒙古					
辽　宁	133.39		303.61	117.99	192.73
吉　林	80.41		190.89	110.50	230.30
黑龙江	167.24		216.88	154.36	265.25
上　海					
江　苏	2.71		4.37	2.43	3.85
浙　江					
安　徽	4.93		4.94	1.44	2.20
福　建					
江　西	0.22		0.11	0.06	0.08
山　东	118.73		159.76	93.21	141.44
河　南	108.18	89.88	160.51	67.75	126.64
湖　北	63.21	0.01	115.72	41.42	63.38
湖　南					
广　东	27.29		47.14	26.50	34.15
广　西	1.95		0.23	0.21	0.21
海　南					
重　庆	0.22		0.08	0.01	0.04
四　川	216.30		414.94	152.58	220.60
贵　州					
云　南					
西　藏					
陕　西	146.23		163.10	36.63	70.03
甘　肃	26.96		39.23	10.03	13.41
青　海					
宁　夏					
新　疆	190.96	0.23	293.21	81.43	184.43

辅助活动主要经济指标

单位：亿元

累计折旧	流动资产合计	应收账款	存货	产成品	负债合计
989.34	**1390.66**	**641.98**	**201.22**	**13.21**	**1468.38**
137.23	275.55	109.75	24.57	1.49	217.79
41.41	53.99	15.95	2.29		63.73
109.13	141.67	59.80	36.05	2.45	186.18
113.50	68.49	31.09	17.92	1.83	166.28
132.35	44.43	15.80	1.95	0.15	52.75
1.42	1.94	0.76	0.61	0.32	3.16
0.88	3.49	0.60	0.46	0.42	2.53
0.02	0.06	0.03	0.02	0.01	0.01
69.13	66.11	48.77	9.90	0.13	111.74
69.29	90.69	46.77	27.13	0.21	108.51
24.61	66.36	38.68	3.19	0.16	87.84
7.65	18.39	15.35	1.33	1.18	7.93
	0.02		0.01	0.01	0.05
0.03	0.07	0.06			0.06
140.87	262.36	86.50	48.56	0.01	153.21
33.87	114.90	76.61	9.58	3.11	97.54
3.85	26.50	6.57	0.93	0.26	27.77
104.09	155.66	88.89	16.72	1.44	181.29

3-18 续表 1

地区	流动负债合计	应付账款	所有者权益合计	实收资本	国家资本
全国	**1378.79**	**612.31**	**1291.66**	**1188.76**	**851.59**
北京	206.44	66.15	326.87	283.59	
天津	59.69	29.11	37.46	88.06	84.57
河北					
山西					
内蒙古					
辽宁	182.49	70.61	117.44	249.95	247.00
吉林	158.27	27.53	24.60	90.93	85.70
黑龙江	46.49	22.02	164.13	9.71	5.13
上海					
江苏	2.81	1.21	1.20	1.54	
浙江					
安徽	2.23	0.68	1.91	0.87	
福建					
江西	0.01	0.01	0.11	0.10	
山东	110.73	43.86	48.02	7.90	7.00
河南	108.51	60.18	52.01	7.02	7.00
湖北	87.72	25.87	27.87	15.20	15.09
湖南					
广东	7.75	7.35	39.18	12.76	12.05
广西	0.05		0.18	0.18	
海南					
重庆	0.06		0.02	0.02	
四川	148.79	107.09	261.73	213.00	212.90
贵州					
云南					
西藏					
陕西	87.80	62.21	65.57	33.31	25.51
甘肃	18.19	6.44	11.46	7.86	1.35
青海					
宁夏					
新疆	150.75	81.97	111.92	166.75	148.28

单位：亿元

集体资本	法人资本	个人资本	港澳台资本	外商资本	主营业务收入
3.73	**294.79**	**22.21**	**12.24**	**4.19**	**1739.96**
	269.15		10.65	3.79	163.90
	3.29			0.19	77.00
0.14	1.41	1.40			242.93
0.32	4.10	0.81			122.69
0.95	1.75	1.80	0.05	0.02	164.83
			1.54		2.71
	0.83	0.04			4.64
		0.10			0.22
	0.08	0.82			125.33
		0.02			106.75
		0.11			68.16
	0.53			0.18	27.29
	0.18				1.97
	0.02				0.22
		0.10			267.21
0.28	2.45	5.07			144.42
1.62	3.82	1.08			28.04
0.42	7.19	10.86			191.65

3-18 续表 2

地区	主营业务成本	销售费用	管理费用	财务费用	利息收入
全国	**1606.43**	**5.15**	**80.52**	**12.70**	**5.18**
北京	145.69	0.59	7.52	0.89	1.40
天津	83.47	0.03	2.00	-0.43	0.55
河北					
山西					
内蒙古					
辽宁	247.68	0.48	3.83	1.74	0.58
吉林	113.09	1.85	11.88	6.19	0.12
黑龙江	126.05	0.12	14.01	0.56	0.09
上海					
江苏	2.13	0.03	0.25	0.04	
浙江					
安徽	4.17	0.17	0.20		
福建					
江西	0.21				
山东	117.20	0.05	7.90	1.68	0.01
河南	96.78	0.18	7.71	1.89	0.02
湖北	57.15	0.03	4.89	0.88	0.07
湖南					
广东	19.84	0.23	1.73	0.19	0.05
广西	1.46				
海南					
重庆	0.22				
四川	258.31	0.08	4.88	-3.52	2.05
贵州					
云南					
西藏					
陕西	131.42	0.47	4.12	0.09	0.14
甘肃	23.13	0.17	0.81	0.25	0.02
青海					
宁夏					
新疆	178.43	0.67	8.78	2.24	0.08

单位：亿元

利息支出	投资收益（损失以“-”号记）	营业利润	利润总额	亏损企业亏损额	平均用工人数（万人）
18.32	**2.14**	**13.45**	**49.99**	**32.85**	**29.18**
3.26	0.80	8.53	10.29	1.59	1.99
0.10	-0.02	-10.07	-1.86	3.30	1.67
2.72	-0.03	-13.92	-2.78	7.96	5.25
6.30		-13.20	-6.13	12.45	2.19
0.60		18.48	17.55	0.73	1.08
0.04		0.25	0.25		0.03
		0.08	0.07		0.17
1.24	0.11	-3.31	-2.30	2.36	2.87
0.68		-0.46	0.19	1.42	2.69
0.51		4.79	5.24	0.21	1.00
0.15	0.05	4.62	5.05		0.24
		0.49	0.49		0.01
0.09	0.42	5.98	10.08		4.57
0.27	0.01	7.12	7.48	0.26	1.20
0.15	0.04	2.47	2.45		0.60
2.21	0.78	1.62	3.92	2.56	3.62

3-19 按地区分组的其他

地 区	工业销售产值(当年价格)	出口交货值	资产总计	固定资产合计	固定资产原价
全 国	**25.92**		**13.84**	**7.45**	**8.62**
北 京					
天 津					
河 北					
山 西					
内 蒙 古	11.95		5.73	3.64	3.60
辽 宁	0.30		0.31	0.03	0.08
吉 林	2.45		1.02	0.90	0.92
黑 龙 江					
上 海					
江 苏					
浙 江					
安 徽					
福 建					
江 西	0.26		0.21	0.08	0.09
山 东	3.60		2.39	1.67	2.23
河 南					
湖 北	1.39		0.96	0.16	0.25
湖 南	2.77		0.53	0.25	0.38
广 东	0.22		0.04	0.02	0.03
广 西	2.57		1.20	0.39	0.56
海 南					
重 庆					
四 川	0.42		1.46	0.31	0.48
贵 州					
云 南					
西 藏					
陕 西					
甘 肃					
青 海					
宁 夏					
新 疆					

采矿业主要经济指标

单位：亿元

累计折旧	流动资产合计	应收账款	存货	产成品	负债合计
1.97	**4.73**	**0.89**	**0.84**	**0.36**	**5.07**
0.49	1.54	0.08	0.54	0.13	1.67
0.05	0.27	0.23	-0.01	-0.01	0.27
0.06	0.12	0.09	0.04	0.04	0.33
0.01	0.09	0.05	0.01	0.01	0.10
0.79	0.58	0.08	0.03	0.02	0.54
0.09	0.57	0.01			0.60
0.13	0.27	0.12	0.02	0.02	0.28
	0.01				0.02
0.18	0.80	0.20	0.08	0.07	0.21
0.17	0.47	0.04	0.15	0.08	1.06

3-19 续表 1

地区	流动负债合计	应付账款	所有者权益合计	实收资本	国家资本
全国	**2.88**	**0.58**	**8.77**	**4.25**	**0.14**
北京					
天津					
河北					
山西					
内蒙古	1.54	0.31	4.06	1.57	0.10
辽宁	0.23	0.08	0.04	0.01	
吉林	0.33		0.69	0.69	
黑龙江					
上海					
江苏					
浙江					
安徽					
福建					
江西	0.10	0.03	0.11	0.02	
山东	0.31		1.85	0.06	
河南					
湖北			0.35	0.40	0.04
湖南	0.19	0.09	0.25	0.24	
广东			0.02		
广西	0.16	0.06	1.00	0.72	
海南					
重庆					
四川	0.03	0.01	0.41	0.54	
贵州					
云南					
西藏					
陕西					
甘肃					
青海					
宁夏					
新疆					

单位：亿元

集体资本	法人资本	个人资本	港澳台资本	外商资本	主营业务收入
0.26	**0.79**	**3.06**			**24.58**
		1.47			11.38
0.01					0.30
		0.69			2.45
	0.02				0.26
	0.01	0.05			3.60
0.26		0.10			0.65
	0.23	0.01			2.76
					0.22
	0.22	0.50			2.57
	0.30	0.24			0.40

3-19 续表 2

地区	主营业务成本	销售费用	管理费用	财务费用	利息收入
全国	**18.75**	**1.58**	**1.71**	**0.47**	**0.01**
北京					
天津					
河北					
山西					
内蒙古	8.83	0.62	0.64	0.10	0.01
辽宁	0.21		0.05		
吉林	1.46	0.28	0.25	0.24	
黑龙江					
上海					
江苏					
浙江					
安徽					
福建					
江西	0.21				
山东	3.32	0.02	0.03	0.01	
河南					
湖北	0.53	0.02	0.06	0.01	
湖南	1.97	0.32	0.34	0.02	
广东	0.19	0.01	0.02		
广西	1.75	0.29	0.27	0.02	
海南					
重庆					
四川	0.28	0.02	0.04	0.07	
贵州					
云南					
西藏					
陕西					
甘肃					
青海					
宁夏					
新疆					

单位：亿元

利息支出	投资收益（损失以“-”号记）	营业利润	利润总额	亏损企业亏损额	平均用工人数（万人）
0.20	**0.02**	**1.76**	**1.45**	**0.01**	**0.26**
0.07	0.02	1.03	0.73		0.08
					0.03
0.09		0.19	0.17		0.01
		0.03	0.03		
		0.20	0.20		0.04
		0.02	0.02		0.04
0.02		0.08	0.08		0.03
		0.01	0.01		0.01
0.02		0.22	0.22		0.02
		-0.01	-0.01	0.01	0.01

3-20 按地区分组的

地区	工业销售产值(当年价格)	出口交货值	资产总计	固定资产合计	固定资产原价
全国	**989362.24**	**115727.64**	**782521.90**	**247274.94**	**403567.07**
北京	12424.97	1056.47	17791.34	2728.14	4888.98
天津	24481.92	2661.39	19988.77	5578.78	8416.41
河北	39384.87	1547.70	33284.38	14491.12	19930.75
山西	6453.58	650.05	11324.74	4114.59	6115.68
内蒙古	11208.03	161.66	14432.83	5459.19	7728.57
辽宁	29462.66	2333.42	31391.49	10110.94	17115.86
吉林	20393.03	395.47	14282.71	4731.10	11829.89
黑龙江	8809.30	153.28	8690.95	2909.33	4890.87
上海	29700.41	7595.16	33579.17	6622.58	14162.90
江苏	141770.96	23202.58	97321.32	30846.99	57199.59
浙江	59216.72	11439.72	59201.92	13966.48	21450.19
安徽	35437.74	2177.46	24151.54	7788.20	13323.74
福建	37140.31	6716.61	24870.84	6723.45	10366.90
江西	28382.42	2113.14	16805.69	6935.08	10681.57
山东	134249.83	8386.32	84192.46	31534.51	51597.11
河南	66031.84	3912.36	46127.01	18553.23	23477.41
湖北	41134.69	1687.49	29915.36	9563.76	18289.82
湖南	33365.69	1402.75	19631.12	7158.99	9948.91
广东	112357.51	31965.89	81676.43	18383.46	34467.11
广西	19303.77	778.13	11925.61	3954.18	5743.61
海南	1555.85	177.11	1868.24	690.10	985.22
重庆	19419.76	2665.39	14634.08	5129.30	7633.19
四川	33622.89	1411.04	25884.83	8363.42	13533.45
贵州	7057.55	136.51	7774.07	2421.89	3002.72
云南	7483.72	165.83	9640.28	2710.35	4080.96
西藏	86.23	0.03	196.02	51.99	68.99
陕西	14454.86	575.86	16768.26	5646.58	8790.58
甘肃	5339.69	87.00	7746.14	2889.62	4055.50
青海	1738.55	15.51	3503.87	1796.63	2556.07
宁夏	2465.39	93.79	4295.84	1513.99	1854.10
新疆	5427.52	62.52	9624.59	3906.98	5380.43

制造业主要经济指标

单位：亿元

累计折旧	流动资产合计	应收账款	存货	其中：产成品	负债合计
175610.87	**413777.81**	**107515.14**	**97297.73**	**37594.66**	**432015.01**
2237.55	11085.91	3184.46	2206.77	766.26	9520.66
3585.74	11278.07	2791.83	2616.82	1020.32	12268.41
6873.71	14027.72	2854.61	3537.68	1289.61	18342.47
2458.34	5238.02	1231.37	1309.97	566.30	8530.42
2750.62	5485.62	952.60	1244.30	487.23	9305.21
7946.38	15854.33	3421.91	3895.05	1238.76	19287.99
7417.92	7120.53	1434.06	1748.34	645.92	7618.00
2239.97	4588.72	1086.61	1341.97	409.61	5225.51
7776.65	20796.93	6273.47	4520.11	1514.55	16769.10
26541.04	53448.82	17180.66	11707.78	4566.54	51140.27
8756.32	35436.13	10264.55	7784.98	3308.87	33728.47
6020.70	12744.86	3754.23	2979.04	1208.83	13111.29
4094.91	13936.83	3793.39	3442.12	1428.59	12905.28
4545.51	7472.40	1746.54	1729.25	753.67	8099.45
23251.22	40936.50	7780.58	9773.26	4239.00	44082.37
6715.99	22208.39	4495.87	3959.40	1536.66	20184.93
9482.22	15122.60	3844.98	3900.17	1557.31	16466.69
3288.90	9621.19	2715.41	2630.37	884.54	9777.07
17342.09	52178.92	16309.90	11935.98	4502.08	47206.36
2106.04	6262.84	1281.19	1602.69	725.88	7376.88
342.87	866.21	157.91	186.18	94.64	960.34
2931.22	7438.68	2135.61	1624.21	713.98	9055.13
6048.44	13720.62	3556.98	3473.63	1247.52	14873.32
913.12	4175.55	805.78	1095.26	369.94	4302.59
1563.98	5013.30	848.97	1981.56	514.65	5654.85
22.10	97.52	12.17	15.17	5.18	82.67
3581.19	7398.53	1755.04	1921.25	759.57	9501.66
1479.33	3488.09	628.28	1332.98	510.02	4972.67
1181.98	1109.35	183.09	271.84	103.46	2474.32
518.87	1928.49	348.24	613.29	218.13	2912.59
1595.99	3696.15	684.86	916.29	406.99	6278.03

3-20 续表 1

地区	流动负债合计	应付账款	所有者权益合计	实收资本	国家资本
全国	**353206.31**	**99516.40**	**347577.73**	**160903.53**	**19977.03**
北京	8353.82	3277.42	8244.21	3661.24	809.10
天津	10381.99	2904.74	7684.82	4254.50	969.05
河北	15030.25	4026.25	14811.73	7164.57	826.46
山西	6516.85	1733.89	2771.53	1872.96	457.38
内蒙古	6808.04	1679.91	5079.51	4113.72	1086.46
辽宁	15176.61	3282.35	12064.47	5934.11	953.02
吉林	5684.73	1834.63	6645.64	3414.84	263.20
黑龙江	4369.45	1065.14	3454.03	1557.05	378.66
上海	15068.77	5883.34	16702.56	7403.18	1250.48
江苏	44980.65	12419.52	46032.50	22123.35	1118.23
浙江	30268.64	7209.56	25364.28	11698.49	289.36
安徽	10569.13	3046.32	10794.31	4816.68	614.19
福建	10159.45	2625.32	11787.17	6299.24	475.01
江西	6373.52	1618.66	8628.47	3873.56	296.77
山东	34163.65	7376.06	39595.00	13115.71	1162.04
河南	15747.34	3953.18	25339.80	11469.25	590.79
湖北	13084.54	3928.43	13388.15	6168.56	1557.74
湖南	7338.67	1961.50	9835.67	4387.36	612.38
广东	40861.88	15327.80	34079.15	15411.02	838.20
广西	5964.89	1586.48	4527.70	2370.78	432.14
海南	750.99	163.47	907.63	468.05	32.84
重庆	7106.99	2326.06	5549.26	2299.34	373.52
四川	11446.88	3061.12	10936.56	4659.91	713.04
贵州	3210.84	802.26	3462.42	1574.88	411.41
云南	4746.64	1304.73	3975.51	2119.21	442.18
西藏	64.01	13.52	113.35	41.49	12.19
陕西	6742.21	1958.50	7297.34	3574.68	1219.78
甘肃	3711.82	887.44	2765.20	1447.75	841.62
青海	1566.61	400.97	1028.49	488.59	189.32
宁夏	2181.56	652.05	1368.20	872.61	102.15
新疆	4774.91	1205.81	3343.05	2246.87	658.33

单位：亿元

集体资本	法人资本	个人资本	港澳台资本	外商资本	主营业务收入
3527.96	**59392.11**	**44508.72**	**12096.00**	**21364.35**	**992673.81**
22.17	1309.22	594.35	156.91	769.48	13853.44
34.94	1184.12	721.91	182.02	1158.48	24846.64
79.91	2586.08	3012.55	227.71	431.86	39130.87
75.86	634.64	524.65	80.00	100.44	6852.71
67.11	2281.71	523.04	71.74	83.67	11346.25
326.15	2317.18	1115.56	437.32	780.78	29650.17
44.27	2126.79	746.84	43.56	190.17	20157.45
47.41	473.45	489.59	32.94	135.01	8891.59
66.84	2121.30	776.12	740.52	2447.91	32572.16
386.01	6172.35	5926.39	2567.77	5952.56	141448.16
140.73	4465.67	4047.23	1311.70	1443.80	58159.19
88.39	1856.73	1731.30	198.40	327.66	35320.25
77.28	1665.32	2271.35	1000.56	809.05	36825.39
85.11	1918.90	1090.45	265.33	217.01	30686.80
333.78	5050.95	4893.04	377.19	1298.64	135995.38
444.16	4377.87	5713.64	171.87	170.80	65700.03
101.62	2312.44	1624.71	136.01	436.05	40287.07
68.85	2183.92	1280.92	74.24	166.70	32571.02
234.12	5110.71	2437.17	3518.94	3271.52	110548.00
40.57	761.68	913.77	91.45	131.17	18339.30
7.50	314.93	48.65	23.70	40.44	1389.00
38.30	940.29	588.19	158.59	204.97	19383.20
89.50	2184.43	1238.46	103.56	288.26	32771.20
241.50	593.78	281.49	14.67	32.82	6893.84
75.45	1214.49	312.94	17.56	56.60	7722.75
2.85	18.79	7.20		0.47	80.68
117.84	1063.33	814.16	30.05	339.21	14350.12
87.42	320.79	185.36	6.00	6.54	7357.11
10.30	190.11	78.92	9.27	10.68	1516.02
7.99	514.22	198.08	27.04	23.12	2439.30
84.03	1125.93	320.68	19.41	38.48	5588.70

3-20 续表 2

地　区	主营业务成本	销售费用	管理费用	财务费用	利息收入
全　国	**846178.78**	**27589.02**	**38466.51**	**9668.48**	**1363.81**
北　京	10999.32	918.08	880.89	108.61	46.88
天　津	21106.17	647.55	824.71	149.02	50.10
河　北	34175.26	768.32	1107.98	440.83	17.32
山　西	6136.77	205.95	310.67	209.48	14.17
内蒙古	9622.46	313.29	416.14	221.12	21.45
辽　宁	25408.19	781.78	1256.44	463.92	61.25
吉　林	16795.08	827.51	887.14	174.54	20.58
黑龙江	7523.41	275.11	407.76	84.87	12.07
上　海	26129.29	1299.35	2196.49	126.37	116.04
江　苏	121243.02	3564.66	5337.01	1180.50	174.20
浙　江	48943.13	1681.02	2980.88	802.59	141.88
安　徽	30453.75	909.02	1199.26	310.87	40.19
福　建	31435.51	978.07	1372.23	344.36	44.30
江　西	27025.53	538.35	711.54	166.87	15.90
山　东	119554.82	2810.43	3315.93	1426.93	146.47
河　南	57157.66	1294.13	1393.11	597.19	52.07
湖　北	34231.05	1235.15	1713.57	420.04	25.90
湖　南	26463.19	1010.85	1448.61	332.18	26.12
广　东	93081.85	4001.98	5728.99	496.18	162.12
广　西	15436.95	441.66	757.68	172.93	20.38
海　南	1092.94	64.26	55.39	27.52	3.29
重　庆	16355.47	577.09	839.04	165.56	29.73
四　川	27853.06	1056.77	1366.04	396.56	33.27
贵　州	5334.23	273.42	363.42	99.11	16.07
云　南	5927.19	246.35	351.40	162.06	18.08
西　藏	51.89	5.77	5.73	0.43	0.18
陕　西	11869.84	428.29	629.47	185.48	15.73
甘　肃	6715.80	122.60	236.73	146.74	13.09
青　海	1358.58	64.20	55.28	54.31	1.15
宁　夏	2114.65	60.34	87.10	64.46	3.47
新　疆	4582.70	187.69	229.86	136.83	20.35

单位：亿元

利息支出	投资收益（损失以"-"号记）	营业利润	利润总额	亏损企业亏损额	平均用工人数（万人）
9262.11	**2115.39**	**56396.91**	**57974.69**	**6926.53**	**8710.93**
118.63	182.27	840.04	940.87	206.01	97.05
184.15	-15.05	1816.18	1828.70	164.87	149.19
406.95	-309.70	1933.28	1947.43	321.26	324.18
185.20	-1.17	-66.40	-40.80	287.68	88.49
210.40	-32.12	552.67	358.66	302.41	77.06
390.37	63.21	919.99	1047.03	440.23	246.18
165.16	124.93	1216.71	1241.85	159.28	119.99
75.80	8.91	328.50	360.69	141.02	73.58
192.17	676.67	2425.73	2574.33	314.58	229.96
1172.01	112.13	9078.98	9110.88	670.53	1111.63
919.77	234.01	3210.64	3440.81	322.48	690.62
284.00	30.02	1886.54	1848.66	168.62	293.03
334.17	-17.73	2164.87	2151.45	241.91	420.11
150.42	12.04	1904.25	1950.68	61.39	240.91
1216.61	100.96	7893.34	8061.41	344.65	851.87
516.01	46.89	4662.97	4639.26	217.56	627.61
352.71	166.92	1993.95	2106.38	278.95	330.05
288.01	29.81	1703.75	1641.46	164.53	296.71
541.58	514.52	6422.15	6844.73	475.63	1430.36
161.03	-77.69	1075.53	1105.19	136.00	152.63
24.14	10.63	52.03	59.18	20.88	9.09
165.03	63.30	1236.38	1315.83	142.23	170.10
365.98	-5.40	1519.63	1603.52	329.08	297.74
99.71	9.99	522.34	576.23	85.28	59.92
165.49	59.02	295.19	322.91	211.03	70.39
0.68	0.69	16.34	17.24	0.94	1.04
173.83	76.19	798.18	787.94	125.14	125.05
143.34	30.72	-171.04	-123.73	273.19	42.60
47.64	-5.72	-43.28	-14.00	70.32	15.02
60.49	2.14	39.92	58.63	62.89	22.82
150.65	23.99	167.54	211.29	185.93	45.93

3-21 按地区分组的农副食品

地区	工业销售产值(当年价格)	出口交货值	资产总计	固定资产合计	固定资产原价
全国	**65835.97**	**2950.29**	**32888.25**	**11628.63**	**20126.30**
北京	354.15	7.86	428.11	50.87	82.24
天津	960.69	10.55	709.57	125.72	167.50
河北	2179.64	73.09	1239.20	393.28	516.28
山西	311.70	1.83	258.00	94.42	107.34
内蒙古	1615.77	2.40	696.58	322.79	521.49
辽宁	2870.84	249.01	1677.04	585.28	968.24
吉林	3276.98	91.24	1208.98	511.34	1453.93
黑龙江	2691.78	29.29	1499.03	485.41	964.28
上海	335.46	7.48	263.44	45.63	73.50
江苏	4614.11	127.11	1713.83	713.63	1309.67
浙江	1019.13	155.70	799.91	194.84	270.58
安徽	2959.61	28.46	1105.70	362.62	581.36
福建	2648.00	519.52	1360.03	325.26	436.85
江西	1964.27	47.41	716.57	259.71	448.32
山东	12473.75	967.33	5876.39	2523.98	4507.40
河南	5845.17	39.20	3307.10	1430.18	1680.93
湖北	4705.89	147.78	1711.59	696.46	2247.34
湖南	3006.88	55.65	1075.21	510.33	708.58
广东	3004.60	230.63	2039.54	361.35	553.01
广西	2141.65	53.12	1479.92	390.13	639.15
海南	117.25	19.77	149.06	30.39	40.95
重庆	891.94	13.60	342.17	159.03	223.35
四川	2720.55	11.37	1012.05	346.99	668.84
贵州	323.22	0.40	149.93	49.63	54.53
云南	595.86	46.22	540.06	155.62	221.90
西藏	3.78		5.67	1.90	2.60
陕西	1084.54	4.56	451.66	165.09	226.47
甘肃	398.12	4.21	422.95	138.61	162.98
青海	91.47	0.06	88.01	44.82	70.59
宁夏	133.19	2.28	120.96	38.13	42.83
新疆	495.97	3.13	440.00	115.18	173.26

加工业主要经济指标

单位：亿元

累计折旧	流动资产合计	应收账款	存货	产成品	负债合计
9669.60	**16898.01**	**2700.10**	**4761.54**	**2116.48**	**16637.94**
33.94	287.50	42.73	47.85	26.23	241.73
54.28	449.20	80.21	70.00	24.90	520.40
165.28	621.29	81.29	171.48	78.03	629.43
25.32	114.18	16.00	44.19	20.01	126.90
220.17	280.78	53.41	94.99	50.25	309.26
428.39	891.84	116.61	249.20	95.17	911.83
1032.11	507.47	95.56	152.52	77.81	665.49
538.99	842.87	113.31	311.27	112.82	900.70
28.79	174.34	37.82	43.42	16.57	135.12
595.42	806.07	180.72	256.30	108.59	885.13
95.21	498.40	106.21	144.24	79.72	499.09
255.46	588.89	113.66	214.11	72.74	507.67
142.14	875.05	188.79	240.41	124.96	764.01
220.64	348.97	43.22	105.81	50.86	317.96
2219.79	2712.39	363.36	871.50	369.07	2714.11
390.56	1422.67	176.01	248.72	107.59	1084.80
1691.09	782.55	150.09	295.72	130.01	692.44
231.79	409.45	79.57	127.79	55.30	403.59
244.09	1446.48	202.94	259.11	103.27	1379.62
273.64	911.68	131.61	205.33	94.30	932.02
15.54	103.16	17.06	14.81	8.25	124.30
84.12	147.84	30.30	41.50	18.67	139.56
357.79	509.24	82.05	151.04	74.25	501.33
10.05	75.44	14.13	25.09	12.06	74.05
85.07	285.92	60.37	58.32	32.37	350.38
0.71	2.86	0.60	0.95	0.35	2.24
82.08	232.85	37.44	87.98	42.44	226.36
41.94	206.37	37.68	77.18	50.59	218.98
30.28	36.99	6.13	12.99	6.11	45.24
9.72	67.81	11.52	30.24	12.79	59.64
65.20	257.44	29.71	107.49	60.41	274.55

3-21 续表 1

地区	流动负债合计	应付账款	所有者权益合计	实收资本	国家资本
全国	**13417.83**	**2276.93**	**16032.44**	**6729.09**	**257.16**
北京	195.58	33.65	185.95	75.72	7.90
天津	452.92	83.36	187.11	116.56	27.82
河北	521.25	97.77	573.32	259.78	3.86
山西	102.47	10.88	130.29	45.74	1.93
内蒙古	240.46	41.03	385.59	133.86	5.16
辽宁	685.36	136.29	757.11	378.47	5.66
吉林	459.36	59.09	539.12	245.58	6.15
黑龙江	790.38	76.98	596.84	319.86	38.70
上海	125.46	34.96	128.07	68.49	4.21
江苏	738.16	171.43	821.97	348.97	15.51
浙江	461.87	69.75	295.85	137.95	2.95
安徽	430.02	78.79	580.04	198.73	6.33
福建	703.37	118.80	592.10	263.72	1.90
江西	228.21	54.00	391.35	149.48	4.08
山东	2010.76	328.05	3129.52	909.24	10.87
河南	781.27	124.35	2157.13	1229.96	6.63
湖北	530.68	110.07	1018.74	350.47	7.29
湖南	282.35	53.85	670.60	303.52	5.05
广东	1276.59	199.82	652.50	290.79	16.38
广西	795.42	119.23	547.06	239.58	38.46
海南	98.44	12.04	24.68	18.83	
重庆	109.23	24.68	202.27	49.22	2.18
四川	381.11	69.40	504.74	164.08	4.89
贵州	55.18	11.13	75.80	34.41	0.45
云南	290.65	52.56	186.10	77.25	2.77
西藏	1.59	0.14	3.43	1.22	
陕西	183.48	32.16	222.17	87.52	4.72
甘肃	154.51	31.15	203.06	93.93	2.81
青海	37.16	2.59	42.77	14.73	0.33
宁夏	47.22	6.24	61.21	25.33	1.56
新疆	247.31	32.67	165.94	96.11	20.63

单位：亿元

集体资本	法人资本	个人资本	港澳台资本	外商资本	主营业务收入
427.76	**2572.70**	**2635.09**	**236.79**	**599.58**	**65378.24**
0.17	19.52	36.57	3.31	8.25	413.23
0.23	20.96	13.57	9.07	44.92	934.42
0.30	142.96	86.95	4.20	21.50	2162.30
2.03	12.85	28.45	0.03	0.44	317.73
1.28	56.17	62.82	5.32	3.11	1576.07
4.37	206.03	105.58	14.26	42.57	2871.83
6.40	65.56	116.13	12.17	39.17	3070.03
4.77	94.66	147.47	6.04	28.21	2777.23
0.01	19.70	7.92	14.05	22.61	378.42
17.49	91.35	153.01	16.04	55.57	4615.55
2.15	45.04	60.79	10.17	16.83	1004.88
3.21	51.28	112.73	11.27	13.90	2899.21
3.76	100.06	96.52	23.37	38.12	2651.50
2.06	61.31	71.14	2.27	8.63	1966.98
31.40	380.61	362.89	20.01	103.46	12666.43
308.92	378.57	477.05	23.62	35.17	6009.86
7.81	128.87	182.77	6.16	17.57	4513.03
2.71	187.13	103.15	2.46	3.03	2953.49
3.18	126.00	69.52	32.60	43.12	3006.57
4.19	123.35	39.18	8.48	25.93	2025.66
0.22	9.25	7.28	0.67	1.39	114.92
0.23	18.96	23.88	1.11	2.86	883.07
2.99	60.19	81.58	7.46	6.97	2680.06
0.80	15.12	17.64	0.06	0.33	300.69
3.06	34.01	34.69	0.70	2.03	589.16
	0.44	0.79			3.75
1.96	34.70	41.26	0.25	4.63	989.15
7.15	39.73	42.98	0.78	0.48	300.17
0.30	4.68	9.43			67.77
	10.86	11.18	0.86	0.86	127.54
4.61	32.78	30.18		7.91	507.53

3-21 续表 2

地　区	主营业务成　本	销售费用	管理费用	财务费用	利息收入
全　国	**58042.50**	**1375.55**	**1513.49**	**554.71**	**41.50**
北　京	342.48	28.92	20.15	4.36	0.79
天　津	805.01	15.23	17.56	8.32	0.42
河　北	1934.71	40.17	37.59	14.47	-4.73
山　西	283.62	5.13	5.87	4.72	0.16
内蒙古	1350.25	26.25	37.59	10.91	0.27
辽　宁	2589.58	54.83	63.21	28.71	0.81
吉　林	2762.78	65.44	82.11	25.38	0.29
黑龙江	2531.63	54.53	61.23	21.34	3.96
上　海	331.45	25.18	15.61	2.29	0.60
江　苏	4075.62	91.43	94.33	36.79	5.86
浙　江	916.78	22.24	29.64	14.24	0.95
安　徽	2631.34	62.17	54.08	21.35	0.38
福　建	2368.37	53.48	60.24	21.79	7.00
江　西	1771.31	32.58	36.07	10.27	0.76
山　东	11432.66	221.60	227.16	106.18	7.80
河　南	5255.47	106.34	84.76	41.90	2.12
湖　北	3979.87	103.84	138.10	38.97	1.19
湖　南	2507.51	90.05	113.68	27.52	0.21
广　东	2716.56	58.71	70.23	26.30	3.72
广　西	1717.00	37.67	77.43	27.43	5.38
海　南	106.67	2.06	4.19	2.56	0.05
重　庆	761.29	28.73	24.51	4.08	0.76
四　川	2349.15	73.29	76.31	20.16	1.10
贵　州	266.43	7.45	8.95	2.60	0.13
云　南	519.39	17.34	19.90	10.53	0.58
西　藏	2.92	0.08	0.34	0.04	
陕　西	861.57	22.75	22.08	7.63	0.15
甘　肃	268.64	8.95	9.50	5.43	0.15
青　海	62.26	1.27	1.82	0.69	
宁　夏	113.83	3.15	3.61	2.34	0.12
新　疆	426.34	14.68	15.65	5.40	0.51

单位：亿元

利息支出	投资收益（损失以"–"号记）	营业利润	利润总额	亏损企业亏损额	平均用工人数（万人）
468.86	**-103.01**	**3469.13**	**3423.92**	**185.53**	**424.75**
4.74	3.98	12.39	14.19	4.60	3.31
4.18	-31.12	5.87	7.67	14.47	2.71
15.64	-32.99	96.52	97.66	7.21	13.06
4.25	0.12	18.51	19.66	1.84	3.08
9.61	-17.21	122.68	86.41	4.02	7.72
20.32	-1.83	115.23	120.02	10.06	20.27
21.49	0.18	113.08	115.37	10.49	13.02
13.92	-3.19	100.58	105.78	13.57	13.85
2.00	1.88	10.49	12.41	2.15	2.83
32.14	8.95	294.22	290.93	5.15	22.54
14.32	5.98	31.45	37.03	3.02	8.53
18.72	1.46	126.71	129.27	3.26	17.09
23.98	-3.60	138.36	142.03	9.68	22.37
8.94	2.05	112.26	113.00	0.65	9.02
90.21	-14.53	638.86	642.18	24.55	84.31
31.84	3.46	495.75	452.20	6.29	49.01
30.54	3.65	233.29	234.01	5.46	23.98
20.53	0.29	162.26	140.94	1.88	22.52
20.37	0.43	133.61	136.41	21.10	17.40
26.45	-24.83	142.23	145.60	9.84	14.04
2.50	-0.05	0.02	0.10	3.43	1.78
3.63	0.07	61.13	62.28	0.91	7.96
17.03	-6.27	140.04	140.50	2.76	19.13
1.83	0.11	13.46	14.79	1.02	2.47
10.44	0.71	20.01	24.46	7.39	7.59
0.04		0.36	0.42	0.01	0.08
6.03	-0.84	71.55	73.23	1.50	6.45
4.94	0.04	6.33	8.08	3.11	2.79
0.45	-0.06	1.59	2.46	0.24	0.63
2.15	0.03	4.74	6.41	1.54	1.11
5.61	0.13	45.53	48.43	4.33	4.10

3-22 按地区分组的食品

地区	工业销售产值(当年价格)	出口交货值	资产总计	固定资产合计	固定资产原价
全国	**21871.59**	**1120.54**	**14677.48**	**5254.77**	**8353.27**
北京	281.77	14.02	408.75	77.96	139.38
天津	1347.53	22.46	544.91	202.48	348.60
河北	1022.72	29.82	632.54	235.65	310.80
山西	117.97	2.32	117.33	52.19	61.57
内蒙古	680.96	23.76	907.30	224.80	362.72
辽宁	441.95	25.34	385.30	135.58	194.21
吉林	460.30	8.28	284.23	130.63	287.78
黑龙江	649.73	2.50	429.01	191.36	282.35
上海	598.65	31.00	689.57	154.23	269.88
江苏	946.01	112.66	709.93	236.77	375.89
浙江	534.74	83.34	626.38	181.91	259.78
安徽	661.64	18.30	309.72	115.18	196.88
福建	1258.45	162.39	674.66	159.51	230.26
江西	536.63	68.57	264.23	136.10	202.51
山东	2637.18	193.24	1596.78	744.39	1328.54
河南	2803.26	51.62	1656.82	689.21	805.97
湖北	1172.91	58.63	550.76	198.07	720.87
湖南	1020.43	8.26	423.04	182.49	241.07
广东	1751.52	92.44	1342.13	352.72	587.29
广西	363.58	16.02	253.86	86.82	120.36
海南	43.71	0.98	47.14	13.14	17.98
重庆	232.13	5.33	149.20	55.38	77.25
四川	971.35	25.66	521.29	220.80	307.42
贵州	157.05	0.46	87.33	28.09	32.32
云南	201.29	13.05	178.67	64.89	78.95
西藏	5.92		9.21	2.22	0.64
陕西	487.94	5.46	232.35	99.10	141.25
甘肃	77.90	2.18	95.19	28.32	36.20
青海	32.68		44.45	25.73	31.07
宁夏	154.76	9.30	181.96	66.54	85.49
新疆	218.92	33.15	323.43	162.49	217.97

制造业主要经济指标

单位：亿元

累计折旧	流动资产合计	应收账款	存货		负债合计
				产成品	
3478.00	**7118.51**	**1471.37**	**1497.15**	**674.15**	**6570.94**
62.20	243.75	53.03	44.70	21.37	224.37
149.76	306.66	81.51	35.81	15.48	238.34
94.66	287.50	61.06	67.05	31.16	244.06
18.09	51.67	10.59	15.76	5.86	61.22
143.57	431.16	47.75	71.77	28.79	477.93
66.54	203.56	25.60	33.61	17.41	204.33
166.21	115.29	23.06	36.45	11.51	129.57
113.52	203.35	40.90	47.47	22.48	170.97
120.90	442.39	182.60	65.49	32.33	411.55
138.01	334.89	90.56	74.73	34.80	334.53
87.29	342.57	112.19	90.46	38.14	295.65
89.64	143.77	34.83	42.29	20.19	151.86
87.77	352.85	69.14	94.73	47.97	284.53
77.08	80.22	14.46	19.62	9.60	86.61
663.51	656.24	110.16	164.72	78.02	673.49
182.28	759.42	118.60	96.66	40.00	594.21
535.29	244.39	52.05	62.95	28.73	223.77
67.44	165.36	25.98	41.90	14.11	160.43
256.59	810.94	140.97	135.66	50.24	589.95
37.42	113.54	26.01	25.47	12.27	114.52
8.39	29.96	3.23	4.31	3.17	23.11
24.41	66.48	11.32	17.72	7.26	69.44
106.93	220.66	45.61	60.74	25.84	205.60
6.65	48.90	6.58	10.13	5.27	45.62
22.65	84.32	14.78	26.82	13.80	86.31
0.18	4.15	0.54	0.32	0.11	1.86
49.11	99.27	26.30	23.99	10.47	91.33
11.14	50.78	10.54	15.13	8.64	47.82
7.27	13.79	1.38	5.96	3.21	17.58
24.02	83.61	11.84	16.58	6.89	103.17
59.50	127.07	18.18	48.14	29.03	207.23

3-22 续表 1

地　区	流动负债合计	应付账款	所有者权益合计	实收资本	国家资本
全　国	**5457.40**	**1217.27**	**8086.79**	**3321.26**	**122.75**
北　京	213.36	67.59	184.03	119.02	9.41
天　津	218.71	45.98	304.97	87.00	4.77
河　北	207.96	57.09	378.30	152.16	1.17
山　西	49.99	9.28	54.93	23.25	0.12
内蒙古	407.43	70.82	428.48	149.61	1.41
辽　宁	162.56	25.38	218.47	94.31	0.40
吉　林	91.67	18.58	153.78	61.94	0.17
黑龙江	139.84	33.33	256.52	94.98	8.22
上　海	390.31	110.86	276.73	167.36	10.88
江　苏	288.70	68.75	375.22	176.20	11.34
浙　江	280.08	58.54	328.80	137.57	3.99
安　徽	134.04	33.88	148.84	66.14	2.21
福　建	253.36	51.24	385.24	145.16	7.66
江　西	53.99	12.17	176.16	65.25	1.42
山　东	471.50	104.49	913.29	324.67	8.19
河　南	470.10	71.74	1054.62	475.58	15.09
湖　北	181.13	38.52	325.94	137.88	8.63
湖　南	127.16	25.28	261.31	119.14	1.50
广　东	535.77	124.62	748.65	282.50	3.84
广　西	98.08	24.21	139.40	52.48	0.45
海　南	21.17	4.83	24.03	5.53	
重　庆	51.08	11.95	84.35	22.51	0.89
四　川	158.16	40.46	314.05	118.67	2.39
贵　州	35.40	4.53	41.38	10.07	0.49
云　南	70.05	14.52	92.36	32.61	1.00
西　藏	0.83	0.19	7.36	1.88	0.61
陕　西	69.98	23.56	141.02	51.35	1.24
甘　肃	34.23	10.22	47.37	20.43	0.91
青　海	13.89	0.97	26.88	6.54	0.17
宁　夏	68.31	18.94	78.73	32.63	
新　疆	158.57	34.75	115.56	86.85	14.18

单位：亿元

集体资本	法人资本	个人资本	港澳台资本	外商资本	主营业务收入
82.60	**1299.87**	**986.17**	**287.91**	**542.06**	**21957.58**
0.02	20.62	14.76	9.32	64.89	500.83
1.44	24.70	9.26	10.71	36.12	1300.77
0.11	92.20	37.09	8.56	13.04	1030.70
1.20	13.52	7.70	0.41	0.30	101.94
0.43	46.35	96.39	0.32	4.69	922.50
3.34	40.26	16.47	27.23	6.62	424.10
1.11	28.68	18.33	0.01	13.64	408.16
5.14	28.70	18.28	12.00	22.65	535.68
2.79	35.97	13.02	31.75	72.95	706.29
7.03	45.79	32.07	24.75	55.20	944.87
1.45	49.15	36.97	10.33	35.68	564.10
0.19	16.86	29.34	8.35	9.19	627.89
0.52	41.63	62.27	16.81	16.28	1250.96
0.07	17.40	21.43	18.00	6.93	550.68
8.80	125.37	116.08	8.42	57.81	2620.73
36.35	236.35	176.10	4.94	6.85	2772.49
0.77	59.28	47.90	4.52	16.78	1153.13
0.53	74.09	39.01	0.97	3.03	941.98
2.58	85.09	56.09	68.22	66.68	1775.40
2.06	16.37	19.53		14.07	353.87
0.73	1.89	1.37	0.35	1.19	44.81
0.62	12.29	7.96	0.49	0.26	241.24
0.44	56.22	41.94	12.36	5.32	940.98
0.05	1.88	7.37	0.20	0.08	150.60
0.17	14.70	13.20	2.23	1.31	200.70
	0.54	0.73			5.90
2.02	20.68	17.56	2.67	7.18	445.04
1.10	9.86	8.42	0.13		66.52
0.21	3.42	2.75			18.90
0.11	26.13	5.52		0.87	137.42
1.22	53.89	11.27	3.85	2.44	218.41

3-22 续表 2

地　区	主营业务成本	销售费用	管理费用	财务费用	利息收入
全　国	**17453.11**	**1575.42**	**819.41**	**152.89**	**16.20**
北　京	325.32	124.21	26.77	1.45	1.50
天　津	889.28	135.74	38.93	-1.79	-0.82
河　北	841.89	78.42	27.32	5.03	0.38
山　西	83.06	6.43	4.86	1.80	0.06
内蒙古	730.94	83.86	27.84	3.59	2.34
辽　宁	359.91	15.17	14.88	3.30	0.27
吉　林	351.00	18.88	21.18	8.43	
黑龙江	423.92	53.10	15.92	2.56	0.17
上　海	459.55	153.12	50.43	3.16	1.85
江　苏	713.93	110.38	45.75	7.48	1.43
浙　江	443.22	40.11	32.38	6.07	1.29
安　徽	537.97	29.87	21.63	4.39	0.17
福　建	1037.13	58.35	44.89	8.83	0.85
江　西	462.77	19.51	14.57	2.76	0.20
山　东	2234.11	86.90	71.89	23.17	0.26
河　南	2362.34	71.97	47.50	19.84	1.24
湖　北	957.84	59.15	54.38	9.10	0.93
湖　南	782.15	42.89	41.40	9.37	0.37
广　东	1211.48	208.30	94.28	5.20	1.55
广　西	277.84	21.55	21.37	3.64	
海　南	29.36	10.61	1.88	-0.20	0.30
重　庆	192.61	15.40	9.85	2.01	0.26
四　川	766.71	53.76	37.07	8.65	0.36
贵　州	116.68	7.04	5.65	1.21	0.25
云　南	156.93	16.50	8.11	3.31	0.23
西　藏	4.55	0.51	0.24	0.02	
陕　西	349.75	23.49	19.09	2.09	0.38
甘　肃	52.11	4.15	2.79	1.29	0.07
青　海	14.89	1.15	1.26	0.23	
宁　夏	108.90	10.30	6.10	2.05	0.08
新　疆	174.97	14.57	9.21	4.84	0.21

单位：亿元

利息支出	投资收益（损失以“-”号记）	营业利润	利润总额	亏损企业亏损额	平均用工人数（万人）
149.36	**25.50**	**1843.67**	**1876.57**	**75.99**	**212.05**
1.82	1.50	22.46	24.26	4.92	5.15
1.30	0.71	209.08	210.59	2.81	5.74
5.46	-2.73	74.30	77.30	2.19	9.36
1.75		5.77	2.70	4.66	1.86
7.58	14.78	87.93	89.05	1.42	5.48
2.81	1.20	30.82	31.63	2.35	4.61
7.03	0.05	22.21	22.88	0.59	2.91
2.32	0.49	38.37	41.43	2.74	3.94
3.91	6.77	43.25	44.26	15.19	7.52
7.69	3.77	68.38	70.87	4.36	9.19
7.01	3.08	44.55	46.88	4.22	7.32
3.81	0.13	32.49	32.43	0.97	6.87
8.70	-0.81	97.42	99.23	1.34	15.35
2.21	0.09	45.06	45.16	0.23	4.83
19.07	-10.45	185.72	190.88	4.45	20.58
16.75	1.06	257.90	259.01	2.03	28.92
7.96	4.67	70.23	71.10	1.65	10.29
7.20	0.27	46.61	46.03	1.32	11.22
7.23	8.64	232.11	233.69	8.61	18.94
3.60	-3.21	25.76	26.91	2.12	3.87
0.04	0.01	3.88	4.02	0.02	0.71
2.04	0.18	19.19	19.91	0.17	3.34
7.19	-1.63	66.64	67.37	1.25	10.01
1.03	0.06	18.62	18.75	0.08	1.39
3.16	-1.01	15.18	16.25	1.32	2.79
0.02		0.55	0.95		0.05
2.46	-2.35	44.82	44.56	0.58	4.36
0.99	-0.02	5.59	6.08	0.30	1.17
0.24	-0.19	1.18	1.41	0.01	0.29
1.98	0.03	10.65	11.68	0.71	1.41
5.00	0.44	16.95	19.29	3.39	2.59

3-23 按地区分组的酒、饮料和

地　区	工业销售产值(当年价格)	出口交货值	资产总计	固定资产合计	固定资产原价
全　国	**17626.59**	**247.89**	**15599.80**	**5166.47**	**7662.94**
北　京	183.40	1.48	416.24	62.06	137.98
天　津	159.53	0.67	154.93	69.80	120.27
河　北	492.55	5.42	492.03	163.99	226.17
山　西	114.84	0.51	223.08	68.57	93.71
内蒙古	289.94	0.02	257.23	94.48	147.54
辽　宁	338.02	5.74	267.80	121.83	204.06
吉　林	546.48	2.07	353.05	165.40	328.81
黑龙江	315.46	2.38	301.92	158.06	241.41
上　海	108.74	7.14	130.21	39.29	83.93
江　苏	1080.26	4.40	1110.66	357.58	603.11
浙　江	452.01	26.57	568.63	174.59	306.16
安　徽	654.62	16.09	576.91	178.27	252.11
福　建	854.28	17.12	516.29	188.29	274.31
江　西	305.63	2.88	289.28	145.64	189.69
山　东	1457.08	53.17	1091.37	397.63	541.78
河　南	1530.25	6.68	1197.31	548.40	582.65
湖　北	1685.20	5.25	1129.17	291.73	495.75
湖　南	663.48	6.90	333.73	162.93	214.49
广　东	1112.79	8.09	807.35	262.95	495.16
广　西	482.55	0.41	276.61	126.72	179.62
海　南	19.03	0.02	34.75	12.79	19.13
重　庆	191.44	5.56	151.35	61.81	98.25
四　川	2592.07	19.69	2214.72	629.10	888.68
贵　州	831.87	22.13	1475.36	243.52	294.44
云　南	249.74	4.88	328.65	101.05	136.69
西　藏	22.29		69.26	15.18	21.28
陕　西	532.14	17.91	367.35	155.31	225.28
甘　肃	145.05	4.14	167.03	61.60	97.86
青　海	46.51		65.85	25.93	46.93
宁　夏	40.26	0.32	76.13	30.05	37.17
新　疆	129.08	0.25	155.55	51.92	78.50

精制茶制造业主要经济指标

单位：亿元

累计折旧	流动资产合计	应收账款	存货	产成品	负债合计
3076.09	**8027.53**	**952.97**	**2446.64**	**839.57**	**7054.92**
72.38	154.69	11.59	25.13	7.10	164.07
61.09	54.01	24.46	14.06	4.79	96.67
80.50	267.47	23.02	77.11	27.45	251.39
34.22	118.54	8.69	53.49	23.73	105.27
63.08	109.62	6.76	41.34	10.45	139.64
87.76	111.77	20.68	38.40	12.90	124.57
201.04	121.16	21.39	48.31	18.02	173.61
96.36	113.28	16.91	37.78	12.54	165.15
44.05	77.46	24.00	18.06	4.20	63.53
256.01	586.93	69.81	233.82	45.74	559.96
140.97	306.26	52.99	118.00	46.63	283.63
83.76	313.19	45.60	117.39	37.82	262.04
101.19	260.65	50.64	60.03	31.34	202.19
58.17	107.67	14.80	32.85	14.83	159.03
197.91	464.02	47.50	144.31	50.93	436.83
142.38	505.74	70.36	96.94	28.34	488.51
249.88	685.41	67.71	140.40	51.54	673.02
68.12	119.34	18.22	43.52	18.13	134.56
241.51	427.11	84.58	65.82	21.20	441.17
64.27	114.88	18.43	42.03	15.25	129.16
8.34	20.01	2.33	5.42	1.15	19.75
41.47	72.05	15.43	21.52	7.95	82.33
373.55	1389.43	125.01	407.74	189.49	860.75
68.48	962.24	30.13	316.24	49.74	384.38
45.51	168.45	24.01	81.27	29.85	174.64
6.66	33.52	1.45	3.19	1.47	35.34
80.77	156.29	33.75	59.41	35.73	184.36
42.42	79.04	10.46	40.74	19.46	96.57
23.99	17.93	2.61	6.80	4.36	30.51
10.26	37.99	3.93	18.54	7.26	48.00
30.00	71.36	5.72	36.97	10.18	84.29

3-23 续表 1

地区	流动负债合计	应付账款	所有者权益合计	实收资本	国家资本
全国	**5853.96**	**1131.52**	**8494.62**	**3413.53**	**253.85**
北京	147.36	35.08	252.17	83.70	6.52
天津	89.63	30.00	58.22	58.58	2.86
河北	221.54	41.51	240.64	112.97	10.79
山西	87.89	15.13	117.81	41.61	9.66
内蒙古	103.62	11.13	117.56	59.32	9.61
辽宁	96.50	16.06	139.43	75.74	3.20
吉林	122.62	21.44	178.94	119.06	22.70
黑龙江	130.63	32.88	136.77	73.30	7.01
上海	60.92	14.49	66.44	60.03	2.65
江苏	502.63	64.60	549.57	203.62	12.00
浙江	253.72	58.74	283.20	127.69	4.06
安徽	235.94	44.09	312.20	102.21	13.29
福建	180.95	47.91	310.39	104.92	1.17
江西	110.83	16.64	130.14	71.27	0.63
山东	373.76	68.26	651.19	217.44	26.22
河南	374.06	65.75	683.90	293.58	8.70
湖北	515.96	90.68	453.40	178.82	5.56
湖南	93.31	16.12	198.81	97.04	7.05
广东	409.99	119.69	364.45	207.67	4.99
广西	96.28	22.57	147.46	69.86	7.25
海南	16.12	3.96	15.00	16.30	0.20
重庆	76.26	13.94	68.83	30.69	3.03
四川	715.38	125.24	1351.51	204.97	11.17
贵州	301.31	46.29	1090.98	129.35	53.55
云南	138.23	35.77	154.01	481.06	0.65
西藏	28.88	2.41	33.92	12.96	0.63
陕西	149.22	36.95	182.99	77.90	3.68
甘肃	85.26	11.83	70.47	37.03	3.86
青海	28.81	2.60	35.35	10.08	
宁夏	44.49	9.47	28.12	13.04	1.06
新疆	61.86	10.29	70.77	41.72	10.13

单位：亿元

集体资本	法人资本	个人资本	港澳台资本	外商资本	主营业务收入
67.71	**1478.10**	**793.09**	**247.57**	**573.21**	**17373.35**
0.12	16.56	2.83	31.83	25.84	194.81
	11.16	1.83	0.95	41.79	168.20
0.12	43.24	26.82	1.34	30.65	493.29
3.26	11.36	10.02	0.05	7.26	200.16
2.17	23.57	21.06	0.21	2.71	282.79
0.43	20.90	11.32	16.78	23.10	323.40
0.85	39.80	30.89	5.69	19.12	534.69
0.12	20.58	18.29	1.78	25.52	319.99
0.13	11.02	0.26	13.59	32.37	135.52
8.26	95.42	29.82	18.03	40.09	1068.28
0.46	41.55	21.02	21.28	39.31	451.39
4.33	30.84	34.09	1.93	17.74	618.77
0.06	32.43	35.80	13.53	21.93	894.65
16.49	34.13	12.09	3.44	4.50	320.47
6.07	56.45	78.55	11.25	38.90	1504.47
2.78	121.24	140.16	6.29	14.40	1480.15
1.61	43.45	83.74	16.53	27.94	1634.74
2.81	42.06	34.52	3.42	7.18	640.18
2.86	55.98	20.37	52.93	70.53	1062.76
7.30	26.58	18.52	3.28	6.93	446.10
0.08	3.66	0.46	1.00	10.90	20.57
0.25	12.71	4.81	2.88	7.01	195.62
1.22	99.45	66.67	6.09	20.38	2597.99
0.27	44.97	24.33	2.03	4.20	739.75
4.33	450.53	16.61	0.90	8.04	248.06
0.60	10.24	1.03		0.47	21.42
0.52	33.36	26.39	4.51	9.44	483.32
0.12	19.45	7.53	1.39	4.68	104.64
	2.32	5.49	1.37	0.89	32.24
	3.92	1.67	1.93	4.46	32.32
0.10	19.16	6.10	1.33	4.91	122.66

3-23 续表 2

地　区	主营业务成　本	销售费用	管理费用	财务费用	利息收入
全　国	**13006.73**	**1292.13**	**765.92**	**140.12**	**28.81**
北　京	138.21	31.56	14.05	0.26	3.29
天　津	133.96	22.81	7.86	1.47	0.34
河　北	361.61	38.36	17.60	5.03	0.86
山　西	152.91	15.67	11.44	1.59	0.47
内蒙古	204.96	9.43	10.95	3.03	0.05
辽　宁	254.99	15.88	12.61	3.31	0.30
吉　林	440.55	25.20	26.30	5.65	0.35
黑龙江	257.57	18.58	15.24	2.56	-0.03
上　海	86.96	23.89	9.68	0.41	0.26
江　苏	774.28	60.92	47.62	10.24	2.90
浙　江	328.81	58.95	20.46	5.23	1.09
安　徽	428.18	51.81	29.31	4.65	0.43
福　建	697.72	63.08	42.31	4.02	2.09
江　西	254.37	14.63	9.71	2.48	-0.93
山　东	1207.64	95.41	42.01	10.14	0.77
河　南	1238.63	52.01	35.50	17.08	1.13
湖　北	1311.18	121.17	71.92	14.37	1.22
湖　南	511.34	32.85	30.44	5.51	0.25
广　东	726.28	209.13	48.97	4.78	0.37
广　西	331.94	21.45	25.31	3.88	0.28
海　南	14.95	2.72	2.17	-0.07	0.41
重　庆	145.21	14.90	10.43	2.43	0.20
四　川	1952.32	174.88	113.68	15.10	10.48
贵　州	301.02	40.98	61.01	4.43	1.16
云　南	185.00	18.16	12.49	4.29	0.58
西　藏	12.62	2.02	1.46	0.02	0.18
陕　西	350.45	29.85	21.50	3.74	-0.08
甘　肃	76.72	9.98	5.09	2.69	0.20
青　海	23.34	2.44	1.91	-0.02	0.04
宁　夏	20.82	3.26	2.02	0.95	
新　疆	82.18	10.13	4.93	0.87	0.15

单位：亿元

利息支出	投资收益（损失以“-”号记）	营业利润	利润总额	亏损企业亏损额	平均用工人数（万人）
141.96	**64.69**	**1782.00**	**1799.65**	**95.44**	**166.82**
3.23	1.55	6.08	6.84	9.17	2.71
1.38	2.16	2.37	2.53	3.21	1.37
5.08	13.05	62.32	62.84	4.01	4.32
1.77	1.89	9.23	9.35	2.02	2.40
2.95	-13.99	30.08	21.65	2.01	2.73
1.86	0.13	26.61	26.75	1.71	3.26
3.90	0.43	24.72	23.00	2.34	4.95
2.22	0.01	16.95	21.89	2.48	3.20
0.61	4.31	15.78	16.23	1.22	1.31
11.17	9.23	159.38	160.55	4.44	8.31
5.99	3.34	34.82	38.59	6.23	4.79
4.64	1.17	68.46	71.05	3.81	7.34
4.94	0.48	77.25	81.81	1.23	11.49
3.30	-0.30	29.16	30.27	1.27	3.10
10.12	23.57	132.25	135.79	3.35	12.53
13.86	0.18	116.60	117.58	14.32	15.08
12.79	10.78	112.52	114.08	3.40	11.72
3.91	0.53	39.16	37.43	1.55	6.40
4.04	7.07	91.72	92.04	7.37	10.18
3.36	-4.29	53.54	54.50	1.10	5.97
0.32		-0.05	0.12	0.80	0.50
2.35	-0.05	15.93	15.91	2.10	2.60
21.97	-1.57	249.47	246.05	6.11	21.60
4.08	3.81	279.89	279.72	4.45	7.16
4.39	0.14	23.56	25.45	1.93	3.64
0.22	0.27	5.06	5.33	0.48	0.21
3.45	-1.48	65.96	67.63	0.90	4.13
2.20	0.01	4.34	4.85	1.45	1.51
	0.08	4.74	4.77	0.25	0.54
0.92		3.28	3.79	0.15	0.50
0.92	2.20	20.78	21.25	0.61	1.26

3-24 按地区分组的烟草

地区	工业销售产值(当年价格)	出口交货值	资产总计	固定资产合计	固定资产原价
全国	**9620.49**	**43.08**	**9190.25**	**1473.78**	**2651.26**
北京	50.13	1.15	34.05	12.52	24.73
天津	52.01		38.95	13.01	23.94
河北	176.17		137.03	29.99	59.49
山西	47.61		38.88	11.52	14.46
内蒙古	44.49		67.38	16.54	29.34
辽宁	86.16	0.15	58.79	18.74	34.03
吉林	150.74		181.32	38.41	63.16
黑龙江	104.31		89.64	23.69	44.47
上海	1001.53	11.70	1232.39	66.77	136.51
江苏	550.67	0.08	577.33	56.20	119.86
浙江	470.12	2.94	457.19	126.16	99.19
安徽	347.01	0.13	345.03	75.04	133.82
福建	254.44	0.19	263.13	61.63	119.42
江西	197.56		195.97	31.54	58.48
山东	454.09	3.18	362.45	105.99	125.35
河南	467.48		442.72	114.11	173.50
湖北	610.48	0.80	422.51	30.83	90.72
湖南	874.91	4.23	779.96	94.70	205.67
广东	563.61	1.56	527.29	123.24	143.32
广西	224.33	0.19	194.63	24.75	59.30
海南	29.72		24.98	9.27	12.38
重庆	156.41		117.12	23.78	47.41
四川	252.30	0.06	165.47	40.58	84.55
贵州	374.61	0.17	296.46	49.77	114.58
云南	1637.65	16.22	1776.88	201.29	495.59
西藏					
陕西	216.14	0.34	156.11	32.34	69.46
甘肃	161.10		146.25	22.43	39.90
青海					
宁夏	17.03		9.77	3.20	5.87
新疆	47.69		50.57	15.76	22.75

制品业主要经济指标

单位：亿元

累计折旧	流动资产合计	应收账款	存货	产成品	负债合计
1418.68	**6740.87**	**701.74**	**4310.00**	**362.67**	**2341.17**
12.21	19.44	1.41	8.99	0.34	5.88
10.93	23.38	2.65	3.60	0.26	38.95
33.48	105.59	11.65	74.43	2.09	45.79
6.43	27.04	2.60	4.26	1.02	6.19
12.80	48.18	10.86	12.82	2.78	14.74
15.29	36.92	11.07	22.39	0.97	55.25
27.57	136.02	24.05	95.98	2.48	103.38
20.78	48.20	9.04	28.97	0.88	13.43
69.74	945.37	41.83	292.82	17.60	156.84
63.65	454.59	20.30	204.26	5.98	64.63
53.63	330.92	49.91	246.03	43.55	114.43
61.78	249.70	14.92	187.77	11.07	101.32
58.77	176.49	4.66	154.25	7.46	91.36
26.95	150.04	42.44	81.02	2.48	48.11
76.49	234.41	23.97	180.29	1.76	114.33
79.10	327.15	56.96	202.73	7.57	144.78
60.14	331.75	19.88	263.32	42.27	136.67
112.99	579.70	43.07	450.38	45.26	118.92
82.46	398.50	20.64	309.04	15.90	137.43
34.54	134.81	35.46	59.19	0.72	50.83
3.70	12.75	2.72	1.97	0.59	6.34
23.64	84.22	13.95	62.43	5.34	62.49
43.97	116.48	2.14	108.78	12.01	92.69
64.81	224.89	18.35	149.44	7.66	73.68
298.55	1289.18	162.67	961.29	119.65	442.52
37.13	108.29	22.80	62.66	2.96	23.82
17.48	112.23	19.95	71.65	0.99	56.01
2.67	6.01	1.36	3.16	0.63	6.77
6.99	28.63	10.44	6.07	0.39	13.58

3-24 续表 1

地区	流动负债合计	应付账款	所有者权益合计	实收资本	国家资本
全国	**2298.57**	**1105.67**	**6845.15**	**1169.90**	**501.55**
北京	5.87	1.30	28.18	9.30	9.30
天津	38.95	0.18			
河北	45.74	17.97	91.23	13.16	1.15
山西	6.19	3.84	32.69	6.13	
内蒙古	14.67	8.98	52.64	13.46	12.33
辽宁	55.25	9.10	3.54	3.07	3.04
吉林	99.03	40.88	77.93	18.53	0.61
黑龙江	13.39	9.36	76.21	16.41	
上海	156.84	30.61	1075.56	20.30	17.40
江苏	63.94	38.66	512.70	22.52	22.52
浙江	114.39	80.34	342.76	10.32	
安徽	98.29	18.93	243.71	56.86	31.32
福建	91.36	59.97	171.77	42.72	6.37
江西	47.80	15.42	147.85	23.23	13.27
山东	109.26	23.87	248.11	77.82	77.36
河南	143.99	49.34	297.94	60.49	3.92
湖北	136.40	59.78	285.85	31.53	12.09
湖南	118.86	65.29	661.04	52.10	45.52
广东	137.43	52.76	389.33	151.81	4.12
广西	50.46	13.66	143.80	51.71	51.71
海南	5.34	2.00	18.64	4.71	
重庆	45.18	9.88	54.63	14.25	8.20
四川	92.64	54.57	72.78	22.40	22.40
贵州	73.59	37.42	222.77	81.85	
云南	435.87	357.28	1330.96	262.57	56.30
西藏					
陕西	23.79	8.25	132.29	28.40	28.40
甘肃	54.51	30.10	90.25	37.23	37.23
青海					
宁夏	6.76	0.61	3.00	0.02	0.02
新疆	12.78	5.30	36.99	36.99	36.99

单位：亿元

集体资本	法人资本	个人资本	港澳台资本	外商资本	主营业务收入
14.65	**648.99**	**1.89**	**0.14**	**2.67**	**9340.79**
					50.16
					52.01
	12.02				170.93
	6.13				47.53
	1.13				98.12
0.03					86.07
	17.91				149.37
	15.91	0.50			104.21
	2.90				999.37
					546.71
	9.82	0.36	0.14		453.03
0.82	24.72				346.24
12.06	24.30				254.59
	9.96				197.41
0.05		0.41			324.75
0.17	55.78	0.19		0.42	468.38
1.05	18.39				592.38
0.16	6.27	0.15			873.00
	147.49	0.20			434.68
					223.77
	4.71				29.72
0.02	6.04				144.92
0.01					227.76
	81.85				375.28
0.28	203.67	0.08		2.24	1649.40
					214.97
					161.15
					17.18
					47.69

3-24 续表 2

地区	主营业务成本	销售费用	管理费用	财务费用	利息收入
全国	**2542.90**	**149.15**	**497.80**	**-16.78**	**29.81**
北京	16.17	1.37	3.59	-0.06	0.10
天津	18.05	0.89	3.62	-0.28	0.28
河北	62.14	1.19	13.00	-0.03	0.03
山西	16.07	0.38	2.83	-0.45	0.45
内蒙古	31.31	1.26	5.69	-0.78	0.78
辽宁	27.73	1.33	7.99	-0.15	-0.03
吉林	52.56	3.24	11.07	0.92	0.15
黑龙江	47.05	1.58	8.72	-0.15	0.18
上海	106.14	5.46	42.51	-12.62	12.62
江苏	112.33	7.07	20.67	-4.00	4.06
浙江	92.36	13.25	18.54	-0.06	0.56
安徽	106.04	6.96	22.58	1.33	0.42
福建	76.74	2.70	12.78	1.23	0.13
江西	66.55	2.61	10.87	-0.14	0.19
山东	117.70	8.80	22.69	0.59	0.21
河南	146.84	13.71	24.47	0.04	0.38
湖北	117.97	7.34	19.24	-0.60	-0.11
湖南	171.76	11.97	46.90	-1.26	1.24
广东	131.29	9.85	30.19	1.58	0.89
广西	69.40	4.22	11.53	-0.38	0.73
海南	11.43	0.20	1.69	0.01	0.06
重庆	53.57	0.49	9.58	1.97	0.06
四川	84.22	1.17	13.87	0.47	0.01
贵州	107.92	7.19	24.68	-1.44	1.46
云南	553.08	27.57	87.49	-2.25	4.37
西藏					
陕西	77.50	4.91	13.25	-0.19	0.32
甘肃	44.88	1.88	4.73	0.20	0.04
青海					
宁夏	6.15	0.22	0.76	-0.03	-0.03
新疆	17.96	0.34	2.28	-0.23	0.23

单位：亿元

利息支出	投资收益（损失以“-”号记）	营业利润	利润总额	亏损企业亏损额	平均用工人数（万人）
14.91	**88.48**	**1212.74**	**1199.60**	**1.18**	**20.89**
0.04	0.02	3.96	3.95		0.09
		6.60	6.60		0.09
		10.95	10.88		0.55
		7.40	7.32		0.10
		10.41	10.22		0.28
		3.01	2.97		0.21
1.17	0.29	13.41	12.86		0.46
0.04		8.14	8.03		0.57
	23.33	247.16	246.49		0.39
	0.95	90.63	91.35	0.15	0.71
0.52	4.03	39.78	38.08		0.42
1.76	0.01	21.99	21.93	0.33	1.02
1.36	0.83	19.04	19.19	0.12	0.50
0.21	0.21	26.99	27.19		0.61
0.79	0.95	33.25	32.62	0.12	1.23
1.00	0.92	71.42	71.60		1.90
0.12		74.86	73.83	0.03	0.80
	7.64	111.64	108.21		1.33
2.49	4.45	47.28	46.59		0.76
0.34	3.79	24.91	24.81		0.34
0.07		2.83	3.84		0.06
2.03	0.02	6.08	5.96		0.43
0.47	0.18	0.04	0.04	0.43	0.52
	0.13	39.34	38.82		0.91
2.15	40.50	251.42	247.04		5.26
0.12	0.16	18.25	17.61		0.92
0.24	0.06	13.75	13.47		0.34
		2.81	2.81		0.03
		5.38	5.28		0.08

3-25 按地区分组的纺织

地　区	工业销售产值（当年价格）	出口交货值	资产总计	固定资产合计	固定资产原价
全　国	**39392.98**	**3684.31**	**24304.04**	**8647.39**	**14804.69**
北　京	13.01	1.94	47.44	7.95	13.56
天　津	116.67	15.10	146.81	45.99	78.39
河　北	1652.26	46.71	762.79	334.53	423.42
山　西	37.77	5.33	60.83	16.26	22.11
内蒙古	428.76	20.47	390.78	140.60	230.12
辽　宁	227.72	21.04	190.80	64.48	102.75
吉　林	163.26	11.97	97.30	65.95	251.72
黑龙江	95.04	9.75	61.41	23.66	34.24
上　海	219.66	40.89	217.03	49.54	88.24
江　苏	6976.34	814.44	4408.05	1515.38	2822.94
浙　江	5826.30	1054.37	5178.87	1320.25	2253.44
安　徽	975.23	130.84	576.98	190.45	311.32
福　建	2305.57	166.96	1464.33	464.64	739.52
江　西	1131.10	47.19	521.35	181.50	283.17
山　东	9129.65	531.76	4123.27	1854.47	3158.09
河　南	2582.18	27.80	1767.45	818.38	1031.70
湖　北	2211.36	129.80	900.06	380.42	854.68
湖　南	644.58	18.84	341.05	148.49	197.33
广　东	2579.36	496.16	1376.94	468.15	1075.77
广　西	257.79	12.98	141.76	42.59	58.84
海　南	4.39	1.44	12.49	2.91	5.49
重　庆	190.17	10.45	88.02	46.26	56.54
四　川	894.86	22.59	416.46	174.99	302.03
贵　州	17.03		14.29	5.59	4.43
云　南	24.98	4.19	43.79	8.62	12.06
西　藏	0.72		1.76	0.33	0.37
陕　西	261.57	8.46	157.97	74.27	110.46
甘　肃	26.64	0.33	29.95	6.78	10.58
青　海	38.20	0.05	29.92	9.67	62.84
宁　夏	221.66	28.88	466.42	91.30	70.92
新　疆	139.14	3.58	267.65	92.98	137.63

业主要经济指标

单位：亿元

累计折旧	流动资产合计	应收账款	存货	产成品	负债合计
6782.31	**12394.68**	**2649.82**	**3523.78**	**1553.16**	**12686.46**
5.56	28.88	6.05	3.97	2.20	24.21
33.27	70.16	6.54	28.56	20.26	84.79
125.80	328.96	72.54	107.45	49.01	335.24
7.38	34.43	6.29	8.76	3.93	40.35
93.12	153.48	50.88	37.21	17.78	230.75
48.35	87.45	20.61	18.00	8.88	97.07
188.70	28.83	15.22	6.65	3.60	42.15
15.66	29.58	5.08	16.14	9.22	24.93
49.63	153.23	50.91	40.10	18.19	94.26
1306.42	2370.35	601.31	679.68	298.10	2449.15
1035.59	3092.64	763.96	745.57	376.57	3172.15
134.46	253.63	64.23	88.94	46.85	267.41
304.29	785.64	170.03	189.68	97.92	718.41
122.86	202.69	50.47	50.27	29.93	236.39
1456.54	1848.05	230.08	625.97	192.55	1968.03
302.81	759.86	80.60	148.88	62.40	689.50
506.59	408.38	80.41	128.62	63.00	415.98
56.77	141.15	30.82	48.39	27.97	159.76
634.80	769.31	203.43	227.59	76.52	729.83
19.87	84.64	13.05	34.50	13.46	99.54
2.58	4.99	0.47	0.65	0.24	3.70
12.58	34.50	7.20	9.89	5.38	37.45
146.02	186.44	28.99	54.50	28.34	191.99
1.07	7.34	0.79	1.02	0.39	8.02
5.24	18.26	3.59	6.63	3.32	26.56
0.09	1.41	0.25	0.56	0.31	0.96
42.99	64.68	11.10	32.12	13.46	85.06
4.96	16.92	4.56	4.15	1.89	16.95
53.26	15.33	2.15	6.13	3.37	14.72
15.36	289.23	47.33	130.81	59.62	261.11
49.70	124.24	20.86	42.40	18.48	160.00

3-25 续表 1

地区	流动负债合计	应付账款	所有者权益合计	实收资本	国家资本
全国	**10272.16**	**1853.68**	**11419.87**	**4855.45**	**108.44**
北京	14.68	2.77	22.67	19.17	0.43
天津	67.53	8.68	60.59	39.43	19.30
河北	266.78	50.94	420.38	149.95	2.37
山西	35.40	4.88	20.48	13.17	1.47
内蒙古	163.19	41.83	158.51	28.26	0.38
辽宁	70.56	17.41	92.13	42.30	0.04
吉林	29.81	11.23	55.15	8.84	
黑龙江	18.99	3.54	36.48	8.53	0.02
上海	87.00	35.97	119.79	57.22	2.85
江苏	2219.70	410.49	1949.60	945.74	21.39
浙江	2851.42	453.08	1982.31	934.97	1.61
安徽	194.91	41.31	298.76	101.33	1.33
福建	590.75	90.35	729.81	369.22	0.41
江西	149.43	32.60	282.07	94.68	2.75
山东	1310.06	212.37	2110.48	563.83	14.23
河南	498.48	60.08	1019.03	438.46	7.40
湖北	316.92	66.08	482.43	193.95	6.02
湖南	123.17	28.38	181.30	98.35	0.28
广东	571.20	171.98	641.35	401.70	2.28
广西	77.15	11.66	41.72	25.57	1.88
海南	1.70	0.24	8.79	5.46	0.08
重庆	30.14	5.29	49.81	13.54	0.09
四川	140.85	24.07	221.60	58.12	0.93
贵州	5.82	0.27	6.27	3.49	0.09
云南	19.24	2.56	17.23	7.85	0.51
西藏	0.35	0.22	0.80	0.79	
陕西	60.05	11.66	71.40	42.87	7.29
甘肃	10.22	0.92	12.99	4.64	0.27
青海	9.02	0.08	15.20	3.35	0.53
宁夏	204.35	18.70	203.10	96.62	1.87
新疆	133.27	34.05	107.65	84.06	10.37

单位：亿元

					主营业务收入
集体资本	法人资本	个人资本	港澳台资本	外商资本	
64.33	**1584.05**	**2041.73**	**609.97**	**446.85**	**39986.96**
	17.55	0.65		0.55	25.52
0.70	4.70	3.31	0.08	11.34	156.24
0.87	49.83	93.10	0.65	3.13	1727.33
0.54	3.54	7.56		0.06	36.95
	15.45	7.59	0.42	4.42	420.62
0.34	8.10	25.97	3.38	4.48	221.07
1.30	3.62	2.81	0.33	0.78	163.18
	3.24	4.96	0.05	0.27	90.98
0.45	17.46	8.45	10.42	17.59	232.24
12.46	271.00	370.18	119.08	151.62	7029.56
4.51	326.96	368.87	150.12	82.90	5767.25
10.02	29.33	47.55	5.61	7.49	976.09
3.23	49.86	195.83	88.07	31.74	2266.72
0.80	34.91	51.77	3.66	0.79	1161.81
15.55	248.71	230.61	27.39	27.35	9746.07
2.02	128.09	296.26	0.74	3.96	2583.99
4.28	72.68	99.51	3.24	8.22	2153.37
1.48	66.12	29.35	1.12		614.59
2.24	70.20	62.26	178.35	86.37	2530.24
0.10	5.37	9.27	8.91	0.04	254.19
	5.38				4.23
0.20	7.15	5.21		0.89	187.64
1.59	29.55	24.43	1.13	0.49	879.84
0.15	0.08	3.14	0.01	0.01	16.53
0.21	4.09	3.04			25.38
	0.11	0.68			0.48
0.29	6.32	28.32	0.65		256.98
0.15	2.73	1.48			23.71
0.26	1.58	0.98			39.38
	51.63	43.12			246.87
0.59	48.71	15.47	6.56	2.36	147.93

3-25 续表 2

地 区	主营业务成本	销售费用	管理费用	财务费用	利息收入
全 国	**35584.19**	**573.18**	**1026.58**	**473.98**	**44.18**
北 京	21.45	0.56	2.87	0.57	0.04
天 津	131.79	2.19	5.19	2.44	0.01
河 北	1531.03	24.35	28.86	11.21	0.23
山 西	34.05	0.61	1.26	1.08	0.09
内 蒙 古	359.08	6.00	9.58	8.25	0.49
辽 宁	199.27	3.23	6.35	2.06	0.12
吉 林	142.84	3.39	10.55	1.01	0.01
黑 龙 江	80.32	1.65	2.66	0.48	
上 海	193.80	9.50	15.69	0.44	0.29
江 苏	6261.09	105.43	200.79	73.47	4.44
浙 江	5085.61	72.14	199.47	98.65	14.07
安 徽	877.59	15.23	24.35	9.31	0.16
福 建	2012.01	32.42	66.49	27.89	1.43
江 西	1032.66	13.74	19.45	5.50	0.13
山 东	8879.86	88.36	143.59	130.19	17.52
河 南	2269.71	40.42	41.35	21.96	1.11
湖 北	1873.55	52.84	77.23	28.65	0.43
湖 南	532.61	18.35	22.07	7.54	0.12
广 东	2223.13	51.18	94.38	15.37	1.33
广 西	228.32	2.11	10.64	2.01	0.32
海 南	3.56	0.13	0.51	0.07	-0.05
重 庆	163.43	2.25	3.80	1.44	0.05
四 川	786.29	14.38	19.89	8.52	0.24
贵 州	14.33	0.49	0.66	0.24	0.07
云 南	23.33	0.17	1.23	0.85	0.02
西 藏	0.39	0.02	0.02	0.01	
陕 西	215.53	2.80	5.55	2.61	0.06
甘 肃	20.90	0.97	1.30	0.43	
青 海	37.74	0.19	0.41	0.54	
宁 夏	215.30	3.38	4.61	9.29	1.09
新 疆	133.64	4.68	5.79	1.89	0.37

单位：亿元

利息支出	投资收益（损失以“-”号记）	营业利润	利润总额	亏损企业亏损额	平均用工人数（万人）
445.46	**18.57**	**2194.04**	**2224.26**	**89.55**	**464.45**
0.62	0.06	0.07	0.02	0.89	0.35
2.18	-3.90	9.70	9.77	0.34	1.53
9.76	-3.76	122.02	120.71	5.69	18.68
1.09	0.04	-0.02	0.07	0.84	0.89
8.02	4.27	41.21	37.57	0.90	2.50
1.61	-1.04	7.50	8.85	1.28	3.20
0.84	0.02	4.96	4.94	0.35	3.38
0.44		5.82	5.84	0.12	2.66
1.19	0.36	12.86	14.06	1.88	3.30
65.99	4.74	359.05	360.00	16.88	83.65
110.78	9.37	299.46	308.35	13.03	74.67
7.85	4.85	48.83	49.59	2.79	13.15
26.93	-1.59	117.85	118.06	3.22	23.10
4.42	0.11	85.04	85.14	1.20	11.39
122.04	6.39	500.93	508.06	14.37	81.95
19.45	1.00	197.18	197.84	3.92	35.38
19.17	-2.43	103.40	103.48	4.76	28.21
6.44	0.09	25.42	23.99	1.77	8.81
11.33	1.09	135.69	135.84	7.03	39.01
2.15	-0.32	9.10	8.99	2.29	4.94
0.14	0.10	0.04	0.07		0.07
1.01	-0.19	14.89	14.87	0.10	2.06
7.37	-1.16	45.04	43.97	0.72	10.27
0.30		0.79	0.79	0.03	0.27
0.86	0.16	-0.27	-0.06	0.62	0.70
0.01		0.05	0.06		0.01
2.45	-0.07	28.60	30.17	1.41	4.65
0.38	-0.03	-0.15	-0.12	0.87	0.55
0.18		0.49	0.50	0.08	0.28
8.04	0.07	16.09	20.74	0.30	1.61
2.43	0.37	2.41	12.09	1.83	3.25

3-26 按地区分组的纺织服装、

地区	工业销售产值(当年价格)	出口交货值	资产总计	固定资产合计	固定资产原价
全国	**22307.52**	**4819.93**	**13043.73**	**3803.40**	**6427.93**
北京	115.41	19.38	173.55	22.72	37.39
天津	365.31	85.02	197.54	25.81	36.19
河北	417.40	37.50	200.28	76.94	97.96
山西	21.48		28.68	8.50	9.33
内蒙古	82.71	7.54	48.03	12.00	35.67
辽宁	353.31	113.41	172.58	47.23	94.76
吉林	124.74	33.55	55.03	13.63	154.70
黑龙江	31.02	8.05	17.79	7.19	11.60
上海	343.65	105.52	347.13	44.93	92.12
江苏	4346.83	940.61	2651.39	767.83	1220.60
浙江	2441.34	977.53	2327.94	430.55	704.13
安徽	1028.17	156.83	370.11	130.04	186.53
福建	1761.72	467.96	1104.42	214.03	365.09
江西	1365.42	232.65	576.81	282.41	448.55
山东	2429.34	400.50	1129.12	517.15	847.68
河南	1198.91	19.50	814.84	380.78	440.49
湖北	966.06	137.50	427.94	138.77	270.64
湖南	310.69	12.13	129.59	62.11	79.43
广东	3951.71	1009.78	1872.26	490.31	1127.16
广西	134.44	14.16	53.54	13.42	18.44
海南					
重庆	121.66	17.26	48.84	15.49	19.64
四川	220.31	5.78	131.42	39.62	49.43
贵州	48.40	3.91	30.75	11.01	13.23
云南	13.28	1.36	17.15	3.36	4.21
西藏	0.24		0.19	0.03	0.05
陕西	52.76	2.83	45.02	12.14	14.18
甘肃	9.43	0.99	6.59	1.42	1.87
青海	31.19	5.06	18.40	8.45	19.97
宁夏	2.97	0.62	10.02	1.25	1.82
新疆	17.61	3.01	36.82	24.30	25.06

服饰业主要经济指标

单位：亿元

累计折旧	流动资产合计	应收账款	存货	产成品	负债合计
2902.54	**7417.16**	**1831.70**	**1980.54**	**1001.43**	**6137.11**
16.90	132.93	20.60	60.16	36.11	103.48
15.64	164.20	20.31	62.76	56.96	53.70
28.74	88.48	20.19	28.32	13.72	84.85
4.19	18.06	5.98	5.49	2.10	18.05
24.36	31.45	6.25	17.16	8.44	26.26
50.28	103.71	17.97	23.81	10.55	85.34
142.64	33.05	4.11	12.98	6.08	28.23
4.42	7.60	2.21	1.45	0.51	5.65
50.26	253.92	80.71	82.35	56.23	195.38
499.87	1441.09	299.84	387.50	184.12	1340.33
296.61	1514.48	422.26	358.10	184.89	1280.17
68.48	199.50	65.61	52.55	24.94	185.68
163.31	700.66	200.10	165.15	94.19	419.01
184.78	201.13	61.36	45.70	27.06	182.08
391.26	486.42	105.41	140.75	64.82	470.34
90.62	323.78	41.56	47.74	18.24	242.97
139.23	231.75	44.98	59.29	33.98	193.85
20.68	48.61	13.11	12.16	5.97	43.55
661.03	1210.81	337.12	352.17	144.91	996.11
8.05	36.23	11.12	9.32	7.51	26.01
6.96	29.54	8.35	11.54	4.66	21.38
12.21	76.65	21.93	19.47	5.96	60.52
2.82	12.35	3.85	3.51	1.96	11.12
0.89	11.61	1.71	1.56	1.02	10.58
0.02	0.08		0.03	0.01	0.08
3.91	28.21	5.90	12.57	3.00	21.83
0.51	4.45	1.15	0.36	0.20	3.47
12.03	7.75	2.60	1.38	0.38	7.68
0.59	8.24	3.89	2.30	1.42	6.59
1.25	10.42	1.50	2.91	1.50	12.81

3-26 续表 1

地区	流动负债合计	应付账款	所有者权益合计	实收资本	国家资本
全国	**5093.28**	**1458.71**	**6800.01**	**2667.70**	**27.42**
北京	93.05	28.00	69.75	29.68	0.14
天津	52.75	18.29	143.65	19.04	
河北	74.85	18.71	111.67	40.60	2.71
山西	17.68	5.62	10.62	5.50	0.61
内蒙古	23.57	5.19	21.76	10.80	0.50
辽宁	67.62	13.49	86.21	38.68	0.49
吉林	19.37	6.80	26.31	13.81	1.00
黑龙江	4.68	1.51	12.14	2.74	0.20
上海	172.75	69.63	151.69	98.34	0.65
江苏	1146.88	350.43	1306.98	473.31	4.81
浙江	1174.66	299.26	1041.25	448.98	1.31
安徽	155.17	43.36	179.47	76.20	0.80
福建	351.20	87.49	681.93	204.77	3.26
江西	126.72	43.62	383.05	101.93	1.72
山东	332.78	90.57	648.35	263.50	1.47
河南	166.29	26.46	529.22	198.57	0.35
湖北	144.02	33.44	233.23	111.57	0.55
湖南	31.66	8.57	85.87	32.33	0.30
广东	795.57	259.24	863.09	411.93	1.71
广西	22.82	4.83	27.53	7.52	0.10
海南					
重庆	18.62	3.91	27.46	8.65	0.40
四川	50.47	28.74	68.98	18.62	2.41
贵州	6.56	1.98	19.63	11.89	0.30
云南	8.59	0.80	5.91	3.28	0.25
西藏	0.06		0.10	0.05	
陕西	14.55	4.49	22.96	10.99	0.22
甘肃	2.11	0.50	3.03	1.24	0.14
青海	6.21	0.38	10.72	2.56	0.26
宁夏	5.89	2.75	3.43	2.23	0.08
新疆	6.16	0.66	24.01	18.42	0.69

单位：亿元

集体资本	法人资本	个人资本	港澳台资本	外商资本	主营业务收入
25.01	**933.43**	**971.77**	**446.97**	**263.11**	**22232.83**
0.84	12.89	11.65	1.47	2.68	129.02
0.06	1.34	6.52	9.89	1.22	362.33
1.72	12.79	22.80	0.27	0.32	422.99
0.94	2.50	1.46			21.30
0.05	4.09	5.74	0.02	0.40	87.21
1.20	14.40	13.82	2.35	6.42	355.84
0.24	5.38	4.41	0.18	2.60	122.72
0.86	0.49	1.19		0.01	31.52
2.53	44.26	12.81	11.68	26.41	373.90
5.00	152.63	206.79	51.17	52.92	4386.08
2.14	137.32	161.95	90.42	55.84	2410.90
0.65	23.13	40.40	6.71	4.50	1000.30
0.22	49.11	51.31	77.37	23.49	1761.66
1.05	45.27	39.95	9.30	4.64	1396.79
2.98	127.36	98.80	7.49	25.40	2392.74
0.47	84.40	109.77	2.51	1.07	1199.68
0.51	59.03	44.55	5.14	1.79	921.73
0.06	11.96	18.49	1.24	0.28	302.13
2.22	100.43	90.04	166.90	50.62	3919.14
0.10	2.39	2.67	0.51	1.76	134.96
	2.28	3.73	1.56	0.68	119.62
0.07	6.79	8.55	0.77	0.03	212.55
	6.05	5.53	0.02		47.18
0.46	2.21	0.36			12.52
		0.05			0.24
	4.41	6.36			51.18
0.02	0.72	0.35			7.88
0.60	0.93	0.77			24.44
	1.77	0.35		0.03	3.19
0.03	17.10	0.60			21.07

3-26 续表 2

地 区	主营业务成本	销售费用	管理费用	财务费用	利息收入
全 国	**19016.84**	**743.12**	**910.48**	**148.82**	**16.75**
北 京	84.78	23.13	13.56	0.96	0.14
天 津	254.01	77.26	14.93	0.05	0.75
河 北	376.44	7.20	8.99	1.73	0.06
山 西	18.36	0.45	1.66	0.27	0.02
内蒙古	69.33	2.68	3.99	0.37	0.01
辽 宁	317.21	8.41	15.77	1.77	0.29
吉 林	111.97	2.99	4.64	0.88	0.01
黑龙江	28.06	0.61	0.60	0.17	
上 海	315.02	32.36	30.83	1.99	0.36
江 苏	3750.48	127.46	167.75	28.46	1.95
浙 江	2030.23	84.32	138.86	24.85	5.94
安 徽	889.13	20.07	30.96	5.29	0.27
福 建	1482.59	61.56	65.20	9.24	2.76
江 西	1216.68	27.42	36.11	5.63	0.22
山 东	2068.95	65.67	76.44	17.79	0.79
河 南	1034.45	23.05	26.93	10.03	0.21
湖 北	790.92	28.79	37.65	8.75	0.25
湖 南	251.80	11.48	12.97	2.09	0.04
广 东	3407.45	116.60	182.72	23.91	2.60
广 西	101.04	2.01	17.90	0.46	0.01
海 南					
重 庆	96.27	6.25	4.47	1.16	0.02
四 川	180.40	8.90	8.56	1.16	0.02
贵 州	42.80	0.92	1.85	0.19	
云 南	10.91	0.23	0.77	0.12	0.01
西 藏	0.22				
陕 西	39.72	2.05	2.19	1.11	0.01
甘 肃	6.55	0.25	0.57	0.04	
青 海	22.01	0.22	0.99	0.09	0.01
宁 夏	2.81	0.16	0.20	0.05	
新 疆	16.25	0.60	2.42	0.19	

单位：亿元

利息支出	投资收益（损失以"–"号记）	营业利润	利润总额	亏损企业亏损额	平均用工人数（万人）
136.24	**53.85**	**1345.67**	**1363.03**	**46.37**	**449.49**
1.15	0.02	5.65	8.22	1.95	4.05
0.69	23.74	38.75	42.62	0.17	9.76
1.36	-0.82	27.10	27.45	0.73	6.63
0.27	0.02	0.92	1.06	0.07	0.79
0.59	-1.56	9.13	6.69	0.43	1.12
1.31	0.31	10.95	10.92	1.51	8.60
0.69	0.03	1.57	1.67	0.69	1.40
0.17		2.02	2.01	0.07	0.34
2.65	9.67	4.30	6.76	4.76	8.01
29.73	2.72	307.62	310.85	6.15	71.88
33.57	17.51	135.67	142.35	9.14	57.48
3.79	0.19	46.43	47.26	1.63	23.51
8.85	0.14	131.86	133.46	1.80	38.39
4.71	-0.69	102.10	100.75	0.50	20.74
11.59	1.39	148.95	149.30	2.92	37.35
8.05	-0.06	94.65	94.13	0.67	24.95
6.94	-0.02	44.32	43.69	2.35	18.06
1.56	0.10	18.55	16.54	0.09	5.93
15.37	1.30	170.03	171.61	9.85	97.93
0.45		12.33	11.31	0.04	2.79
0.47	-0.17	9.88	10.21	0.05	2.38
0.85	0.05	12.89	13.04	0.19	3.18
0.09	-0.04	1.04	1.06	0.45	0.90
0.11	0.02	0.53	0.64	0.11	0.53
		0.02	0.02		0.03
0.91	0.01	5.20	5.49	0.03	0.96
0.03		0.45	0.45	0.01	0.22
0.05		1.15	1.23		0.52
0.04		0.05	0.16		0.18
0.18		1.58	2.10	0.02	0.85

3-27 按地区分组的皮革、毛皮、

地 区	工业销售产值(当年价格)	出口交货值	资产总计	固定资产合计	固定资产原价
全 国	**14696.11**	**3441.51**	**7323.85**	**2002.75**	**3392.19**
北 京	10.11	1.35	10.11	0.83	1.64
天 津	79.79	48.27	38.36	6.03	10.16
河 北	1339.41	69.21	455.92	155.10	182.05
山 西	6.59		1.98	0.40	0.52
内蒙古	23.57	1.32	8.84	3.00	5.16
辽 宁	201.07	8.34	74.43	38.88	51.65
吉 林	22.30		7.57	4.09	29.69
黑龙江	74.58	0.05	18.89	2.62	3.45
上 海	179.67	37.74	224.24	18.30	34.47
江 苏	1034.39	210.15	399.80	122.85	233.38
浙 江	1401.99	548.22	1072.13	194.84	297.28
安 徽	425.74	61.17	221.58	59.51	88.89
福 建	3126.74	851.55	1602.35	315.33	524.41
江 西	553.24	181.22	221.25	112.18	150.15
山 东	957.78	134.14	443.23	159.95	300.02
河 南	1497.64	92.68	795.06	376.10	461.66
湖 北	217.78	54.49	90.79	34.77	74.51
湖 南	423.06	34.64	128.96	65.63	82.74
广 东	2416.31	1005.69	1123.63	233.16	647.09
广 西	127.75	44.91	57.23	19.59	25.43
海 南	0.25		0.13	0.05	0.07
重 庆	181.56	5.72	55.35	19.38	92.67
四 川	277.67	44.09	163.62	43.66	75.68
贵 州	53.26	3.72	23.53	7.36	7.92
云 南	10.22	1.03	6.20	2.94	3.25
西 藏					
陕 西	13.24		8.50	1.03	1.83
甘 肃	20.55	0.04	53.11	2.00	2.82
青 海					
宁 夏	11.90	1.78	8.34	1.99	2.06
新 疆	7.94		8.72	1.17	1.54

羽毛及其制品和制鞋业主要经济指标

单位：亿元

累计折旧	流动资产合计	应收账款	存货	产成品	负债合计
1498.30	**4339.31**	**1223.12**	**1092.88**	**437.34**	**3305.80**
0.83	8.32	2.41	4.42	2.15	6.11
4.56	30.18	5.81	9.19	4.39	26.27
32.09	127.90	23.02	32.83	13.68	130.36
0.12	1.11	0.28	0.29	0.16	0.14
2.19	3.99	1.40	1.20	0.28	2.55
14.11	30.51	10.54	11.23	5.54	22.44
25.78	2.77	0.53	0.81	0.55	4.41
1.12	14.00	3.61	4.15	2.19	6.98
16.53	192.49	27.52	32.04	7.52	64.76
110.10	213.06	59.27	58.10	22.10	189.17
114.63	749.71	213.28	195.24	71.68	650.66
33.77	132.74	43.42	42.85	22.60	103.58
223.00	1070.50	360.07	204.90	91.31	757.78
48.04	80.68	20.94	17.20	8.38	78.23
153.26	229.34	43.11	72.23	26.92	187.87
104.66	337.17	37.23	63.54	24.50	185.32
43.24	47.51	15.54	15.64	6.31	47.20
20.66	45.85	11.80	14.68	7.52	48.48
425.15	789.03	276.60	233.95	80.69	594.51
8.27	30.11	12.85	9.38	5.37	26.16
0.02	0.07	0.01	0.02	0.02	0.01
75.00	29.97	8.99	7.40	5.00	23.82
36.27	97.55	28.64	25.79	10.28	97.72
1.74	15.65	1.99	2.88	2.00	9.92
0.49	2.94	0.54	1.67	1.23	3.40
0.87	5.53	0.59	2.38	1.55	3.63
1.05	37.85	9.50	22.91	11.32	23.29
0.36	5.81	1.39	2.23	1.30	4.20
0.39	6.97	2.26	3.71	0.78	6.80

3-27 续表 1

地区	流动负债合计	应付账款	所有者权益合计	实收资本	国家资本
全国	**2827.35**	**720.34**	**3950.69**	**1422.93**	**8.51**
北京	5.98	1.47	4.00	1.21	0.08
天津	23.07	6.30	11.94	5.80	0.26
河北	103.23	10.79	308.88	42.89	0.51
山西	0.14	0.14	1.84	0.71	
内蒙古	2.18	0.11	6.29	2.63	
辽宁	17.43	8.59	51.45	18.67	0.10
吉林	3.71	0.37	3.16	0.56	0.10
黑龙江	5.74	0.61	11.91	1.05	
上海	63.25	15.69	158.93	18.28	0.24
江苏	178.99	38.99	210.18	84.14	1.62
浙江	629.70	134.60	420.20	194.02	
安徽	83.39	17.37	115.71	35.90	
福建	634.80	151.01	837.91	273.27	0.04
江西	48.86	16.89	142.41	58.23	0.14
山东	152.40	29.96	252.77	81.30	0.20
河南	146.08	23.00	587.16	223.42	1.50
湖北	31.65	8.48	43.21	23.97	
湖南	32.22	10.31	80.18	42.23	0.29
广东	519.11	205.10	519.05	263.75	0.75
广西	20.58	8.68	31.07	10.70	
海南	0.01	0.01	0.11	0.09	
重庆	16.66	4.90	30.92	4.36	1.03
四川	68.07	18.42	64.51	19.62	0.13
贵州	4.41	1.68	13.54	4.51	0.01
云南	2.64	0.56	2.67	1.26	
西藏					
陕西	2.89	1.08	4.87	3.53	
甘肃	19.88	3.21	29.79	4.21	1.53
青海					
宁夏	3.80	0.34	4.14	1.63	
新疆	6.48	1.68	1.88	1.03	

单位：亿元

					主营业务收入
集体资本	法人资本	个人资本	港澳台资本	外商资本	
10.47	**421.54**	**506.26**	**257.61**	**218.54**	**14659.82**
	0.12	0.68	0.01	0.32	12.31
	1.19	2.52	0.15	1.68	80.52
0.32	19.77	20.30	1.63	0.35	1340.73
	0.05	0.66			6.59
	0.45	1.91		0.26	24.23
	3.95	11.01	0.02	3.58	201.16
	0.25	0.21			22.01
	0.19	0.86			76.96
0.58	3.05	4.35	3.74	6.32	179.43
0.94	17.81	37.20	12.58	13.98	1033.00
1.30	49.01	103.87	19.57	20.27	1381.60
1.15	8.04	20.33	2.49	3.89	410.58
2.03	82.34	59.81	73.99	55.06	3123.47
0.11	15.40	20.16	12.94	9.49	573.50
1.33	31.98	30.56	3.26	13.98	1070.33
1.27	83.40	125.80	11.33	0.11	1408.34
	6.35	7.79	5.64	4.20	207.77
	26.01	8.79	6.67	0.47	417.45
1.11	56.06	26.34	98.57	80.91	2390.29
0.08	1.74	2.87	3.64	2.36	124.26
	0.09				0.25
0.03	0.89	2.41		0.01	185.44
0.08	6.48	10.55	1.40	0.98	261.50
0.10	1.71	2.70			66.27
	0.87	0.07		0.32	10.61
	2.31	1.22			14.62
0.03	1.12	1.54			19.75
	0.37	1.25			10.03
	0.53	0.50			6.79

3-27 续表 2

地 区	主营业务成本	销售费用	管理费用	财务费用	利息收入
全 国	**12586.25**	**342.04**	**524.51**	**100.20**	**5.01**
北 京	10.35	0.50	0.68	0.07	0.01
天 津	68.50	1.41	2.45	0.58	-0.04
河 北	1121.46	26.06	34.93	19.54	0.12
山 西	6.35	0.03	0.03	0.02	
内蒙古	20.74	0.61	0.85	0.11	0.01
辽 宁	170.39	2.43	3.13	0.92	0.03
吉 林	18.07	0.70	1.98	0.12	
黑龙江	73.10	0.11	0.35	0.02	
上 海	149.92	7.12	11.08	-0.67	-0.97
江 苏	900.16	22.33	36.20	5.63	0.18
浙 江	1195.56	36.25	67.97	14.12	2.90
安 徽	359.85	7.17	11.03	3.06	0.14
福 建	2609.00	105.97	127.51	19.38	1.17
江 西	498.24	8.18	12.86	1.28	0.10
山 东	969.21	18.58	24.20	7.75	0.11
河 南	1175.34	20.96	20.43	9.73	0.03
湖 北	185.16	3.76	8.80	1.88	0.04
湖 南	343.01	14.46	15.77	3.66	0.09
广 东	2101.69	51.29	121.91	6.69	0.80
广 西	109.53	1.63	4.04	0.73	0.03
海 南	0.24				
重 庆	162.09	3.72	4.59	0.54	0.01
四 川	225.19	6.63	9.92	3.16	0.13
贵 州	60.72	0.62	1.44	0.16	0.01
云 南	9.09	0.62	0.60	0.07	0.01
西 藏					
陕 西	12.64	0.31	0.48	0.06	-0.01
甘 肃	15.49	0.38	0.95	1.40	0.10
青 海					
宁 夏	8.66	0.08	0.18	0.15	
新 疆	6.48	0.15	0.15	0.05	

单位：亿元

利息支出	投资收益（损失以“−”号记）	营业利润	利润总额	亏损企业亏损额	平均用工人数（万人）
95.44	**-14.65**	**1008.08**	**980.80**	**26.25**	**293.94**
0.05		0.74	0.76		0.19
0.54	0.01	7.05	6.88	0.47	1.10
19.13	0.04	128.50	127.81	0.32	18.03
0.02		0.10	0.10		0.04
0.03	0.03	1.79	1.21	0.08	0.27
0.48	0.01	21.05	20.96	0.20	1.23
0.08		1.04	0.89	0.01	0.17
0.02		3.30	3.30	0.14	0.21
0.55	0.11	11.74	11.89	1.29	2.90
4.83	-1.14	61.10	60.93	1.65	15.04
18.47	1.83	65.32	67.26	3.15	34.77
3.03	-0.12	27.52	29.77	0.56	5.95
18.41	-16.33	222.25	224.33	4.22	64.34
1.09	-1.29	49.06	49.43	0.87	14.08
5.84	0.23	55.52	56.12	1.76	12.01
6.14	-0.03	176.04	134.19	0.86	19.59
1.18		6.83	6.92	0.53	3.93
3.21	-0.50	28.73	26.36	0.33	10.76
6.77	3.27	97.89	97.62	8.92	74.58
0.58	-0.69	6.72	6.91	0.30	3.76
0.51	-0.07	13.62	13.74	0.01	3.09
2.82	-0.02	15.44	15.62	0.45	6.00
0.15		3.41	3.40	0.01	0.94
0.05		0.23	0.25	0.07	0.34
0.05	0.02	1.02	1.01		0.21
1.22		1.31	12.25	0.03	0.28
0.15		0.82	0.91		0.10
0.05		-0.05	-0.02	0.02	0.05

3-28 按地区分组的木材加工和

地　区	工业销售产值(当年价格)	出口交货值	资产总计	固定资产合计	固定资产原价
全　国	**14124.94**	**791.98**	**6416.39**	**2587.56**	**4412.05**
北　京	16.14	1.35	16.89	4.54	9.35
天　津	18.08	1.25	13.02	2.70	4.43
河　北	274.27	1.36	136.70	75.01	97.14
山　西	13.81		30.12	7.51	8.52
内蒙古	237.75	0.03	117.65	30.85	65.55
辽　宁	304.84	29.05	147.16	71.11	114.65
吉　林	935.62	116.13	436.91	214.45	605.49
黑龙江	446.88	4.04	202.01	109.61	156.24
上　海	69.42	6.98	76.32	13.78	25.39
江　苏	2257.45	136.29	922.85	381.75	661.14
浙　江	475.05	94.58	308.92	69.85	105.14
安　徽	669.15	18.60	247.89	90.02	125.01
福　建	934.17	67.14	357.30	95.64	149.59
江　西	395.59	35.59	212.01	84.17	144.71
山　东	2465.71	108.61	820.35	379.54	804.01
河　南	894.35	1.12	527.08	286.21	354.54
湖　北	440.40	2.82	242.91	95.88	167.02
湖　南	713.16	13.83	198.29	118.07	156.93
广　东	808.65	107.58	436.90	139.14	221.31
广　西	992.79	41.08	415.90	133.42	176.99
海　南	6.56		10.16	3.45	3.94
重　庆	86.19	1.97	47.48	21.67	28.89
四　川	363.81	2.31	286.09	96.87	141.93
贵　州	156.52		44.28	10.95	12.91
云　南	68.38	0.24	79.49	24.10	36.49
西　藏	0.52		4.96	1.58	1.58
陕　西	59.97		50.82	17.48	22.35
甘　肃	0.74		1.23	0.23	0.29
青　海					
宁　夏	7.44		6.62	2.62	3.10
新　疆	11.55	0.03	18.09	5.34	7.44

木、竹、藤、棕、草制品业主要经济指标

单位：亿元

累计折旧	流动资产合计	应收账款	存货	产成品	负债合计
2013.73	**2901.67**	**602.29**	**844.05**	**412.73**	**2701.13**
4.81	10.60	3.27	2.65	0.68	10.36
1.82	9.26	2.66	2.09	0.89	7.39
27.36	51.53	11.04	15.49	8.82	59.68
2.18	17.23	2.89	5.02	0.54	15.71
37.82	79.14	17.22	13.38	4.16	41.30
49.97	56.21	15.82	18.72	7.98	63.30
399.79	130.51	20.80	42.91	23.14	186.53
69.61	76.05	17.65	22.18	12.02	69.54
12.55	51.34	13.49	17.95	7.17	42.36
281.13	440.38	90.88	111.90	50.18	369.89
40.24	197.33	48.02	73.88	30.96	173.15
41.49	123.88	33.07	41.05	18.55	108.55
65.37	196.71	49.08	63.55	29.06	154.03
65.24	79.49	20.80	23.11	13.02	83.78
448.04	331.88	60.75	100.44	65.37	299.41
89.30	198.37	23.37	31.98	16.91	121.89
83.74	97.06	17.03	33.03	16.27	112.78
43.19	57.16	11.05	16.43	8.73	61.23
101.10	223.11	59.30	65.32	26.18	231.31
56.67	213.14	44.51	64.93	36.35	211.72
1.30	6.19	0.76	2.34	1.46	6.62
9.42	20.62	5.95	5.97	2.47	23.04
50.86	134.68	19.20	35.71	13.23	142.80
3.46	24.13	3.57	6.04	3.03	16.58
13.78	40.60	5.53	18.01	9.65	44.26
0.84	2.29	0.42	0.08	0.08	1.15
9.68	20.48	2.17	4.89	2.74	28.28
0.06	0.90	0.11	0.48	0.18	0.67
0.57	2.74	0.86	1.17	0.65	2.73
2.31	8.64	1.02	3.35	2.25	11.10

3-28 续表 1

地　区	流动负债合　计	应付账款	所有者权益合计	实收资本	国家资本
全　国	**2043.27**	**393.73**	**3644.73**	**1465.96**	**25.16**
北　京	10.08	2.47	6.52	7.01	
天　津	7.00	2.23	5.62	4.40	
河　北	45.71	8.78	76.98	27.25	1.30
山　西	11.79	0.39	14.03	3.13	
内蒙古	32.93	4.30	76.36	15.38	0.07
辽　宁	48.25	10.52	83.27	36.80	0.29
吉　林	123.71	22.69	245.63	139.65	8.08
黑龙江	50.92	15.94	131.59	34.64	0.56
上　海	35.85	9.97	34.01	17.87	0.06
江　苏	321.19	66.85	538.22	177.18	0.01
浙　江	165.43	30.69	135.12	64.79	
安　徽	91.80	15.50	135.14	53.65	0.58
福　建	129.96	22.28	198.77	86.43	1.26
江　西	57.87	11.82	128.14	52.39	1.24
山　东	178.11	31.34	510.03	181.53	1.29
河　南	79.46	9.97	390.17	160.73	0.60
湖　北	75.53	13.30	129.23	44.47	3.71
湖　南	40.81	6.39	136.92	83.74	0.08
广　东	178.01	38.02	196.21	98.10	0.44
广　西	157.92	32.86	203.17	62.67	1.83
海　南	4.85	0.39	3.54	2.01	
重　庆	18.02	5.06	23.99	7.50	0.29
四　川	104.18	19.59	141.78	59.75	0.22
贵　州	10.80	2.24	27.34	14.00	0.04
云　南	36.11	5.43	35.15	17.09	1.57
西　藏	0.62	0.01	3.81	1.63	1.63
陕　西	16.34	1.98	22.53	7.44	
甘　肃	0.65	0.35	0.56	0.10	
青　海					
宁　夏	1.36	0.39	3.90	0.96	
新　疆	8.01	1.95	6.99	3.65	0.01

单位：亿元

集体资本	法人资本	个人资本	港澳台资本	外商资本	主营业务收入
13.70	**493.07**	**803.97**	**75.41**	**54.65**	**13907.42**
	2.11	1.75	3.15		16.49
0.21	0.72	2.59		0.89	18.34
	11.74	12.09	1.21	0.91	266.19
0.02	0.96	2.15			13.22
0.54	1.43	10.47	1.49	1.38	224.17
1.15	17.76	11.44	0.57	5.59	302.31
0.58	21.25	108.62	0.35	0.76	880.85
0.01	6.35	27.28	0.35	0.09	448.77
0.14	5.93	4.07	3.46	4.21	72.39
1.52	41.18	116.70	5.31	12.47	2259.80
1.16	23.32	28.26	5.88	6.17	466.03
1.23	12.64	38.69	0.23	0.29	656.83
0.17	20.45	56.62	5.67	2.27	924.23
0.69	26.84	17.96	4.90	0.78	406.18
0.59	67.13	107.76	1.30	3.45	2480.64
0.99	44.34	113.60	1.07	0.13	870.54
1.11	10.45	28.98	0.07	0.14	418.04
0.40	55.95	26.75	0.21	0.35	682.98
1.21	32.59	19.49	32.74	11.63	797.33
0.72	33.77	23.34	0.30	2.71	952.87
0.01	0.85	1.15			6.44
0.12	3.78	3.31	0.01		83.01
0.38	34.40	20.41	3.91	0.42	359.24
0.02	5.27	6.25	2.41		159.31
0.70	6.77	7.21	0.84		67.04
					0.52
	3.80	3.64			54.72
		0.10			0.74
0.04	0.33	0.59			6.26
	0.97	2.67			11.94

3-28 续表 2

地　区	主营业务成　本	销售费用	管理费用	财务费用	利息收入
全　国	**12052.76**	**322.20**	**408.92**	**121.95**	**3.40**
北　京	13.90	1.27	1.25	0.07	
天　津	15.51	0.33	0.67	0.12	0.03
河　北	228.15	6.19	5.57	2.56	-0.02
山　西	11.17	0.20	0.44	0.36	
内蒙古	177.62	2.16	3.72	0.87	0.02
辽　宁	262.11	8.74	14.25	1.57	0.06
吉　林	767.54	25.37	36.00	10.90	0.15
黑龙江	400.33	11.65	10.41	1.29	
上　海	60.97	4.31	4.44	0.88	0.05
江　苏	1949.76	50.39	59.89	18.11	1.10
浙　江	402.41	12.45	17.87	5.97	0.38
安　徽	583.71	12.44	14.14	4.32	0.16
福　建	814.72	20.98	28.79	7.73	0.19
江　西	355.40	7.12	8.66	2.93	0.07
山　东	2189.96	49.32	46.55	17.28	0.43
河　南	744.79	17.29	16.67	6.12	0.06
湖　北	360.75	11.25	12.32	5.19	0.05
湖　南	586.00	16.85	31.21	5.24	0.20
广　东	669.57	23.94	32.60	7.43	0.10
广　西	818.95	17.92	34.87	13.36	0.21
海　南	6.20	0.10	0.33	0.12	
重　庆	68.05	3.22	3.51	0.78	0.02
四　川	305.32	10.88	13.89	4.73	0.09
贵　州	139.10	4.19	4.94	0.89	0.03
云　南	59.09	1.75	2.84	1.67	0.01
西　藏	0.30	0.01	0.12	-0.02	0.02
陕　西	45.35	1.56	2.37	0.97	
甘　肃	0.62	0.01	0.03	0.01	
青　海					
宁　夏	5.63	0.20	0.14	0.07	
新　疆	9.78	0.10	0.45	0.47	-0.02

单位：亿元

利息支出	投资收益（损失以“–”号记）	营业利润	利润总额	亏损企业亏损额	平均用工人数（万人）
90.25	**-23.01**	**869.28**	**874.09**	**26.64**	**140.78**
0.06	0.01	-0.02	-0.14	0.49	0.30
0.04		1.60	1.67	0.03	0.27
2.43	-0.15	22.85	22.33	0.42	2.28
0.35		1.00	1.13	0.02	0.17
0.63	-5.52	33.40	28.99	0.28	1.57
1.08	0.36	14.12	14.29	1.13	3.27
8.11	1.02	37.47	38.60	0.85	6.02
1.15	-0.52	23.81	23.96	0.64	3.23
0.79	0.02	1.55	1.64	1.10	0.89
13.62	0.17	165.09	168.40	1.83	19.08
6.39	0.26	23.87	25.29	0.65	5.84
3.11	0.24	33.57	34.73	0.68	6.09
6.80	-1.75	45.74	46.45	0.42	10.08
2.59	-0.03	28.73	29.60	0.58	4.19
9.63	-0.03	159.01	159.10	1.24	20.63
4.54	0.02	77.54	75.39	0.08	11.99
3.60	-0.07	23.78	25.02	0.35	4.14
3.96	0.39	30.54	29.16	0.18	8.59
5.83	0.06	56.04	57.02	1.51	9.19
6.96	-16.51	47.14	49.17	10.19	13.55
0.12	-0.02	0.06	0.18	0.16	0.19
0.73		6.68	6.78		1.11
4.15	-0.99	21.55	20.54	1.06	4.10
0.58		7.58	7.21	0.24	1.74
1.62	0.04	1.13	1.57	1.88	1.48
		0.10	0.13		0.08
0.83	0.01	3.98	4.32	0.23	0.50
0.01		0.06	0.06	0.01	0.02
0.06		0.22	0.19		0.04
0.47	0.01	1.10	1.31	0.39	0.14

3-29 按地区分组的家具

地 区	工业销售产值(当年价格)	出口交货值	资产总计	固定资产合计	固定资产原价
全 国	**7979.87**	**1618.26**	**5012.70**	**1611.94**	**2532.08**
北 京	84.56	5.57	103.18	16.91	26.31
天 津	111.74	26.63	112.87	30.40	44.93
河 北	287.55	21.18	167.18	95.55	143.94
山 西	5.13		9.24	1.53	1.45
内蒙古	23.33	5.38	8.42	5.38	6.98
辽 宁	195.40	29.58	151.05	61.83	115.08
吉 林	142.13	3.45	49.91	23.14	53.48
黑龙江	78.13	5.89	72.03	24.24	34.27
上 海	282.09	73.54	271.51	32.39	57.98
江 苏	332.90	90.90	254.00	82.23	146.78
浙 江	843.62	425.63	784.25	175.65	244.82
安 徽	337.27	20.45	138.11	52.28	92.41
福 建	411.09	139.14	232.79	47.54	73.59
江 西	239.03	42.61	114.90	54.32	78.21
山 东	913.97	118.69	449.10	228.32	377.20
河 南	614.83	1.14	359.86	207.72	244.93
湖 北	184.46	1.79	120.47	39.06	69.68
湖 南	298.69	0.52	97.53	56.95	73.04
广 东	1829.78	596.48	1107.42	233.91	442.24
广 西	116.68	8.45	47.96	9.09	11.64
海 南	1.19	0.26	2.02	0.27	0.74
重 庆	69.19		46.52	18.80	17.35
四 川	500.91	0.42	263.21	97.42	152.21
贵 州	32.73		14.32	6.28	6.50
云 南	2.40		6.42	1.41	1.80
西 藏					
陕 西	26.69		16.04	6.11	7.12
甘 肃	1.21		1.61	0.48	0.59
青 海	2.92		0.28	0.08	3.20
宁 夏	6.99		5.79	1.79	2.47
新 疆	3.25	0.56	4.70	0.83	1.13

制造业主要经济指标

单位：亿元

累计折旧	流动资产合计	应收账款	存货	产成品	负债合计
1031.37	**2727.13**	**663.64**	**728.10**	**303.18**	**2489.64**
9.82	69.79	17.55	19.92	8.38	55.70
19.60	70.69	12.64	18.10	6.27	79.08
51.40	56.32	9.38	12.27	5.20	91.34
0.39	6.42	0.36	3.36	0.43	5.08
1.76	2.21	0.13	0.40	0.19	4.14
58.19	75.25	13.68	21.91	9.45	56.44
31.88	19.19	4.12	6.56	3.08	20.07
16.03	40.87	6.36	20.80	11.56	45.16
26.82	199.37	82.23	41.96	19.15	169.60
64.78	136.32	36.55	32.75	12.25	126.76
88.12	504.59	127.30	117.84	42.55	493.64
42.34	73.10	20.93	22.41	11.60	66.99
29.57	148.15	35.50	36.90	14.40	116.54
26.13	45.32	12.09	12.04	4.23	39.60
160.25	181.97	25.57	57.85	33.06	190.13
52.37	130.61	14.04	18.82	9.66	60.85
32.88	45.76	8.76	11.36	6.44	47.58
18.30	30.19	8.72	9.36	5.94	36.31
225.30	695.23	193.90	205.60	68.16	586.14
3.85	29.74	5.90	6.22	2.67	28.66
0.47	1.74	0.32	0.55		0.86
3.66	18.82	3.77	4.48	1.99	16.54
59.85	119.41	17.43	36.44	20.90	128.11
0.88	6.14	1.34	2.72	1.83	7.32
0.46	4.06	0.37	2.68	1.49	4.94
2.09	8.58	2.73	2.79	1.36	6.01
0.10	0.55	0.15	0.23	0.14	0.64
3.12	0.18	0.12	0.03	0.01	0.18
0.67	3.17	0.51	0.73	0.45	2.15
0.29	3.39	1.19	1.04	0.35	3.09

3-29 续表 1

地　区	流动负债合计	应付账款	所有者权益合计	实收资本	国家资本
全　国	**2109.35**	**543.97**	**2475.41**	**1181.17**	**9.76**
北　京	52.61	12.93	47.48	24.90	0.13
天　津	72.06	16.41	33.78	20.69	0.92
河　北	62.31	9.69	75.76	27.52	
山　西	1.29	0.06	4.16	2.60	
内蒙古	3.94	0.07	4.27	0.80	
辽　宁	45.18	10.75	94.43	22.57	2.37
吉　林	14.63	3.35	29.84	7.66	
黑龙江	38.95	9.48	23.58	9.97	0.15
上　海	164.78	76.10	101.47	45.43	3.78
江　苏	116.58	20.45	127.24	78.18	1.50
浙　江	468.45	113.82	290.24	174.63	
安　徽	52.98	14.37	68.43	30.07	0.50
福　建	100.49	21.38	112.72	61.36	
江　西	30.93	8.12	75.30	40.54	0.23
山　东	134.66	22.93	251.06	103.94	0.08
河　南	39.99	11.37	295.99	166.28	0.03
湖　北	30.58	6.07	71.92	22.18	0.01
湖　南	17.22	4.79	59.60	36.17	
广　东	514.77	147.99	512.08	235.77	0.01
广　西	24.65	2.72	19.20	5.51	
海　南	0.86	0.03	1.17	1.05	
重　庆	13.24	3.33	29.98	9.32	0.01
四　川	87.72	23.64	121.46	43.31	0.05
贵　州	4.82	0.74	7.00	2.75	
云　南	4.35	0.26	1.48	0.96	
西　藏					
陕　西	5.33	2.09	10.03	4.91	0.01
甘　肃	0.55	0.12	0.38	0.07	
青　海	0.18	0.15	0.10	0.06	
宁　夏	2.15	0.28	3.64	0.97	
新　疆	3.09	0.48	1.61	0.99	

单位：亿元

集体资本	法人资本	个人资本	港澳台资本	外商资本	主营业务收入
9.95	**353.45**	**533.36**	**126.58**	**148.07**	**7880.67**
0.08	8.02	15.25	0.52	0.91	81.85
	7.20	9.54	0.17	2.85	112.63
0.06	12.75	13.64	0.48	0.59	280.32
	0.26	2.34			5.13
	0.36	0.44			23.43
	8.34	4.19	0.65	7.02	190.07
0.04	3.54	3.77		0.31	140.55
0.48	2.57	6.39	0.01	0.37	77.06
0.12	8.93	10.79	7.14	14.66	284.15
2.80	18.59	22.87	12.21	20.21	336.35
2.36	52.27	58.60	24.15	37.25	848.63
0.06	10.93	18.39	0.07	0.12	326.70
0.10	14.78	25.17	13.49	7.83	409.28
0.64	25.01	10.86	3.71	0.10	244.99
0.47	33.48	57.20	1.51	11.21	911.78
0.97	21.65	143.63			603.68
0.04	10.40	11.42	0.16	0.16	166.75
0.03	28.97	7.17			299.00
1.10	63.42	67.19	60.29	43.77	1803.34
	3.07	1.64	0.28	0.52	114.93
		0.02	1.03		1.19
0.01	2.47	6.84			69.70
0.19	13.32	28.80	0.74	0.20	474.82
0.10	1.05	1.60			31.45
	0.36	0.59			2.43
0.27	0.90	3.73			27.08
0.01	0.05	0.01			1.04
		0.06			2.92
	0.75	0.22			6.13
		0.99			3.30

3-29 续表 2

地 区	主营业务成 本	销售费用	管理费用	财务费用	利息收入
全 国	**6647.03**	**291.39**	**349.87**	**57.87**	**4.99**
北 京	63.74	7.55	7.10	0.65	0.07
天 津	94.69	2.37	4.83	1.20	0.01
河 北	250.88	4.80	5.89	1.58	0.07
山 西	4.54	0.22	0.18	0.18	
内蒙古	18.84	0.41	0.45	0.06	
辽 宁	165.27	4.68	10.61	0.79	0.03
吉 林	116.11	5.24	5.97	2.32	0.10
黑龙江	62.28	4.35	4.16	0.79	0.12
上 海	230.66	11.28	27.03	-0.27	0.53
江 苏	291.87	9.79	13.70	1.70	0.16
浙 江	699.76	38.81	49.52	11.53	1.67
安 徽	280.31	10.85	10.92	2.74	0.08
福 建	346.71	14.23	17.78	3.05	0.18
江 西	213.28	5.36	6.33	1.16	-0.03
山 东	793.36	21.99	21.98	9.42	0.09
河 南	501.19	22.12	11.36	4.06	0.04
湖 北	141.14	7.06	6.62	1.68	0.02
湖 南	248.61	10.63	12.04	2.31	0.05
广 东	1537.54	66.47	91.49	5.39	1.52
广 西	97.24	3.24	4.54	1.00	0.02
海 南	1.14	0.01	0.04	0.03	
重 庆	53.03	4.94	4.25	0.86	0.01
四 川	373.70	31.79	30.26	5.07	0.24
贵 州	27.15	1.02	1.05	0.19	
云 南	1.83	0.13	0.12	0.09	
西 藏					
陕 西	20.59	1.44	0.93	0.16	
甘 肃	0.87	0.05	0.09	0.04	
青 海	2.72	0.05	0.09	0.01	
宁 夏	5.26	0.33	0.38	0.05	
新 疆	2.71	0.17	0.19	0.03	

单位：亿元

利息支出	投资收益（损失以“-”号记）	营业利润	利润总额	亏损企业亏损额	平均用工人数（万人）
56.81	**15.19**	**510.47**	**512.64**	**20.26**	**120.08**
0.60	0.96	3.93	4.46	0.16	1.43
1.03		8.60	8.50	0.47	1.98
0.91	-0.16	16.29	16.34	0.76	2.84
0.17		-0.02	-0.02	0.17	0.06
0.04	-1.56	2.50	2.50	0.05	0.12
0.74	-1.34	8.04	8.32	0.48	2.93
1.55	0.22	9.69	9.71	0.02	0.93
0.50		5.17	5.38	0.94	1.43
1.03	11.53	30.83	31.56	1.01	3.70
1.84	0.07	17.29	17.10	1.68	5.25
14.42	9.01	55.72	56.73	4.69	17.38
2.22		18.90	18.90	0.14	2.94
2.88	-3.22	24.61	24.53	0.31	6.65
0.83	-0.43	17.73	17.17	0.03	3.47
6.51	-0.44	60.76	60.70	1.65	8.41
3.60		59.84	59.79	0.08	7.91
1.34		8.95	8.96	0.69	1.98
1.97	0.69	20.15	19.69	0.03	2.73
8.23	1.25	94.36	94.56	6.37	35.49
0.90	-1.05	7.41	7.43	0.06	1.20
0.03					0.03
0.69	0.07	5.98	5.87	0.06	1.04
4.35	-0.52	27.91	28.46	0.27	9.02
0.11		1.92	1.93		0.36
0.09		0.25	0.29	0.02	0.13
0.12		3.32	3.26		0.42
0.04		-0.03	-0.02	0.03	0.03
		0.05	0.05		
0.05		0.09	0.10	0.09	0.13
0.01	0.08	0.26	0.39		0.08

3-30 按地区分组的造纸和

地区	工业销售产值(当年价格)	出口交货值	资产总计	固定资产合计	固定资产原价
全国	**14215.55**	**559.34**	**14024.04**	**5458.16**	**8548.98**
北京	61.96	4.79	55.33	15.03	34.84
天津	229.42	10.80	240.32	110.74	148.16
河北	501.68	2.45	356.22	157.94	208.40
山西	15.56		22.51	13.57	17.18
内蒙古	92.92		45.17	18.10	28.27
辽宁	216.75	3.37	155.95	75.72	127.40
吉林	150.04	0.09	104.90	56.25	93.48
黑龙江	71.34	1.47	87.52	36.92	65.80
上海	245.04	19.24	283.15	72.05	136.82
江苏	1556.01	107.94	1797.87	687.30	1324.86
浙江	1264.91	84.56	1558.71	416.06	672.93
安徽	359.84	4.50	337.32	130.23	176.55
福建	900.03	39.20	733.70	254.82	400.92
江西	330.86	12.78	239.53	139.25	146.63
山东	2524.65	54.55	2714.81	1016.87	1521.27
河南	1012.73	2.37	733.99	378.99	501.64
湖北	545.34	1.01	336.97	118.63	353.60
湖南	665.07	5.93	542.80	261.58	365.23
广东	1913.75	183.54	1908.63	730.44	1152.26
广西	364.50	2.35	569.65	190.37	242.30
海南	124.22	6.53	360.51	189.47	246.71
重庆	268.21	4.00	263.40	121.20	167.00
四川	436.15	7.80	257.59	122.38	163.25
贵州	82.87		59.36	30.90	40.11
云南	65.10		107.06	41.57	66.27
西藏	3.04		3.62	0.53	0.55
陕西	136.82		69.16	38.04	101.12
甘肃	20.29		18.16	9.97	11.16
青海	0.25		0.23	0.15	0.17
宁夏	21.42		32.09	13.09	21.78
新疆	34.76	0.07	27.82	9.97	12.31

纸制品业主要经济指标

单位：亿元

累计折旧	流动资产合计	应收账款	存货	产成品	负债合计
3505.84	**6527.03**	**1507.65**	**1230.38**	**494.50**	**7962.71**
20.41	34.74	9.28	9.68	3.14	29.42
39.87	115.73	30.40	17.10	6.90	156.76
67.31	148.86	25.74	31.07	14.46	170.42
3.64	7.09	1.99	2.43	0.96	15.27
12.53	24.11	4.12	8.66	2.08	21.77
54.87	57.20	15.94	10.39	4.12	79.23
38.43	33.33	7.32	8.19	3.19	60.58
30.09	39.79	9.21	12.04	6.45	38.43
67.59	171.82	62.54	33.99	14.85	137.49
639.33	829.28	231.33	126.96	49.69	911.37
301.26	880.93	263.03	152.56	68.46	948.47
48.21	119.18	41.39	25.71	9.98	169.80
164.94	388.64	104.93	69.30	35.01	422.23
52.54	74.76	20.18	17.70	8.03	111.47
643.80	1280.85	171.76	177.71	80.10	1711.41
141.00	298.79	46.61	58.07	26.70	288.75
242.09	174.08	44.58	36.09	16.97	182.72
115.46	211.64	43.24	85.35	16.46	311.44
481.93	973.71	247.78	201.52	71.54	1099.04
57.66	209.01	26.84	36.90	12.40	392.72
57.24	117.08	17.78	15.82	3.37	231.21
55.69	100.95	26.42	21.56	8.06	142.96
51.98	103.93	26.51	27.88	11.43	154.24
10.30	17.06	4.07	5.07	2.52	25.87
27.99	55.09	11.75	14.55	6.38	72.65
0.13	2.11	0.48	0.43	0.25	1.09
66.00	23.28	7.14	7.04	3.98	26.71
1.68	6.79	1.12	3.43	1.87	9.32
0.02	0.08	0.06	0.02	0.01	0.16
8.73	13.73	2.00	7.76	1.11	24.97
3.12	13.42	2.13	5.40	4.06	14.76

3-30 续表 1

地 区	流动负债合计	应付账款	所有者权益合计	实收资本	国家资本
全 国	**6177.85**	**1222.12**	**6008.95**	**3416.88**	**240.07**
北 京	26.68	8.62	25.98	17.33	0.18
天 津	116.02	28.50	82.57	68.50	3.20
河 北	117.45	27.52	181.91	79.05	14.85
山 西	10.00	2.71	7.24	5.01	
内蒙古	20.00	4.36	22.72	9.67	1.64
辽 宁	62.04	9.53	76.63	33.05	0.32
吉 林	24.83	7.47	40.75	26.45	15.05
黑龙江	32.34	7.09	44.03	13.67	4.35
上 海	123.26	42.61	147.16	77.46	1.35
江 苏	746.04	116.56	885.12	660.64	18.73
浙 江	830.41	153.48	609.91	328.66	0.41
安 徽	137.43	31.37	166.74	91.87	2.02
福 建	350.08	100.69	310.03	166.46	19.01
江 西	86.51	14.94	126.08	56.78	8.26
山 东	1283.26	166.47	998.38	323.65	11.24
河 南	210.69	37.55	436.91	177.15	27.47
湖 北	145.19	34.39	154.23	76.27	0.86
湖 南	227.97	42.25	230.23	236.43	48.71
广 东	869.80	234.81	801.87	519.97	56.33
广 西	275.64	62.25	169.93	141.81	3.07
海 南	156.44	28.94	129.29	109.74	
重 庆	87.95	10.10	119.33	81.05	
四 川	108.62	23.24	99.94	45.77	1.22
贵 州	16.75	2.52	33.49	15.31	0.10
云 南	51.77	12.68	34.41	24.34	0.62
西 藏	0.81	0.22	2.53	0.52	
陕 西	19.09	4.96	42.45	17.00	
甘 肃	7.84	1.49	8.84	3.32	0.12
青 海	0.16		0.07	0.01	
宁 夏	19.96	2.52	7.12	5.79	0.86
新 疆	12.81	2.29	13.05	4.15	0.10

单位：亿元

集体资本	法人资本	个人资本	港澳台资本	外商资本	主营业务收入
46.51	**1154.83**	**747.50**	**408.10**	**819.87**	**13942.34**
0.09	3.02	1.59	2.89	9.56	63.45
0.58	9.10	13.34	1.83	40.46	226.43
0.50	38.70	18.39	1.39	5.22	486.39
	1.32	3.69			14.84
0.05	3.02	1.75		3.20	82.52
1.04	14.46	12.26	2.14	2.83	212.34
	4.27	7.13			147.47
0.47	2.18	4.18		2.49	70.14
6.99	5.88	10.15	24.19	28.91	262.24
0.43	160.37	52.68	96.63	331.79	1538.07
1.17	134.08	119.82	30.79	42.39	1174.44
1.55	54.81	23.16	3.39	6.93	359.61
2.78	45.74	40.46	44.82	13.65	881.21
0.71	19.40	12.10	8.06	8.25	341.51
6.17	142.80	73.34	11.17	78.93	2551.33
2.86	78.65	66.95	0.25	0.97	998.80
0.86	29.37	35.54	1.15	8.50	521.03
4.00	51.97	118.00	0.33	13.42	624.58
10.92	90.42	59.81	98.61	203.89	1893.14
0.17	115.54	15.79	3.68	3.56	324.05
	97.28	0.20		12.26	124.53
0.04	8.51	3.73	68.52	0.25	266.84
0.65	15.33	21.00	5.78	1.79	426.52
0.02	3.03	12.11	0.05		81.45
2.64	14.95	4.76	1.21	0.15	64.34
	0.52				3.45
1.76	5.21	9.03	0.55	0.45	131.52
0.04	0.59	2.58			16.69
		0.01			0.26
	2.76	2.17			19.63
	1.58	1.80	0.67		33.51

3-30 续表 2

地区	主营业务成本	销售费用	管理费用	财务费用	利息收入
全国	**12036.71**	**378.56**	**495.64**	**257.71**	**26.67**
北京	49.60	2.40	3.38	0.05	0.13
天津	195.83	4.11	8.21	4.03	0.21
河北	422.85	7.72	13.59	3.75	0.06
山西	13.32	0.35	0.46	0.48	
内蒙古	65.77	2.17	3.62	0.20	0.01
辽宁	183.36	5.30	7.40	1.53	-0.03
吉林	128.96	3.89	5.49	1.50	-0.12
黑龙江	58.80	3.00	3.16	1.48	
上海	212.76	20.77	18.40	2.85	-0.36
江苏	1328.91	53.63	55.72	27.50	3.19
浙江	1010.72	29.25	52.74	32.66	3.54
安徽	319.39	6.27	9.93	5.77	0.15
福建	740.22	24.25	31.44	12.77	0.95
江西	301.24	4.62	7.33	2.50	0.07
山东	2235.96	56.62	66.31	59.98	12.38
河南	868.53	22.06	16.42	11.23	0.39
湖北	455.72	16.89	16.96	5.37	1.84
湖南	516.01	21.85	37.08	14.62	1.52
广东	1650.21	51.78	79.75	29.63	1.63
广西	278.92	10.42	18.58	15.50	0.07
海南	102.40	5.63	1.94	10.15	0.57
重庆	222.96	7.33	9.20	2.70	0.06
四川	375.32	9.24	14.76	4.66	0.17
贵州	69.94	2.40	2.76	1.24	-0.04
云南	55.66	2.12	3.99	2.90	0.21
西藏	2.85	0.10	0.13	0.01	
陕西	110.63	3.28	3.93	1.37	0.05
甘肃	15.02	0.29	0.52	0.34	
青海	0.23				
宁夏	17.55	0.43	1.58	0.67	0.01
新疆	27.06	0.40	0.86	0.27	0.01

单位：亿元

利息支出	投资收益（损失以“-”号记）	营业利润	利润总额	亏损企业亏损额	平均用工人数（万人）
233.92	**22.99**	**752.25**	**792.82**	**80.96**	**134.95**
0.26	0.12	8.25	8.38	0.42	0.53
2.32	0.01	14.10	14.07	1.51	1.98
3.20	-0.92	35.97	36.80	1.37	4.55
0.45		0.25	0.27	0.02	0.28
0.14	0.15	10.28	8.90	0.27	0.48
1.26	-0.34	13.73	14.18	0.35	1.95
1.26	0.02	7.02	7.73	0.88	1.21
1.07	0.03	3.42	3.95	0.97	0.90
1.71	0.61	8.19	7.78	6.11	2.69
23.43	3.63	77.28	81.06	12.89	11.31
33.05	3.51	50.87	56.60	6.08	12.61
5.19	0.86	18.19	19.38	1.07	3.00
12.42	-2.15	67.89	70.20	6.10	9.63
2.19	-0.77	24.12	24.30	0.13	3.11
60.87	7.83	127.99	130.34	8.40	17.81
9.24	0.11	74.94	78.69	1.70	11.27
5.97	-1.29	23.84	24.74	2.65	4.70
13.74	1.42	24.78	26.76	6.18	6.58
23.61	-1.02	78.64	92.23	7.10	23.64
11.65	10.80	12.01	11.77	11.01	4.59
7.54	0.18	6.18	6.44	0.12	0.54
2.61	0.23	24.19	24.82	0.40	2.15
4.29	-0.34	20.75	20.71	1.51	4.65
0.97		4.54	4.58	0.09	0.67
3.08	0.35		0.37	3.33	1.17
0.01		0.36	0.36		0.03
1.21	-0.05	9.79	9.90	0.17	1.71
0.30		0.43	0.45	0.04	0.36
		0.02	0.02		0.01
0.62	0.01	-0.56	2.35	0.01	0.43
0.26	0.01	4.81	4.68	0.06	0.41

3-31 按地区分组的印刷和

地区	工业销售产值(当年价格)	出口交货值	资产总计	固定资产合计	固定资产原价
全国	**7497.48**	**450.38**	**5529.08**	**1929.20**	**3391.56**
北京	113.08	1.39	216.53	60.80	150.74
天津	105.10	1.62	83.72	31.31	58.64
河北	325.24	1.48	195.12	87.17	131.77
山西	16.55	0.20	29.73	11.08	17.81
内蒙古	20.69		14.35	6.27	8.35
辽宁	78.11	3.39	82.16	27.59	53.30
吉林	80.90		89.65	17.94	25.93
黑龙江	29.11		29.44	8.12	15.49
上海	179.07	19.90	224.52	68.94	157.95
江苏	783.00	67.41	671.47	247.34	442.01
浙江	394.56	50.44	477.07	130.41	225.55
安徽	414.73	7.98	264.40	88.78	146.94
福建	281.08	8.73	173.50	49.64	84.99
江西	322.09	8.50	209.29	112.59	163.24
山东	996.05	16.77	421.92	194.78	294.62
河南	536.91	0.15	332.41	150.34	184.05
湖北	362.21	3.27	213.85	71.79	154.75
湖南	379.05	2.58	156.58	60.80	103.23
广东	1175.24	241.02	920.07	243.47	512.97
广西	119.12	1.43	58.73	26.58	47.51
海南	3.92		8.93	4.03	4.19
重庆	173.54	11.95	114.21	42.94	78.38
四川	368.93	2.05	260.97	90.55	156.97
贵州	38.73		26.14	9.56	15.59
云南	62.58		96.52	22.69	54.52
西藏	2.65		4.23	1.24	1.57
陕西	103.70	0.09	95.40	34.75	58.54
甘肃	11.05		19.54	6.29	12.15
青海	6.27		13.24	11.37	13.40
宁夏	9.51		15.33	6.19	8.36
新疆	4.71		10.04	3.85	8.06

记录媒介复制业主要经济指标

单位：亿元

累计折旧	流动资产合计	应收账款	存货	产成品	负债合计
1582.17	**2803.74**	**838.98**	**559.12**	**227.41**	**2408.40**
91.30	121.19	24.09	25.68	9.10	87.28
28.86	39.24	12.29	8.16	2.50	45.57
52.62	81.56	19.91	17.82	7.44	81.54
8.54	13.78	3.68	3.15	0.87	13.05
2.39	5.09	0.64	1.54	0.14	5.49
26.69	45.26	9.39	3.88	0.91	46.39
13.23	22.65	6.57	4.06	2.00	29.31
8.16	16.33	4.15	3.59	1.16	14.78
90.65	131.40	36.99	25.67	8.99	89.40
192.49	353.88	128.95	62.61	26.92	314.77
104.75	275.92	91.85	41.18	15.78	273.79
66.51	139.69	46.06	34.80	16.36	121.14
37.86	85.91	29.68	16.28	6.68	86.21
62.15	61.39	15.59	11.73	4.27	53.12
116.54	172.77	43.02	40.36	22.93	162.98
45.98	146.90	24.88	24.62	10.62	109.09
85.87	117.46	37.95	30.66	11.84	94.62
46.62	76.19	23.80	18.56	7.84	63.55
280.05	538.63	188.48	103.54	37.73	419.54
21.96	24.79	7.83	4.82	1.96	26.66
1.07	4.49	0.35	0.37	0.20	2.48
40.28	56.99	21.07	16.44	5.07	54.62
71.87	134.10	30.22	26.88	11.61	106.69
6.65	13.62	4.30	2.64	0.79	8.48
34.06	54.12	12.28	12.51	5.66	39.60
0.65	2.95	0.30	0.29	0.21	3.34
29.02	41.84	7.68	10.87	4.20	29.96
6.50	10.04	1.54	2.67	1.54	8.72
2.03	1.72	0.97	0.24	0.16	3.44
2.40	8.30	2.83	2.04	1.07	8.53
4.44	5.52	1.63	1.45	0.87	4.26

3-31 续表 1

地　区	流动负债合　计	应付账款	所 有 者权益合计	实收资本	国家资本
全　国	**2051.51**	**562.16**	**3097.28**	**1427.34**	**139.41**
北　京	75.42	26.92	129.25	71.28	14.65
天　津	41.87	11.12	38.54	30.67	3.36
河　北	65.05	16.95	113.58	146.45	2.31
山　西	11.72	2.75	16.68	6.27	2.19
内蒙古	3.99	0.69	7.97	1.94	0.67
辽　宁	42.30	8.67	35.30	18.55	1.80
吉　林	23.12	2.55	60.34	8.56	0.30
黑龙江	12.98	3.43	14.66	7.43	3.67
上　海	82.18	27.62	135.02	68.36	20.57
江　苏	288.78	73.38	355.85	153.83	8.73
浙　江	248.52	46.61	202.97	95.88	3.47
安　徽	96.91	26.92	137.83	47.00	1.49
福　建	75.73	16.16	87.25	40.67	1.80
江　西	37.21	12.67	154.30	61.99	5.93
山　东	121.19	31.02	255.16	99.02	2.85
河　南	85.22	17.69	220.69	83.47	1.06
湖　北	74.46	22.27	119.08	42.56	5.90
湖　南	50.15	13.73	92.98	33.36	1.28
广　东	365.62	129.04	493.83	239.61	4.98
广　西	23.88	5.84	32.07	11.70	2.23
海　南	1.66	0.27	6.46	4.15	3.00
重　庆	46.30	17.41	59.62	22.13	1.44
四　川	88.21	22.70	153.71	61.54	20.97
贵　州	7.06	2.98	17.66	8.80	0.22
云　南	34.87	10.66	56.93	22.50	4.05
西　藏	3.32	0.39	0.89	0.60	0.23
陕　西	21.86	6.27	65.43	27.70	14.44
甘　肃	7.03	1.66	10.82	4.14	1.52
青　海	3.20	0.66	9.81	0.72	0.07
宁　夏	8.10	2.06	6.80	3.94	2.47
新　疆	3.61	1.05	5.78	2.52	1.78

单位：亿元

					主营业务收　入
集体资本	法人资本	个人资本	港澳台资本	外商资本	
21.36	**510.33**	**487.25**	**162.45**	**106.54**	**7401.81**
1.86	43.10	6.21	3.37	2.09	129.27
0.79	4.31	13.04	1.89	7.30	105.86
0.09	81.11	60.93	0.90	1.11	319.36
0.22	2.08	1.53		0.26	16.41
	0.78	0.49			20.69
0.20	10.27	2.81	0.13	3.34	76.82
0.46	5.07	2.13		0.59	77.77
	1.26	2.30		0.19	29.41
1.16	19.49	11.49	7.79	7.85	187.47
1.99	46.16	51.51	17.65	27.80	778.95
0.15	32.16	48.42	6.06	5.61	392.09
0.81	14.24	26.29	1.37	2.80	408.20
1.46	15.56	17.22	2.41	2.21	271.74
0.06	27.15	26.99	1.08	0.78	328.87
0.59	42.27	39.41	2.43	11.47	986.81
1.17	20.95	58.93	0.80	0.57	521.33
0.40	16.37	18.34	1.19	0.35	338.04
0.73	19.06	10.92	0.19	1.18	376.27
3.01	46.69	51.74	107.07	26.12	1157.11
0.68	4.14	3.26	0.24	1.15	116.90
	0.55			0.60	3.87
1.55	12.77	4.33	0.74	1.30	171.44
1.57	21.80	14.09	2.76	0.35	361.10
0.13	5.83	1.45	1.18		33.44
1.01	8.48	4.50	2.93	1.53	58.89
		0.37			2.57
1.10	6.09	5.81	0.26		102.57
0.10	1.20	1.31			9.65
0.05	0.60				4.79
	0.35	1.12			9.37
	0.46	0.29			4.76

3-31 续表 2

地　区	主营业务成　本	销售费用	管理费用	财务费用	利息收入
全　国	**6196.22**	**192.16**	**374.43**	**59.70**	**5.85**
北　京	103.33	4.42	16.45	0.01	0.89
天　津	89.84	2.27	5.76	0.94	0.03
河　北	278.58	4.75	9.28	1.60	0.13
山　西	13.68	0.62	1.39	0.35	0.01
内蒙古	16.65	0.28	0.80	0.09	0.01
辽　宁	66.31	1.87	4.33	0.87	0.03
吉　林	59.42	3.10	4.72	1.75	0.04
黑龙江	24.51	0.49	1.55	0.17	
上　海	149.14	5.78	20.71	0.62	0.24
江　苏	641.52	23.51	39.21	7.32	0.90
浙　江	332.34	9.24	23.55	7.82	0.72
安　徽	346.28	11.34	17.36	3.10	0.21
福　建	232.90	6.27	11.12	2.88	0.16
江　西	282.78	6.14	11.01	1.69	0.20
山　东	853.25	21.32	33.92	6.68	0.19
河　南	444.84	11.61	14.53	4.78	0.10
湖　北	276.53	10.78	20.95	2.74	0.27
湖　南	305.29	10.33	15.97	2.63	0.01
广　东	964.32	33.35	70.70	5.11	0.51
广　西	98.72	1.87	4.04	0.78	0.02
海　南	2.79	0.06	0.34	0.09	0.03
重　庆	142.52	4.08	7.56	1.88	0.10
四　川	298.86	11.00	19.11	3.64	0.43
贵　州	25.07	1.48	1.86	0.11	-0.08
云　南	41.09	1.10	6.62	0.55	0.22
西　藏	2.35	0.01	0.15	0.02	
陕　西	81.01	3.80	7.82	0.92	0.44
甘　肃	6.78	0.82	1.76	0.18	0.01
青　海	3.91	0.12	0.39	0.02	0.01
宁　夏	7.89	0.18	0.66	0.30	
新　疆	3.73	0.15	0.82	0.06	0.02

单位：亿元

利息支出	投资收益（损失以"–"号记）	营业利润	利润总额	亏损企业亏损额	平均用工人数（万人）
54.67	**23.47**	**564.95**	**577.97**	**22.89**	**98.07**
0.79	0.27	6.92	7.89	2.48	2.44
0.67	0.13	6.62	7.58	0.92	1.46
1.52	0.18	24.68	25.87	0.82	3.17
0.40	-0.01	0.37	0.43	0.38	0.50
0.06	0.04	2.16	1.80		0.24
0.68	0.09	3.87	4.12	0.47	1.03
1.47	9.85	15.87	13.05	0.15	0.61
0.09		2.65	2.74	0.20	0.41
1.11	4.84	16.38	18.62	2.02	2.83
7.68	5.40	70.07	71.59	2.22	10.84
8.54	1.23	19.87	21.37	1.92	6.70
2.84	0.10	29.69	29.47	0.33	4.42
2.52	-1.33	16.43	16.92	0.49	3.83
1.52	0.13	24.78	24.69	0.11	2.71
3.75	-0.11	67.47	68.03	1.74	7.50
3.69	-0.31	42.88	43.02	0.49	7.64
1.83	0.19	22.81	23.07	2.12	3.42
1.85	0.09	34.32	35.93	0.23	3.35
5.89	1.90	82.66	84.07	3.30	23.42
0.67		11.21	11.27	0.11	1.34
0.09	0.05	0.58	0.62	0.19	0.06
1.61	0.97	15.11	15.52	0.58	2.07
2.70	-0.52	24.56	25.97	1.03	4.27
0.08	0.13	4.65	4.72	0.06	0.40
0.74	0.30	9.39	9.83	0.27	1.05
0.02	0.01	0.07	0.11		0.06
1.29	-0.10	7.90	7.93	0.03	1.28
0.17		0.16	0.53	0.15	0.52
0.01	-0.07	0.25	0.27	0.01	0.09
0.31		0.44	0.58	0.04	0.23
0.07		0.12	0.34	0.03	0.17

3-32 按地区分组的文教、工美、体育和

地区	工业销售产值(当年价格)	出口交货值	资产总计	固定资产合计	固定资产原价
全国	**15836.08**	**4447.92**	**8361.22**	**2227.60**	**3631.27**
北京	121.99	5.09	81.75	7.98	14.84
天津	522.14	110.43	138.93	31.88	52.38
河北	355.37	47.67	188.61	97.90	130.67
山西	7.68	0.31	14.50	4.60	5.87
内蒙古	38.22		6.83	1.13	1.46
辽宁	103.23	13.22	53.84	18.76	45.57
吉林	40.14	1.98	12.13	5.44	30.34
黑龙江	67.88	0.39	24.36	16.67	30.57
上海	395.79	61.44	246.13	30.79	52.74
江苏	1994.20	509.99	926.44	311.17	559.16
浙江	1405.55	572.16	1141.98	241.66	352.62
安徽	464.46	146.29	213.10	65.22	88.51
福建	1436.92	438.27	659.15	153.35	233.45
江西	535.38	143.84	236.28	103.58	149.87
山东	2407.96	466.52	901.89	451.39	768.92
河南	978.74	221.44	596.44	223.47	256.87
湖北	270.60	21.66	184.32	20.10	60.85
湖南	293.21	18.83	77.18	35.49	47.63
广东	3808.44	1550.45	2365.51	319.08	595.19
广西	121.99	20.28	48.93	9.93	11.99
海南	0.77		1.27		0.01
重庆	98.37	10.10	58.87	30.42	38.74
四川	111.60	18.12	46.98	15.96	20.91
贵州	28.38	0.38	15.74	5.07	2.64
云南	89.52	0.10	41.22	9.45	14.00
西藏	1.60		4.97	0.86	0.80
陕西	75.56	56.64	25.84	1.15	1.83
甘肃	4.36		3.09	1.31	1.56
青海	34.88		27.15	11.01	58.01
宁夏	12.33	11.45	13.48	1.14	1.20
新疆	8.82	0.88	4.31	1.64	2.06

娱乐用品制造业主要经济指标

单位：亿元

累计折旧	流动资产合计	应收账款	存货	产成品	负债合计
1549.68	**5086.58**	**1428.71**	**1628.96**	**809.11**	**4294.83**
7.08	65.16	12.21	32.55	18.95	49.06
26.61	91.56	18.96	22.34	9.74	78.99
38.37	74.07	18.87	22.71	11.21	59.46
1.58	8.27	1.33	3.59	2.34	14.53
0.33	5.49	1.20	1.17	0.82	1.48
27.75	29.14	2.90	12.64	6.74	18.80
25.12	5.53	1.29	2.25	0.80	6.59
14.10	6.59	1.50	2.57	1.25	5.55
27.21	171.71	25.70	77.04	47.51	127.84
251.34	504.80	132.04	132.71	62.62	469.13
133.35	731.97	165.62	196.92	93.53	674.72
30.01	114.96	39.35	33.37	16.45	94.92
91.73	400.25	116.30	125.61	49.58	293.20
53.27	84.88	23.05	27.25	13.96	81.65
344.28	366.41	74.59	109.59	59.80	369.50
49.29	305.78	56.32	84.72	22.27	208.21
43.00	142.49	99.68	18.37	6.56	142.09
16.62	34.11	10.79	11.91	5.13	27.09
294.61	1787.61	571.71	660.15	363.07	1431.48
3.83	24.06	6.89	6.89	2.54	24.62
0.01	1.02		0.44	0.44	0.86
9.42	20.43	5.93	3.89	1.99	18.41
6.23	24.69	3.49	10.98	2.64	25.89
0.66	9.68	1.64	2.77	0.47	9.02
4.89	27.93	2.80	19.80	4.37	11.89
0.06	1.89	0.11	0.40	0.27	1.61
0.69	24.05	20.96	1.09	0.43	22.95
0.56	1.39	0.29	0.74	0.33	1.43
47.15	7.25	1.91	3.12	2.59	10.50
0.07	11.06	10.34	0.21	0.08	10.76
0.44	2.37	0.92	1.14	0.64	2.59

3-32 续表 1

地区	流动负债合计	应付账款	所有者权益合计	实收资本	国家资本
全国	**3594.99**	**1126.69**	**4017.90**	**1692.40**	**36.72**
北京	45.89	19.57	32.69	22.79	3.69
天津	70.31	17.64	60.83	37.97	0.08
河北	44.49	13.72	126.45	44.05	0.58
山西	13.61	2.60	-0.03	3.26	0.99
内蒙古	1.22	0.81	5.35	0.53	
辽宁	15.12	1.45	34.25	15.54	
吉林	5.14	1.12	5.54	1.77	
黑龙江	4.92	0.73	18.82	3.13	0.42
上海	125.24	42.64	118.13	43.36	4.58
江苏	439.43	97.82	456.16	200.60	3.73
浙江	616.32	112.03	461.67	195.74	0.48
安徽	80.32	19.52	112.25	36.13	0.10
福建	255.45	82.01	356.25	138.33	0.18
江西	55.49	17.19	154.44	57.33	6.46
山东	267.78	77.97	529.31	206.00	0.06
河南	147.38	35.00	382.73	155.63	0.94
湖北	122.98	96.14	42.23	24.28	1.36
湖南	20.35	5.03	50.08	26.81	0.74
广东	1151.39	434.99	921.05	442.31	9.78
广西	18.70	3.22	23.32	5.05	0.14
海南	0.77		0.41	0.03	
重庆	14.87	3.13	40.14	5.65	
四川	18.92	8.02	20.78	7.21	2.34
贵州	6.41	1.43	6.72	3.36	
云南	10.11	2.24	29.33	7.04	
西藏	1.55	0.05	3.36	0.44	
陕西	20.04	18.76	2.89	1.24	
甘肃	0.76	0.08	1.66	1.24	
青海	6.97	1.02	16.64	2.35	0.05
宁夏	10.53	10.13	2.71	1.94	
新疆	2.53	0.61	1.72	1.30	

单位：亿元

集体资本	法人资本	个人资本	港澳台资本	外商资本	主营业务收入
18.79	**530.56**	**608.79**	**274.81**	**222.73**	**15879.78**
3.78	12.59	2.07	0.24	0.41	132.57
0.41	6.15	20.77	0.50	10.06	522.69
0.22	14.38	28.47		0.40	352.81
0.18	0.36	1.73			7.85
	0.16	0.37			38.17
0.12	6.67	6.10	0.80	1.84	103.58
	1.09	0.68			40.70
	1.11	1.13		0.47	70.54
1.21	11.62	10.02	7.00	8.92	500.65
2.68	46.04	86.24	18.61	43.29	2007.91
0.75	59.74	69.80	32.03	32.94	1415.05
0.06	9.43	23.57	1.82	1.15	454.07
0.36	35.54	54.82	30.29	17.13	1422.52
1.75	11.32	17.81	9.87	10.12	554.07
1.82	81.49	99.31	2.60	20.73	2395.18
0.30	74.41	77.79	1.62	0.57	928.12
0.61	8.16	7.40	6.25	0.50	169.37
0.29	14.18	9.46	1.99	0.13	297.07
3.79	123.79	74.11	158.07	72.78	3889.63
	1.54	1.94	0.68	0.74	114.06
		0.03			0.77
	1.96	1.59	2.10		98.26
0.32	1.78	2.45	0.24	0.08	108.06
0.03	1.77	1.56			27.87
0.08	2.00	4.50		0.46	103.86
	0.24	0.20			1.29
	0.14	1.02	0.08		64.85
		1.24			3.49
0.03	1.17	1.11			34.36
	1.00	0.94			12.34
	0.74	0.56			8.00

3-32 续表 2

地区	主营业务成本	销售费用	管理费用	财务费用	利息收入
全 国	**13883.81**	**359.87**	**551.36**	**106.39**	**12.25**
北 京	125.65	2.43	4.69	0.49	0.49
天 津	447.42	7.34	9.55	1.02	0.32
河 北	310.28	6.74	6.77	1.40	0.01
山 西	6.50	0.45	0.57	0.77	0.01
内蒙古	28.38	0.09	1.10	0.05	
辽 宁	93.04	1.47	2.41	0.69	0.02
吉 林	34.71	1.11	1.48	0.37	0.01
黑龙江	64.46	1.06	1.01	0.13	0.01
上 海	454.38	9.94	15.71	1.52	0.51
江 苏	1727.38	48.26	80.97	10.90	0.74
浙 江	1213.59	38.82	65.31	18.42	3.88
安 徽	395.36	12.77	15.32	3.94	0.03
福 建	1201.25	41.10	53.08	10.32	0.94
江 西	487.19	6.90	9.21	1.17	0.07
山 东	2092.52	63.06	70.67	18.50	0.49
河 南	794.03	22.59	21.08	10.86	0.23
湖 北	145.12	4.92	7.54	2.78	-0.03
湖 南	245.86	7.84	10.44	2.29	0.04
广 东	3530.10	65.83	148.68	17.65	4.20
广 西	100.66	2.76	3.79	0.74	0.02
海 南	0.70	0.05		0.01	
重 庆	84.00	1.16	1.56	-0.01	0.21
四 川	89.99	6.12	4.03	0.83	0.06
贵 州	21.44	2.02	1.70	0.70	
云 南	71.20	4.10	12.94	0.43	0.02
西 藏	1.14	0.01	0.05		
陕 西	63.19	0.17	0.31	0.02	-0.03
甘 肃	3.07	0.08	0.09	0.09	
青 海	32.80	0.19	0.65	0.23	
宁 夏	12.05	0.06	0.13	0.05	
新 疆	6.37	0.44	0.54	0.03	0.01

单位：亿元

利息支出	投资收益（损失以“–”号记）	营业利润	利润总额	亏损企业亏损额	平均用工人数（万人）
101.69	**12.51**	**932.84**	**927.82**	**25.27**	**234.49**
0.87	0.05	0.54	0.82	0.35	0.63
1.10	0.83	58.65	50.30	0.68	3.31
1.19	-0.54	26.00	25.88	0.29	4.92
0.76		-0.46	-0.33	0.76	0.24
0.05		8.50	8.37		0.15
0.59	0.20	5.53	5.59	0.15	1.12
0.27	0.03	2.78	2.17		0.34
0.13		3.74	3.75	0.04	0.71
2.29	7.65	28.25	30.31	1.15	3.31
10.04	1.57	130.73	130.70	3.15	27.03
21.86	4.11	76.46	79.19	4.09	22.29
3.01	0.04	24.12	24.37	0.63	7.69
11.91	-7.64	101.52	97.22	0.93	22.31
0.86	-0.93	45.63	45.54	0.54	6.65
11.00	-0.87	146.44	147.68	1.76	23.23
9.24	0.12	74.88	76.52	0.16	15.52
1.21	0.03	8.44	8.81	0.87	2.14
1.12	0.01	18.98	17.61	0.08	3.58
21.59	7.37	130.84	131.99	9.39	80.22
0.40	-0.22	5.57	5.28	0.05	4.07
					0.01
0.17	0.54	11.77	11.85	0.05	1.23
0.68	0.16	6.03	6.05	0.02	1.64
0.67		1.43	1.39	0.02	0.30
0.40	0.01	14.35	14.42	0.06	0.87
		0.07	0.11		0.03
0.02		0.91	0.92	0.02	0.18
0.09		0.11	0.12		0.14
0.13		0.41	0.40	0.02	0.45
0.02		0.05	0.13		0.07
0.04		0.60	0.63		0.10

3-33 按地区分组的石油加工、炼焦和

地区	工业销售产值（当年价格）	出口交货值	资产总计	固定资产合计	固定资产原价
全国	**34304.56**	**498.76**	**24795.95**	**10212.31**	**17790.95**
北京	592.14		274.28	116.64	316.62
天津	1316.02	0.23	766.89	297.36	596.86
河北	1738.95		1137.38	509.48	813.84
山西	785.03	0.19	2224.15	615.45	965.41
内蒙古	592.90	0.02	1076.74	533.29	731.90
辽宁	3276.77	224.02	1777.02	892.19	1772.95
吉林	185.06		73.39	38.69	127.71
黑龙江	976.01	0.20	661.56	339.53	780.48
上海	1147.07	52.56	420.75	213.34	621.56
江苏	2152.04	62.08	941.51	330.16	648.25
浙江	1348.84	1.84	665.36	269.40	430.02
安徽	459.18	0.02	175.74	122.64	222.77
福建	1047.78	0.09	771.19	509.72	658.17
江西	479.13	12.75	391.18	200.43	289.90
山东	7092.44	21.69	4235.83	1509.78	2773.38
河南	1026.54		556.03	232.00	410.42
湖北	744.47		228.11	127.58	204.71
湖南	673.92	3.05	272.87	178.47	300.09
广东	2313.11	3.98	1185.06	554.84	1060.92
广西	620.76	0.89	373.51	220.49	303.99
海南	549.73	115.08	200.09	142.80	199.78
重庆	67.74		28.23	8.61	11.67
四川	780.43	0.05	583.82	399.75	492.42
贵州	194.09		128.88	82.14	93.31
云南	156.42		280.03	87.09	133.96
西藏					
陕西	1446.79		3005.47	500.11	807.32
甘肃	831.35		567.50	328.51	601.15
青海	6.14		17.90	7.93	12.14
宁夏	503.19		750.16	304.77	368.39
新疆	1200.52		1025.34	539.12	1040.85

核燃料加工业主要经济指标

单位：亿元

累计折旧	流动资产合计	应收账款	存货	产成品	负债合计
8234.76	**10064.08**	**1456.03**	**2828.32**	**968.65**	**16461.74**
200.11	113.66	20.42	68.08	10.98	153.20
341.77	462.90	171.95	160.20	29.05	444.02
361.74	467.16	64.54	133.09	37.80	917.29
396.73	1077.30	205.66	175.81	97.61	1957.36
241.31	337.79	42.90	71.27	33.46	820.22
886.52	669.26	62.25	249.83	92.21	1264.42
89.94	26.68	4.10	5.68	2.11	44.14
455.29	219.54	32.52	84.44	35.53	436.00
409.62	138.37	24.58	80.16	11.42	169.81
322.23	431.27	91.74	124.39	46.84	549.53
223.56	251.28	32.42	82.58	13.24	340.77
96.32	47.37	8.54	26.17	6.73	114.39
165.65	203.18	63.51	89.53	17.84	518.64
100.77	136.31	34.43	39.67	17.20	276.04
1402.04	2312.48	251.22	605.70	254.43	2897.44
162.83	248.39	34.71	69.68	23.26	370.48
100.50	88.44	15.87	31.19	9.80	120.71
131.20	80.13	17.39	32.89	11.37	150.54
591.97	473.95	63.21	162.63	35.35	870.99
84.52	124.10	6.17	47.96	12.82	142.09
69.99	51.42	11.66	29.75	11.15	119.00
5.83	15.28	2.68	7.66	4.34	15.01
98.31	143.13	12.78	54.38	16.39	348.89
16.20	40.65	15.82	7.84	3.27	100.68
48.19	127.15	29.29	12.75	4.25	218.72
316.23	975.27	100.91	98.06	46.66	1743.97
314.54	212.68	7.13	129.29	10.60	351.79
4.50	6.85	2.03	2.39	1.49	11.10
107.56	276.05	5.64	40.27	20.08	519.15
488.78	306.04	19.97	104.99	51.39	475.34

3-33 续表 1

地 区	流动负债合 计	应付账款	所 有 者权益合计	实收资本	国家资本
全 国	**12603.17**	**2803.51**	**8310.72**	**5406.00**	**2582.76**
北 京	149.12	38.03	121.08	5.11	2.76
天 津	414.43	54.40	322.31	204.55	162.05
河 北	749.57	199.33	233.97	158.95	57.78
山 西	1562.75	433.03	256.14	292.90	38.00
内 蒙 古	495.11	134.88	255.94	249.33	123.71
辽 宁	1016.88	145.17	509.51	305.69	212.93
吉 林	36.10	7.33	29.09	36.88	21.10
黑 龙 江	346.68	85.48	226.51	122.05	50.92
上 海	166.64	51.85	250.94	213.70	99.41
江 苏	469.93	123.32	391.84	212.07	86.15
浙 江	308.11	97.72	324.50	421.01	19.81
安 徽	111.89	18.57	60.93	108.76	84.78
福 建	164.91	55.54	252.54	304.87	145.16
江 西	254.34	31.77	113.68	27.93	5.43
山 东	2340.75	469.54	1317.90	563.15	199.46
河 南	268.85	39.44	192.54	195.45	19.29
湖 北	108.53	24.72	108.85	58.25	40.90
湖 南	128.28	19.22	122.33	73.00	25.97
广 东	817.74	169.04	311.40	298.26	219.72
广 西	109.62	41.96	228.29	73.30	63.78
海 南	102.09	18.77	81.09	56.36	
重 庆	12.02	2.43	13.16	6.98	
四 川	208.83	61.61	234.88	145.55	106.31
贵 州	60.74	14.25	28.20	13.88	0.09
云 南	193.32	40.54	61.21	46.54	16.59
西 藏					
陕 西	1002.57	218.96	1261.25	386.72	194.97
甘 肃	242.28	40.83	215.09	126.40	115.43
青 海	6.24	1.84	6.80	3.80	
宁 夏	377.59	79.28	231.01	205.76	71.52
新 疆	377.26	84.66	547.75	488.78	398.71

单位：亿元

					主营业务收　入
集体资本	法人资本	个人资本	港澳台资本	外商资本	
85.24	**1791.64**	**638.35**	**147.04**	**156.99**	**34604.49**
	0.76	0.72	0.63	0.24	626.11
2.07	13.80	8.64		14.01	1276.23
2.29	49.66	38.85	9.43	0.94	1665.22
18.97	126.21	97.13	11.84	0.76	780.50
7.82	84.91	20.80	12.09		556.10
2.58	48.05	33.94		8.18	3343.92
1.96	8.72	3.42	1.61	0.08	180.54
5.11	48.20	17.83			1000.32
0.10	58.96	18.61	35.04	1.57	1166.06
2.20	57.88	43.44	10.88	11.52	2170.61
	381.36	4.52	11.47	3.85	1191.08
0.01	5.53	6.33	11.90	0.21	455.10
	81.81	2.84	0.22	74.84	1046.51
2.10	9.85	7.55	3.00		480.53
21.91	208.09	130.45	1.52	1.72	7415.25
5.16	140.66	28.38	1.55	0.41	973.56
0.30	2.68	4.46		9.91	765.49
0.52	37.47	5.89		3.15	638.24
0.73	45.73	8.07	3.19	20.82	2321.45
	6.21	3.23	0.08		591.67
	45.24	0.58	10.54		387.59
	3.85	3.13			66.29
	27.46	10.53		1.25	768.29
0.19	10.60	2.82	0.10	0.08	176.95
	21.64	7.52		0.80	155.47
9.82	113.47	65.80		2.67	1875.05
	10.16	0.82			803.79
	1.54	0.30	1.95		5.49
	92.85	21.38	20.00		495.17
1.40	48.30	40.36			1225.92

3-33 续表 2

地　区	主营业务成　本	销售费用	管理费用	财务费用	利息收入
全　国	**27668.51**	**357.81**	**852.56**	**416.86**	**37.25**
北　京	475.89	5.73	16.22	2.37	0.27
天　津	1010.07	5.78	34.21	9.01	1.39
河　北	1430.78	16.28	30.49	21.82	0.98
山　西	741.40	50.69	30.53	44.22	3.04
内蒙古	452.44	14.45	35.00	25.38	0.56
辽　宁	2623.23	25.34	110.33	38.71	2.59
吉　林	153.89	1.82	7.50	1.53	0.03
黑龙江	730.51	10.77	51.61	10.31	0.65
上　海	821.37	8.93	42.66	4.55	0.35
江　苏	1815.35	21.09	40.47	10.80	1.95
浙　江	852.88	3.92	19.48	3.34	1.53
安　徽	333.41	1.82	10.94	3.78	-0.03
福　建	768.68	7.76	13.58	32.86	0.51
江　西	371.24	6.99	13.65	6.98	0.10
山　东	6556.43	48.23	102.79	87.77	14.27
河　南	826.71	15.14	23.96	14.89	0.38
湖　北	598.51	3.88	12.95	1.06	1.37
湖　南	477.64	4.71	21.38	4.86	0.27
广　东	1698.20	16.94	45.63	8.08	0.98
广　西	412.72	4.16	11.86	2.42	0.30
海　南	286.67	1.49	6.63	3.03	0.25
重　庆	57.87	1.59	1.77	0.54	0.01
四　川	634.81	8.20	14.99	11.82	0.10
贵　州	155.44	2.49	2.84	2.59	0.01
云　南	150.06	2.22	6.08	7.40	0.64
西　藏					
陕　西	1458.05	41.20	33.66	27.28	1.28
甘　肃	567.57	5.48	44.03	10.04	1.40
青　海	5.07	0.40	0.37	0.29	0.01
宁　夏	379.14	3.53	10.96	11.31	0.84
新　疆	822.47	16.78	55.98	7.80	1.21

单位：亿元

利息支出	投资收益（损失以“–”号记）	营业利润	利润总额	亏损企业亏损额	平均用工人数（万人）
390.98	**63.24**	**753.02**	**732.49**	**498.74**	**93.29**
2.55	-0.01	29.17	29.19		1.17
7.18	9.53	76.67	85.42	1.90	2.30
22.17	-4.91	-8.58	-11.63	36.83	5.46
37.07	7.27	-76.78	-74.19	80.12	10.66
19.47	0.34	-42.30	-47.98	63.63	4.99
36.84	2.32	-5.68	-11.85	65.33	9.81
1.11	0.20	2.85	2.91	2.04	0.85
9.37	1.88	0.16	-3.50	28.08	4.95
3.99	1.64	48.82	50.29		1.82
11.53	1.87	73.43	79.35	6.66	3.70
3.69	3.60	104.73	105.96	2.06	1.07
3.64	-3.59	3.81	2.63	3.74	0.65
22.50	7.05	36.09	36.83	8.73	0.96
1.93	0.01	4.61	4.77	3.25	2.09
85.54	1.48	257.22	263.60	19.74	12.17
11.15	0.05	28.11	28.79	19.99	4.22
2.37	0.08	1.90	2.58	2.19	1.05
4.83	0.16	4.51	5.14	4.09	2.17
7.85	1.10	121.87	125.92	7.75	2.71
2.64	0.43	-0.18	1.21	11.10	0.50
1.64	0.17	4.80	6.45	0.13	0.22
0.47	-0.07	3.68	3.69		0.38
11.02	-1.00	14.33	14.23	2.97	1.72
2.43		13.00	13.08	2.89	0.46
7.83	0.27	-15.89	-15.75	17.90	1.33
24.11	33.07	34.20	2.44	33.12	5.84
26.98	0.99	-38.58	-41.08	51.94	3.02
0.27		-0.57	-0.54	0.69	0.17
10.84	-0.02	20.33	16.78	8.46	2.26
8.00	-0.65	57.30	57.73	13.39	4.60

3-34 按地区分组的化学原料和

地区	工业销售产值（当年价格）	出口交货值	资产总计	固定资产合计	固定资产原价
全国	**83256.38**	**4185.78**	**72573.12**	**30385.29**	**46977.46**
北京	308.21	12.78	455.95	99.25	249.01
天津	1333.29	74.77	1445.93	586.11	856.90
河北	2685.58	99.17	2170.25	915.27	1220.69
山西	513.76	9.09	1265.49	557.74	776.80
内蒙古	1369.99	17.65	2960.35	1587.07	1889.37
辽宁	2028.99	50.97	2316.87	914.57	1200.12
吉林	1522.42	0.75	882.40	477.69	1395.23
黑龙江	517.85	1.98	487.06	198.37	305.89
上海	2500.57	270.23	2661.52	877.14	1745.78
江苏	16573.10	1094.62	10802.19	4310.02	8028.22
浙江	5134.07	444.97	5393.68	1714.24	2508.55
安徽	2204.64	72.00	1738.57	666.66	1050.12
福建	1537.24	97.04	1472.93	376.01	545.72
江西	2292.34	295.56	1564.44	802.09	1265.93
山东	16792.06	463.78	10984.16	4337.08	7473.19
河南	3961.32	45.14	3559.23	1790.08	2198.80
湖北	4091.64	155.41	2978.76	1335.74	2288.56
湖南	2927.25	225.71	1354.29	648.72	882.14
广东	6085.91	452.53	4274.18	1238.84	2354.45
广西	1128.82	40.98	724.37	286.60	422.24
海南	181.60	10.63	310.42	91.68	151.39
重庆	880.59	43.26	1086.98	594.05	859.11
四川	2510.61	66.63	2333.81	995.06	1445.21
贵州	741.73	61.47	1339.44	579.00	693.89
云南	818.39	17.05	1257.43	404.06	643.01
西藏	3.07		7.34	2.44	2.80
陕西	1033.00	48.78	2141.40	1348.18	1707.29
甘肃	267.89	1.32	359.95	179.21	217.91
青海	287.33	0.29	1455.35	917.15	723.88
宁夏	356.01	7.93	795.58	438.66	490.53
新疆	667.12	3.27	1992.82	1116.51	1384.73

化学制品制造业主要经济指标

单位：亿元

累计折旧	流动资产合计	应收账款	存货		负债合计
				产成品	
19226.26	**30555.62**	**6336.92**	**6302.24**	**2920.53**	**41378.31**
139.13	285.73	70.36	56.97	25.57	244.67
328.01	562.18	148.01	135.17	50.56	856.02
386.87	939.32	197.60	179.76	85.80	1205.44
295.95	518.14	84.58	108.27	37.65	987.01
471.93	857.16	168.91	138.59	55.40	2111.37
453.70	1154.05	170.42	155.76	71.58	1576.37
902.47	250.23	38.68	76.56	34.25	433.16
121.34	219.68	39.16	38.97	15.91	304.51
910.97	1419.95	424.93	283.09	120.45	1210.68
3731.28	4926.29	1331.06	1123.51	498.65	5476.66
921.48	2791.14	671.69	524.41	234.44	2939.97
392.01	757.71	164.37	172.70	93.59	974.92
208.01	583.88	144.72	136.20	56.95	888.07
669.93	559.12	92.98	92.48	50.19	796.46
3536.29	4766.45	695.60	1032.41	502.72	6082.06
640.13	1262.24	164.42	207.70	81.50	1822.38
1011.87	1179.78	204.90	303.78	151.98	1763.67
277.52	493.17	113.53	123.68	60.55	557.83
1174.72	2408.41	646.07	450.72	192.92	2078.06
158.07	338.46	67.48	92.71	49.96	418.98
60.26	118.63	13.90	18.29	9.73	114.87
316.01	325.93	57.31	83.23	49.24	740.04
578.99	912.83	167.79	198.42	97.33	1334.15
192.92	565.52	87.62	108.35	83.17	1013.69
267.05	600.61	83.62	122.42	52.53	925.48
0.37	2.11	0.74	0.54	0.44	1.96
403.10	511.56	103.72	84.72	37.00	1389.60
94.85	144.76	31.97	39.81	21.63	227.60
193.93	392.91	54.50	77.68	28.90	1032.18
91.65	255.70	32.43	52.71	30.01	513.92
295.46	451.99	63.85	82.58	39.93	1356.56

3-34 续表 1

地区	流动负债合计	应付账款	所有者权益合计	实收资本	国家资本
全国	**30730.13**	**6723.99**	**30832.56**	**16667.15**	**2563.11**
北京	218.83	62.99	207.92	174.29	80.80
天津	625.82	186.41	588.99	341.01	43.82
河北	874.95	190.01	947.07	412.92	58.48
山西	827.94	132.86	274.57	259.93	113.70
内蒙古	1237.59	288.28	820.53	661.67	238.21
辽宁	1229.73	222.15	732.20	461.42	39.73
吉林	312.65	63.95	450.05	253.74	2.17
黑龙江	241.70	54.76	181.23	114.48	43.17
上海	1041.84	345.44	1414.21	968.10	105.08
江苏	4569.04	1141.04	5300.40	2935.29	119.74
浙江	2475.90	477.15	2450.90	1154.47	42.47
安徽	732.89	160.08	748.94	339.18	55.72
福建	468.16	92.26	552.75	351.68	10.74
江西	626.13	109.63	763.66	652.81	11.63
山东	4619.20	720.81	4810.52	1510.22	105.18
河南	1254.49	206.13	1685.63	838.34	75.47
湖北	1221.35	283.93	1214.07	954.62	489.55
湖南	420.58	97.89	797.43	429.80	76.58
广东	1681.44	491.69	2172.89	869.77	36.86
广西	327.54	77.46	304.19	119.05	11.36
海南	82.32	11.77	195.36	82.56	8.21
重庆	516.49	75.74	345.05	247.26	60.39
四川	1063.55	192.70	993.99	668.47	67.72
贵州	711.19	101.56	325.51	228.73	127.04
云南	845.18	198.89	331.95	258.10	106.51
西藏	0.99	0.30	5.39	1.15	0.14
陕西	700.36	219.57	750.16	601.30	282.59
甘肃	179.09	48.36	128.45	78.27	40.77
青海	546.96	135.52	423.17	114.19	43.81
宁夏	329.34	87.85	279.50	149.20	3.58
新疆	746.90	246.80	635.89	435.15	61.91

单位：亿元

集体资本	法人资本	个人资本	港澳台资本	外商资本	主营业务收入
468.71	**6446.59**	**3466.62**	**1243.32**	**2478.39**	**83564.54**
0.14	41.38	21.69	4.42	25.85	353.69
0.89	133.10	27.69	10.25	125.26	1325.79
1.68	159.88	134.56	22.86	35.46	2585.18
22.37	46.54	57.56	16.09	3.67	650.73
12.09	334.56	52.69	9.12	15.00	1377.92
63.68	169.07	77.16	63.91	47.87	2034.77
7.17	199.16	30.03	1.93	13.27	1455.74
14.44	35.31	18.26	0.75	2.56	526.03
3.36	211.90	55.08	77.34	515.33	2652.47
80.82	916.54	581.17	460.00	776.97	16591.41
9.70	459.02	253.80	160.81	228.67	5265.47
9.47	115.18	104.81	5.98	48.02	2092.45
6.78	123.56	73.34	78.54	58.72	1521.20
2.37	402.85	72.85	82.99	80.12	2344.49
42.76	633.75	600.00	26.28	102.25	17045.50
8.46	266.09	476.45	6.07	5.81	4069.44
8.66	271.11	133.15	6.77	45.38	4033.29
7.53	209.40	130.48	2.95	2.85	2851.72
11.46	235.92	179.90	178.85	226.41	5862.76
5.34	65.21	30.03	1.60	5.51	1089.05
	51.68	19.45	2.43	0.80	194.99
4.87	93.79	32.54	3.50	52.17	885.13
15.26	447.86	112.16	11.10	14.37	2400.43
0.40	70.30	23.17		7.83	967.30
4.28	112.09	27.06	2.13	6.04	822.77
0.78	0.01	0.22			2.57
58.63	190.98	49.96	2.42	16.72	991.22
5.38	17.31	14.76		0.04	261.99
5.00	30.05	27.34		7.99	293.02
1.21	118.37	23.33	1.92	0.79	360.32
53.72	284.59	25.93	2.32	6.67	655.69

3-34 续表 2

地区	主营业务成本	销售费用	管理费用	财务费用	利息收入
全国	**71617.13**	**2506.92**	**3067.57**	**1266.03**	**107.37**
北京	278.06	30.57	28.90	5.47	0.83
天津	1105.44	29.72	61.87	24.02	2.69
河北	2219.19	65.74	93.39	35.79	2.39
山西	596.67	17.25	35.11	29.51	3.43
内蒙古	1140.49	50.80	65.37	71.18	1.31
辽宁	1858.47	41.21	68.70	42.54	2.85
吉林	1220.45	31.77	78.78	14.05	0.32
黑龙江	465.16	9.87	18.62	6.36	0.23
上海	2078.38	209.23	164.58	25.60	3.85
江苏	14275.34	343.10	560.65	189.26	20.05
浙江	4508.72	168.93	242.62	98.92	10.21
安徽	1763.12	75.43	98.52	28.26	2.34
福建	1346.47	42.39	61.43	28.73	1.69
江西	2025.38	37.08	55.45	16.53	0.43
山东	15103.38	268.37	362.71	206.88	25.67
河南	3581.87	71.83	93.39	54.29	5.39
湖北	3524.66	110.29	134.44	58.60	1.93
湖南	2328.81	104.06	134.78	32.01	1.17
广东	4574.99	477.44	291.39	39.63	3.59
广西	927.12	28.05	45.54	10.61	1.32
海南	172.14	4.74	4.13	4.93	0.07
重庆	767.21	29.84	49.27	22.55	1.26
四川	2075.15	75.65	110.01	44.73	1.90
贵州	847.93	19.12	32.89	28.67	7.14
云南	707.05	51.40	40.32	31.43	1.16
西藏	1.49	0.15	0.26	0.03	
陕西	813.50	33.41	51.27	34.70	2.09
甘肃	245.69	7.20	15.66	4.99	0.19
青海	194.93	34.80	15.97	23.40	0.34
宁夏	329.08	7.20	17.36	9.67	0.36
新疆	540.80	30.29	34.21	42.68	1.17

单位：亿元

利息支出	投资收益（损失以"–"号记）	营业利润	利润总额	亏损企业亏损额	平均用工人数（万人）
1126.07	**138.85**	**4529.21**	**4669.98**	**908.78**	**492.03**
4.93	1.40	10.90	12.41	9.98	3.40
22.20	-1.68	99.44	97.18	13.56	5.78
32.30	5.13	171.29	168.90	27.26	20.23
29.97	3.63	-21.99	-19.49	40.66	8.75
56.07	-7.56	49.92	39.01	54.69	9.58
38.69	0.81	-4.15	29.12	46.30	11.67
11.14	-2.92	0.62	0.34	51.29	8.30
5.63	0.31	22.96	21.95	13.01	3.80
20.99	42.47	166.25	178.05	54.58	11.74
165.93	10.46	1088.47	1101.25	85.54	70.44
89.08	35.56	268.64	282.87	67.73	24.27
26.28	1.48	119.22	129.23	11.89	13.62
24.86	-1.72	36.13	38.97	36.57	10.23
13.89	0.19	181.76	180.21	9.68	17.31
174.55	4.58	1010.90	1035.91	54.94	68.38
46.40	1.25	251.31	254.15	33.66	31.76
52.81	1.66	190.79	196.40	15.13	22.67
23.53	4.08	170.53	156.66	17.99	36.76
31.82	20.53	474.27	478.76	28.87	34.66
10.59	-5.32	62.91	65.02	11.30	9.46
4.68	5.36	11.57	11.86	1.99	0.43
20.43	3.70	13.36	16.40	32.30	8.04
40.53	5.30	89.57	93.07	36.18	20.68
35.37	1.34	23.59	35.55	19.71	5.91
31.75	-0.71	-11.91	-9.84	44.85	7.31
0.03		0.60	0.61	0.01	0.04
34.46	4.10	57.12	58.71	17.45	8.28
3.78	0.26	-10.35	-8.72	13.16	3.43
21.78	0.49	1.98	12.01	12.31	3.88
9.09	0.26	-0.91	0.33	11.56	3.92
42.49	4.42	4.43	13.10	34.63	7.28

3-35 按地区分组的医药

地　区	工业销售产值(当年价格)	出口交货值	资产总计	固定资产合计	固定资产原价
全　国	**25738.22**	**1341.97**	**25071.09**	**7203.50**	**11031.89**
北　京	689.40	11.92	1151.50	189.08	277.23
天　津	486.20	42.82	845.13	198.15	284.55
河　北	773.68	64.17	1019.47	353.76	412.15
山　西	171.60	12.86	335.51	119.91	144.67
内蒙古	316.53	9.54	321.61	171.20	214.88
辽　宁	604.01	16.25	784.69	348.13	482.34
吉　林	1769.95	14.24	1286.07	276.78	666.69
黑龙江	301.12	4.15	542.32	156.23	240.55
上　海	623.80	50.56	1036.23	184.13	296.05
江　苏	3449.67	220.69	2458.47	710.17	1244.74
浙　江	1163.08	255.05	1781.80	436.88	628.43
安　徽	713.25	37.72	557.43	148.02	214.81
福　建	276.19	19.21	285.54	67.46	115.50
江　西	1126.07	27.62	630.58	232.59	385.44
山　东	4179.30	254.29	3243.32	1135.33	1668.14
河　南	2008.37	26.22	1379.09	582.97	820.63
湖　北	1068.16	90.30	979.15	314.35	450.54
湖　南	938.99	19.57	497.80	199.12	268.60
广　东	1412.55	77.64	1975.89	330.86	538.68
广　西	395.17	17.36	291.27	86.36	155.08
海　南	138.64	0.18	209.31	49.43	65.42
重　庆	522.84	22.83	506.72	171.45	261.08
四　川	1193.56	16.34	1097.99	263.00	487.61
贵　州	351.35	0.16	372.27	68.67	81.47
云　南	262.66	2.32	466.67	88.75	116.02
西　藏	11.74	0.03	33.89	4.58	5.93
陕　西	538.33	9.77	429.81	140.21	286.12
甘　肃	120.05	1.35	233.47	53.34	62.50
青　海	63.53	0.22	78.75	41.60	50.16
宁　夏	38.77	15.64	113.23	51.24	69.51
新　疆	29.66	0.96	126.12	29.75	36.34

制造业主要经济指标

单位：亿元

累计折旧	流动资产合　计	应收账款	存货	产成品	负债合计
4554.69	**13040.47**	**2950.60**	**2827.00**	**1313.32**	**10399.81**
100.56	692.56	171.31	185.04	80.01	476.86
106.47	446.85	135.65	113.55	59.34	323.53
141.56	519.53	98.40	104.04	54.95	503.18
41.34	146.01	26.29	35.95	16.63	196.64
62.39	115.91	25.21	23.64	11.75	179.42
159.83	326.18	64.03	101.33	35.88	302.32
411.32	644.15	158.66	149.16	66.63	473.46
95.64	299.55	65.01	64.09	19.25	230.03
130.58	620.15	136.02	173.97	91.97	387.43
543.80	1338.13	436.13	266.86	105.96	979.16
232.46	919.80	223.85	213.99	93.96	749.06
82.97	322.67	122.69	69.80	28.33	266.29
61.39	163.35	40.21	41.66	14.64	94.92
175.88	281.02	76.36	60.28	27.46	254.82
678.46	1624.50	262.65	275.00	149.05	1259.36
270.63	594.88	101.61	106.24	49.46	495.06
153.70	460.26	116.37	94.81	53.79	459.72
83.82	204.32	44.56	47.74	21.26	180.57
237.30	1153.39	215.18	228.52	129.87	795.49
76.86	158.40	26.82	38.80	18.47	138.86
20.67	115.43	18.17	24.64	13.53	68.58
113.81	236.71	45.01	52.90	23.55	244.25
262.09	628.90	143.91	113.69	46.72	512.06
28.63	222.14	54.42	43.71	24.56	145.89
35.77	295.62	47.22	66.26	21.73	223.24
1.61	18.53	1.44	3.37	0.70	10.24
185.32	240.78	49.62	59.31	29.66	189.52
19.72	133.07	26.40	29.59	10.21	87.01
9.36	31.88	3.98	11.78	2.58	24.14
22.30	45.79	6.09	10.08	4.99	79.80
8.45	40.02	7.32	17.19	6.44	68.88

3-35 续表 1

地区	流动负债合计	应付账款	所有者权益合计	实收资本	国家资本
全国	**8273.02**	**1748.26**	**14619.12**	**5865.54**	**327.65**
北京	408.05	128.07	674.51	204.87	9.82
天津	278.57	73.79	521.93	192.96	14.43
河北	398.43	101.86	516.29	216.54	10.74
山西	140.56	21.94	137.93	46.89	8.86
内蒙古	157.32	24.49	142.20	84.50	3.25
辽宁	227.58	60.67	477.17	115.33	19.69
吉林	388.85	60.09	812.09	1387.33	13.85
黑龙江	201.83	54.10	312.29	86.78	16.98
上海	320.22	90.02	651.09	253.80	39.31
江苏	856.15	201.43	1474.28	477.26	17.79
浙江	640.41	124.76	1032.33	336.37	25.20
安徽	222.08	53.10	288.45	110.76	13.76
福建	79.66	19.21	190.62	65.14	3.25
江西	197.06	43.45	373.95	116.39	3.77
山东	941.48	147.36	1977.55	419.99	9.95
河南	329.69	57.04	866.89	319.62	4.34
湖北	335.67	66.39	514.02	189.56	17.82
湖南	137.38	35.22	317.03	141.77	3.61
广东	609.29	115.19	1172.86	372.34	25.76
广西	113.59	17.70	152.32	53.76	1.74
海南	57.01	18.53	140.73	43.16	1.50
重庆	198.19	33.10	262.47	72.91	5.22
四川	364.72	74.06	585.61	176.19	16.72
贵州	121.72	17.82	226.26	75.35	
云南	174.38	42.53	243.43	72.83	8.31
西藏	8.10	1.04	23.65	8.38	2.40
陕西	152.45	35.43	239.44	73.66	4.08
甘肃	59.58	9.74	146.45	69.40	22.00
青海	21.64	0.37	54.61	11.95	0.01
宁夏	69.63	10.31	33.43	18.05	0.17
新疆	61.76	9.46	57.25	51.69	3.30

单位：亿元

集体资本	法人资本	个人资本	港澳台资本	外商资本	主营业务收入
90.66	**3156.86**	**1448.97**	**299.34**	**542.06**	**25729.53**
0.55	89.94	46.79	13.53	44.23	715.68
0.39	85.89	26.35	2.49	63.41	571.25
2.68	72.99	59.55	56.32	14.27	905.32
2.92	16.11	14.91	0.33	3.74	173.81
5.10	33.86	13.33	28.86	0.10	262.45
2.31	38.57	25.75	25.56	3.45	617.97
3.93	1288.71	66.46	2.68	11.70	1639.18
0.02	18.52	29.99	2.44	18.83	389.68
1.61	93.46	31.23	25.60	62.58	659.35
8.58	168.46	94.78	43.70	143.95	3479.50
10.69	120.91	133.04	12.61	33.91	1158.12
5.01	42.52	44.89	0.42	4.17	715.57
1.53	22.00	19.95	9.51	8.90	263.23
2.43	51.93	55.03	0.42	2.81	1148.29
7.68	174.20	171.33	8.67	48.15	4161.66
4.47	147.30	160.82	1.88	0.80	1976.15
6.13	82.16	65.77	12.13	5.54	1067.38
4.15	73.99	58.91	0.59	0.53	924.54
6.35	153.97	109.05	36.68	40.52	1407.88
1.01	24.21	17.76	4.24	4.80	354.81
1.11	24.21	9.83	2.18	4.32	137.63
0.82	31.69	34.77	0.14	0.28	518.64
2.49	82.52	60.35	3.35	10.77	1164.59
0.96	45.56	25.94	0.28	2.61	334.58
2.14	35.90	21.96	3.37	1.15	255.31
0.50	4.40	1.08			9.91
2.73	35.72	23.65	1.31	6.17	507.53
1.27	33.65	12.40	0.04	0.04	109.14
1.00	9.74	1.20			35.43
	9.55	8.33			36.62
0.09	44.21	3.76		0.33	28.32

3-35 续表 2

地 区	主营业务成本	销售费用	管理费用	财务费用	
					利息收入
全 国	**18207.88**	**2959.88**	**1594.53**	**244.47**	**39.85**
北 京	330.57	191.48	71.43	13.39	3.26
天 津	353.43	104.57	48.56	6.79	0.60
河 北	699.80	81.42	41.29	9.25	2.12
山 西	109.08	25.21	17.36	4.92	0.93
内蒙古	194.12	13.48	14.63	3.34	0.08
辽 宁	417.38	73.15	42.08	6.54	0.51
吉 林	1095.45	265.74	105.21	13.14	-0.40
黑龙江	250.37	40.33	39.94	2.49	0.47
上 海	366.26	135.14	68.71	4.15	2.92
江 苏	2261.51	574.73	258.36	14.99	4.51
浙 江	725.74	174.60	122.56	13.19	4.67
安 徽	581.66	34.27	32.47	5.25	0.72
福 建	177.49	28.30	21.22	2.34	0.51
江 西	892.48	112.16	42.50	7.07	0.57
山 东	3194.11	319.25	163.79	43.24	5.49
河 南	1653.61	64.67	54.09	21.14	0.60
湖 北	801.90	89.62	70.54	12.66	0.63
湖 南	718.03	70.61	51.87	6.93	0.34
广 东	957.70	155.62	95.32	11.15	4.71
广 西	250.06	31.51	24.50	2.58	0.63
海 南	81.45	23.34	12.73	1.03	0.59
重 庆	394.60	41.12	32.85	6.45	0.50
四 川	861.05	98.86	74.17	15.54	2.72
贵 州	194.56	76.44	20.16	3.75	0.33
云 南	158.48	45.23	20.26	3.55	1.02
西 藏	3.24	1.56	1.53	0.05	-0.01
陕 西	336.05	73.09	28.96	5.08	0.15
甘 肃	73.13	5.94	7.02	1.51	0.32
青 海	22.29	3.96	3.06	0.17	
宁 夏	31.59	0.85	3.91	2.08	0.31
新 疆	20.70	3.63	3.46	0.69	0.08

单位：亿元

利息支出	投资收益（损失以"–"号记）	营业利润	利润总额	亏损企业亏损额	平均用工人数（万人）
235.76	**88.52**	**2653.09**	**2717.35**	**90.13**	**230.48**
7.51	24.84	128.64	131.88	8.54	7.36
6.63	1.83	63.32	63.16	1.68	5.75
10.56	3.79	75.49	75.71	2.90	8.72
6.12	0.20	16.62	17.44	1.55	3.19
2.67	-5.09	30.60	30.69	0.03	3.08
4.85	1.04	70.92	72.90	7.13	5.07
9.91	29.95	182.58	170.55	2.61	13.48
3.28	0.36	52.18	55.40	0.89	4.82
7.16	9.04	104.66	108.39	2.87	6.10
16.53	4.58	354.01	362.89	9.45	21.51
21.16	12.40	125.99	135.52	8.37	13.62
4.57	0.20	57.95	60.79	1.89	7.55
3.03	1.09	33.06	34.27	0.72	3.31
6.15	2.11	85.68	91.41	0.83	10.32
36.02	4.83	421.54	426.52	5.58	26.50
15.64	3.55	174.86	176.53	2.82	20.27
8.90	2.55	80.53	89.71	1.90	11.64
5.20	-1.55	63.82	63.15	2.69	6.85
15.94	-7.77	169.03	175.97	9.40	12.89
2.77	-4.85	38.33	39.19	1.61	4.34
1.55	1.63	20.27	21.13	0.72	1.48
6.69	3.25	44.38	47.69	1.26	5.48
16.80	-1.29	106.65	108.59	4.43	12.50
3.62	0.34	36.58	38.43	0.34	3.86
4.06	2.38	28.00	29.70	5.26	2.78
0.05	0.23	3.62	3.69	0.09	0.12
3.65	-0.19	60.02	60.01	0.87	4.68
1.80	-1.05	18.80	19.51	0.78	1.35
0.13	0.07	5.69	6.12	0.28	0.54
2.16	0.01	-0.67	-0.03	1.11	0.62
0.64	0.06	-0.06	0.44	1.53	0.71

3-36 按地区分组的化学

地 区	工业销售产值(当年价格)	出口交货值	资产总计	固定资产合计	固定资产原价
全 国	**7320.83**	**479.01**	**6695.12**	**2367.73**	**3935.58**
北 京	0.51		0.65	0.08	0.26
天 津	19.13	0.27	6.05	1.80	2.31
河 北	91.47	0.65	66.72	22.35	30.75
山 西					
内蒙古	0.52		0.37	0.08	0.14
辽 宁	40.62	1.73	50.39	13.92	21.58
吉 林	57.58	0.19	73.79	31.63	75.89
黑龙江	1.98		3.34	1.30	1.66
上 海	31.03	11.27	48.48	11.98	34.90
江 苏	2597.88	204.03	2136.46	776.33	1496.62
浙 江	2443.02	146.07	2343.54	679.80	976.61
安 徽	91.38	7.41	144.38	64.09	103.46
福 建	960.56	40.57	807.55	329.07	547.80
江 西	86.15	0.02	98.98	40.68	62.90
山 东	256.97	18.28	219.36	93.59	159.85
河 南	93.30	9.12	107.35	55.12	73.24
湖 北	74.84	4.18	62.56	17.02	37.18
湖 南	30.58		19.23	12.75	14.30
广 东	124.85	16.44	121.47	41.99	88.76
广 西	0.86		0.43	0.13	0.12
海 南					
重 庆	10.64	0.01	21.65	10.05	11.14
四 川	200.08	18.01	195.56	92.41	90.90
贵 州	0.19		0.16		
云 南	15.23		10.95	1.61	6.44
西 藏					
陕 西	15.90		18.42	10.55	15.20
甘 肃	1.68		2.01	0.23	0.28
青 海					
宁 夏					
新 疆	73.91	0.76	135.27	59.16	83.27

纤维制造业主要经济指标

单位：亿元

累计折旧	流动资产合计	应收账款	存货	产成品	负债合计
1785.73	**3184.02**	**475.41**	**786.87**	**398.37**	**4018.15**
0.18	0.56	0.29	0.18	0.14	0.31
0.74	4.25	1.23	1.81	1.15	3.88
9.11	23.55	3.47	8.73	4.30	34.80
0.06	0.23	0.08	0.08	0.08	0.29
7.79	19.20	2.67	4.49	3.13	34.69
45.05	32.27	2.55	6.95	2.78	47.71
0.41	0.96	0.10	0.40	0.24	1.31
24.29	31.46	6.52	6.26	3.82	21.17
713.96	999.71	154.02	280.61	133.76	1268.26
437.33	1165.44	145.39	239.41	136.32	1415.22
41.37	52.09	16.18	22.59	17.12	75.57
233.25	395.08	70.13	79.21	45.26	522.04
22.26	45.18	6.22	8.60	2.09	63.65
69.67	97.91	15.31	26.21	11.40	117.27
32.90	42.05	8.59	11.93	7.52	45.42
21.02	23.83	4.66	7.96	4.49	26.43
2.47	3.71	1.05	1.24	0.99	11.25
54.67	61.59	20.05	13.30	7.42	55.50
0.04	0.30	0.07	0.06	0.05	0.43
1.09	8.16	1.33	2.59	1.57	9.15
33.07	95.60	6.72	43.37	6.81	156.44
	0.15		0.14	0.14	0.08
4.83	8.85	0.41	1.39	0.35	1.76
5.23	7.34	0.41	2.37	0.70	10.13
0.07	1.71	0.91	0.58	0.57	1.38
24.89	62.83	7.03	16.40	6.18	94.02

3-36 续表 1

地区	流动负债合计	应付账款	所有者权益合计	实收资本	国家资本
全国	**3387.57**	**520.06**	**2646.87**	**1347.32**	**56.68**
北京	0.24	0.09	0.34	0.18	0.06
天津	3.88	1.19	2.17	1.93	
河北	23.88	3.05	18.98	10.34	2.41
山西					
内蒙古	0.03	0.02	0.09	0.02	0.02
辽宁	29.28	3.66	15.05	6.85	
吉林	42.06	4.41	26.08	12.34	
黑龙江	0.77	0.17	2.03	0.58	
上海	18.76	3.80	27.78	19.64	0.68
江苏	1130.77	128.34	867.36	492.78	22.42
浙江	1248.28	205.39	919.61	375.33	6.94
安徽	54.37	7.78	68.75	29.56	1.48
福建	351.21	39.30	282.55	186.14	2.53
江西	49.29	28.06	35.33	22.01	
山东	97.27	24.41	101.00	48.49	0.49
河南	29.60	9.83	59.05	11.69	3.84
湖北	22.28	4.82	36.13	20.49	4.35
湖南	8.29	1.39	7.71	8.23	
广东	51.35	13.55	65.80	39.62	4.21
广西	0.43	0.28		0.11	
海南					
重庆	6.09	0.50	12.50	6.18	
四川	132.40	16.86	39.12	16.12	
贵州	0.08	0.08	0.08	0.10	
云南	1.61	0.98	9.19	4.27	
西藏					
陕西	4.50	0.71	8.29	5.75	1.74
甘肃	0.98	0.04	0.63	0.56	
青海					
宁夏					
新疆	79.87	21.36	41.24	28.01	5.52

单位：亿元

集体资本	法人资本	个人资本	港澳台资本	外商资本	主营业务收入
10.90	**530.26**	**377.90**	**237.24**	**134.35**	**7206.21**
	0.06	0.06			0.52
	1.54	0.04		0.36	18.79
0.02	2.41	5.50			92.31
					0.51
	2.06	1.36	2.63	0.81	40.85
	11.74	0.60			51.68
		0.58			2.00
1.12	1.81	2.43	9.31	4.30	32.04
3.41	233.28	135.81	65.08	32.77	2561.72
4.07	136.65	137.43	50.45	39.78	2408.29
	8.58	16.59	2.90	0.01	99.45
1.07	46.47	27.17	88.73	20.17	895.27
	1.85	6.87	4.41	8.88	86.62
0.79	20.80	18.97	4.16	3.29	261.66
	2.97	4.14		0.74	93.07
	5.60	2.28		8.26	73.62
	6.01	0.87		1.34	27.07
0.35	9.47	8.32	9.57	7.69	122.87
	0.01	0.10			0.85
	6.05	0.13			10.83
0.07	8.16	3.92		3.97	222.60
	0.04	0.06			0.28
	2.86	0.18		1.23	15.23
	3.11	0.16		0.74	15.88
	0.50	0.06			1.21
	18.22	4.27			70.96

3-36 续表 2

地　区	主营业务成　本	销售费用	管理费用	财务费用	利息收入
全　国	**6505.03**	**82.08**	**207.28**	**132.71**	**15.93**
北　京	0.45	0.02	0.08		
天　津	15.35	0.20	0.71	0.09	
河　北	83.11	1.58	2.37	0.65	0.01
山　西					
内蒙古	0.44		0.06		
辽　宁	35.51	0.65	1.34	1.07	0.05
吉　林	44.37	1.70	2.69	2.42	0.07
黑龙江	1.65	0.08	0.16	0.04	
上　海	25.73	2.24	4.57	0.28	0.02
江　苏	2319.84	31.94	71.45	46.34	4.06
浙　江	2224.68	13.84	47.33	39.47	8.05
安　徽	83.06	2.08	5.73	2.33	0.07
福　建	796.48	6.62	37.15	19.93	1.62
江　西	78.46	0.98	1.70	2.10	0.07
山　东	231.20	4.64	6.93	3.73	0.07
河　南	79.22	2.32	3.52	1.68	0.06
湖　北	64.85	1.38	4.30	1.09	0.05
湖　南	24.33	0.47	0.62	0.21	0.01
广　东	101.99	2.23	6.02	1.81	0.15
广　西	0.80	0.03	0.02	0.01	
海　南					
重　庆	8.78	0.19	0.51	0.04	0.01
四　川	199.32	5.56	5.22	6.79	1.42
贵　州	0.29	0.01	0.01		
云　南	10.25	0.05	0.73	-0.09	0.12
西　藏					
陕　西	12.70	0.09	0.54	0.27	0.01
甘　肃	1.13	0.01	0.03	0.01	
青　海					
宁　夏					
新　疆	61.04	3.17	3.50	2.46	0.04

单位：亿元

利息支出	投资收益（损失以“–”号记）	营业利润	利润总额	亏损企业亏损额	平均用工人数（万人）
120.99	**12.05**	**287.82**	**306.79**	**46.77**	**46.65**
		-0.02	-0.02	0.03	0.01
0.06		2.29	2.27	0.14	0.07
0.50		4.10	4.02	1.83	1.25
					0.01
0.98	0.05	2.25	2.36		0.60
2.44	-0.72	0.74	1.78	0.09	0.85
0.04		0.07	0.07		0.03
0.40	0.63	0.54	0.77	2.15	0.35
40.92	6.55	96.81	102.53	19.41	16.93
41.37	5.45	89.54	96.21	7.48	12.03
2.12	0.34	4.71	5.24	0.30	1.05
15.34	-5.21	28.22	29.10	11.68	4.01
1.07		4.72	4.59		0.57
3.14	1.66	14.67	15.09	0.73	1.73
1.62	1.48	7.21	7.37	0.34	1.77
0.77	1.68	5.55	5.74	0.16	0.83
0.12	0.05	0.93	0.92	0.13	0.29
1.19	-0.01	10.30	10.85	0.47	1.46
		-0.01	-0.02	0.02	0.01
0.03	0.01	1.10	1.15		0.13
6.35	0.06	7.00	7.62	0.26	1.66
		-0.03	-0.02	0.02	0.01
0.02	0.01	4.18	4.18		0.05
0.24		2.12	2.14	0.26	0.08
0.01		0.03	0.03		0.03
2.25	0.01	0.81	2.80	1.27	0.83

3-37 按地区分组的橡胶和

地　　区	工业销售产值(当年价格)	出口交货值	资产总计	固定资产合计	固定资产原价
全　　国	**31442.78**	**3647.12**	**21550.62**	**7512.87**	**12619.11**
北　　京	92.00	9.44	116.53	26.97	50.42
天　　津	584.23	34.32	499.84	195.68	295.14
河　　北	1357.31	59.80	836.79	332.92	456.31
山　　西	61.70	5.44	103.47	39.34	51.33
内 蒙 古	171.03	0.12	85.66	41.33	57.56
辽　　宁	1003.78	53.67	999.82	377.31	671.68
吉　　林	338.12	4.20	164.07	83.70	164.78
黑 龙 江	193.51	1.54	166.65	53.66	92.28
上　　海	855.05	185.90	1178.97	225.35	476.05
江　　苏	2957.03	426.77	2214.83	801.46	1479.76
浙　　江	2740.50	508.98	2433.35	638.20	1058.51
安　　徽	1423.51	121.55	908.77	301.10	656.47
福　　建	1539.14	185.18	926.91	307.91	462.73
江　　西	665.13	38.98	262.65	105.66	165.03
山　　东	6324.81	809.67	3697.10	1547.31	2303.80
河　　南	1924.71	34.13	1239.84	605.18	738.49
湖　　北	1171.84	5.27	588.03	194.76	407.24
湖　　南	629.24	11.05	244.46	116.66	150.96
广　　东	4739.46	1090.09	3091.33	895.90	1780.46
广　　西	321.85	3.10	170.88	40.33	59.12
海　　南	20.57	0.84	16.82	7.62	10.13
重　　庆	482.82	17.10	310.72	134.81	217.98
四　　川	897.77	9.45	436.38	140.04	252.41
贵　　州	185.36	19.06	184.77	54.74	61.05
云　　南	135.83	1.40	93.03	24.40	35.16
西　　藏	0.37		0.75	0.04	0.06
陕　　西	394.27	8.06	329.59	151.79	361.79
甘　　肃	75.87		85.66	21.02	25.78
青　　海	3.09		4.89	0.69	1.61
宁　　夏	30.76	1.48	34.20	11.35	24.45
新　　疆	122.10	0.51	123.84	35.64	50.57

塑料制品业主要经济指标

单位：亿元

累计折旧	流动资产合计	应收账款	存货	产成品	负债合计
5681.39	**11092.55**	**3228.19**	**2459.16**	**1195.74**	**10334.30**
24.06	75.69	26.12	16.43	7.58	62.22
121.07	236.54	60.31	49.94	22.56	288.56
154.19	405.40	138.35	100.97	42.53	336.81
12.73	54.51	17.07	15.68	10.24	61.41
20.73	33.51	7.74	5.56	3.27	28.08
305.72	446.18	89.05	81.69	37.62	499.01
86.26	67.22	22.62	15.26	8.37	76.44
44.98	91.77	20.57	26.52	5.89	92.46
257.24	648.00	214.42	120.79	51.82	497.61
678.85	1197.70	458.73	262.37	117.74	970.14
465.73	1437.55	422.93	289.65	144.66	1396.68
381.32	482.10	182.01	115.45	52.81	413.10
202.02	495.91	130.83	113.83	47.66	437.95
70.91	97.03	29.05	21.73	12.51	92.06
902.56	1752.69	319.43	395.71	239.81	1827.13
168.84	496.05	76.56	55.44	32.19	358.85
228.65	304.85	81.15	77.61	37.98	258.00
44.14	87.30	27.91	22.96	13.85	96.98
937.70	1773.36	644.00	441.15	170.17	1559.19
24.08	91.64	28.78	19.13	11.15	119.17
2.51	6.42	1.63	2.32	0.94	8.11
91.03	137.21	47.94	31.60	19.59	184.13
128.47	222.95	66.37	54.74	29.33	199.82
30.86	105.01	23.83	20.16	13.30	115.64
13.09	52.75	14.09	16.35	10.99	52.41
0.02	0.52	0.01	0.21	0.02	0.49
243.70	142.61	33.14	38.30	22.52	164.52
7.70	55.06	17.03	14.20	8.51	48.35
0.94	3.91	1.33	1.20	0.77	3.88
13.56	20.49	5.60	6.45	4.21	22.13
17.75	70.64	19.57	25.75	15.16	62.97

3-37 续表 1

地区	流动负债合计	应付账款	所有者权益合计	实收资本	国家资本
全国	**8423.45**	**2128.79**	**11022.43**	**5476.12**	**175.37**
北京	54.94	19.39	58.08	32.95	1.66
天津	250.77	59.12	212.55	142.80	16.14
河北	278.09	59.78	497.67	219.78	0.96
山西	39.86	9.52	38.73	26.42	1.04
内蒙古	22.69	3.96	56.96	21.40	0.83
辽宁	333.58	66.49	498.86	300.59	0.62
吉林	58.12	13.79	87.56	37.86	1.55
黑龙江	80.14	29.57	74.19	23.77	0.83
上海	418.18	124.67	677.44	290.26	20.70
江苏	863.31	232.27	1242.53	671.68	8.96
浙江	1270.19	238.61	1031.00	458.11	6.69
安徽	308.76	100.73	484.04	200.48	16.03
福建	368.08	74.80	479.11	237.84	0.99
江西	73.88	17.64	170.27	58.34	0.27
山东	1438.13	264.12	1808.13	477.99	15.39
河南	272.28	51.44	854.60	392.36	7.62
湖北	201.15	52.73	327.49	130.26	3.19
湖南	70.83	17.98	146.91	94.09	1.42
广东	1297.37	519.23	1474.27	755.16	5.53
广西	89.11	16.13	51.82	525.75	4.91
海南	7.19	3.28	8.71	5.49	
重庆	122.29	27.57	122.14	62.95	3.55
四川	151.08	30.96	233.86	103.34	6.20
贵州	77.26	11.95	69.14	31.49	3.62
云南	47.43	11.83	40.62	22.46	0.79
西藏	0.39	0.01	0.26	0.30	
陕西	107.38	29.59	164.96	77.09	33.80
甘肃	38.79	12.57	36.61	23.17	0.59
青海	3.54	0.91	1.01	0.62	
宁夏	21.07	12.06	12.07	13.97	0.01
新疆	57.56	16.08	60.87	37.33	11.48

单位：亿元

集体资本	法人资本	个人资本	港澳台资本	外商资本	主营业务收入
58.78	**1591.23**	**2149.82**	**525.70**	**975.13**	**31015.89**
0.54	11.37	8.07	1.09	10.22	108.94
0.14	24.74	39.75	26.69	35.36	583.39
0.33	90.87	112.86	6.33	8.43	1289.14
1.00	15.45	5.41		3.51	70.35
0.01	11.80	7.52		1.24	169.88
2.39	154.48	38.97	2.60	101.54	984.48
0.34	13.58	12.69	9.38	0.33	327.82
2.14	5.23	11.97	3.37	0.24	191.37
4.40	78.39	44.83	24.09	117.84	880.85
4.72	150.73	161.93	71.16	274.18	2963.77
4.19	117.29	226.28	41.44	62.22	2683.61
3.88	68.56	81.07	5.20	25.74	1401.81
1.77	70.54	56.79	50.34	57.42	1514.58
0.13	20.41	28.74	8.06	0.73	670.51
9.44	172.63	235.18	22.13	23.23	6248.68
1.76	149.50	231.47	1.34	0.66	1884.83
2.87	50.54	70.00	1.98	1.68	1113.81
2.12	44.94	25.19	2.09	18.33	616.82
7.86	189.12	109.77	241.20	201.68	4667.57
0.65	10.95	508.22	0.01	1.01	308.09
0.08	5.36	0.04		0.01	20.35
2.02	21.91	16.21	2.21	16.95	470.65
0.98	43.47	48.32	2.76	1.61	890.60
0.04	11.17	15.40	0.61	0.65	180.76
2.43	8.68	9.03	0.28	1.26	130.63
		0.30			0.31
0.81	20.43	21.68	0.24	0.14	408.69
1.36	9.40	11.11		0.70	73.65
0.02	0.15	0.45			3.24
0.01	3.63	4.15	0.24	5.93	30.18
0.36	15.90	6.43	0.86	2.30	126.51

3-37 续表 2

地 区	主营业务成本	销售费用	管理费用	财务费用	利息收入
全 国	**26664.15**	**761.75**	**1201.77**	**296.01**	**22.80**
北 京	94.10	3.98	9.52	0.59	0.24
天 津	497.82	11.41	24.39	7.19	0.01
河 北	1114.94	21.69	31.26	11.55	0.25
山 西	62.13	1.65	3.01	2.36	-0.10
内蒙古	134.55	5.00	8.84	0.85	-0.04
辽 宁	854.04	28.06	49.16	10.57	1.85
吉 林	285.25	7.50	14.65	3.20	0.08
黑龙江	166.32	4.89	7.28	1.74	-0.23
上 海	709.79	37.55	78.00	7.43	2.25
江 苏	2512.11	81.48	141.11	23.71	3.12
浙 江	2293.08	72.96	125.81	43.68	5.45
安 徽	1192.93	41.79	56.95	12.36	0.57
福 建	1306.62	36.53	59.99	10.99	1.79
江 西	595.04	9.45	12.12	3.23	0.06
山 东	5475.90	115.55	134.02	76.72	2.96
河 南	1616.05	37.72	35.66	11.74	0.23
湖 北	943.73	31.66	41.83	13.27	0.14
湖 南	518.79	15.65	22.67	4.61	0.05
广 东	4043.18	114.96	234.33	22.10	2.06
广 西	260.36	5.61	11.45	2.94	0.20
海 南	18.07	0.55	0.77	0.18	
重 庆	400.84	13.34	16.96	6.93	0.03
四 川	750.29	32.93	33.38	9.10	0.34
贵 州	157.72	6.59	9.87	2.10	0.39
云 南	119.81	2.34	4.14	1.32	0.10
西 藏	0.21	0.01	0.04	0.03	
陕 西	338.69	13.38	24.92	2.76	0.91
甘 肃	63.89	2.68	2.99	1.40	0.02
青 海	2.95	0.13	0.14	0.04	
宁 夏	27.41	1.15	1.21	0.31	0.01
新 疆	107.53	3.55	5.32	1.02	0.05

单位：亿元

利息支出	投资收益（损失以"-"号记）	营业利润	利润总额	亏损企业亏损额	平均用工人数（万人）
268.52	**-0.58**	**1938.87**	**1962.38**	**123.92**	**339.68**
0.77	0.48	1.80	2.20	1.90	1.85
6.23	0.91	40.35	40.43	6.98	6.18
10.18	-1.74	104.15	106.13	3.23	11.53
1.98	0.05	0.58	0.66	2.17	1.14
0.76	-1.39	17.27	11.66	0.52	1.01
11.28	-0.46	38.04	39.76	11.70	11.24
2.51	0.21	15.91	15.34	1.03	2.24
1.66	0.04	12.18	12.42	1.22	1.82
8.94	7.86	58.45	61.12	8.49	11.74
22.66	0.94	193.27	195.17	17.69	35.59
44.33	6.81	143.31	149.74	9.41	33.59
10.47	0.23	94.15	97.09	2.10	13.79
11.03	-1.70	99.69	103.45	2.14	17.08
2.23	-0.82	45.28	46.49	0.31	5.69
66.57	0.78	411.48	415.92	6.20	38.40
9.28	0.33	170.71	170.53	1.94	18.37
9.63	0.94	75.66	76.26	0.86	10.80
2.94	-0.06	38.01	35.14	0.63	5.24
19.90	1.69	232.17	234.22	28.26	84.80
2.46	-14.51	15.79	15.88	1.56	3.11
0.17		0.61	0.64	0.39	0.22
4.84	-1.01	28.20	29.14	5.50	5.27
8.05	-0.81	58.82	57.56	1.10	8.66
2.39	0.31	3.61	4.45	3.41	2.09
1.32	0.08	2.96	3.22	1.40	2.35
0.03		0.01	0.01		
3.51	0.19	25.53	25.67	0.49	3.07
1.12	0.01	2.00	2.31	0.43	0.86
0.03		-0.03	-0.01	0.02	0.05
0.26		0.04	0.15	1.42	0.52
0.97	0.07	8.86	9.66	1.42	1.38

3-38 按地区分组的非金属矿物

地区	工业销售产值(当年价格)	出口交货值	资产总计	固定资产合计	固定资产原价
全　国	**59988.20**	**1821.54**	**49076.71**	**19795.86**	**29845.90**
北　京	391.99	9.46	956.49	96.37	194.48
天　津	400.21	14.58	497.82	178.04	268.10
河　北	1969.25	68.79	2278.78	1125.12	1550.18
山　西	326.59	13.43	678.33	314.17	441.75
内蒙古	720.54	5.72	844.18	391.80	532.72
辽　宁	2216.83	112.69	1834.77	755.49	1069.16
吉　林	1635.35	2.86	1172.05	444.24	1140.86
黑龙江	507.62	3.32	608.56	235.81	304.74
上　海	543.90	61.68	728.75	125.50	268.41
江　苏	4723.32	194.61	3658.19	1298.35	2332.45
浙　江	1938.82	120.19	2459.62	667.23	1034.86
安　徽	2323.27	25.18	2116.69	868.11	1296.49
福　建	2843.77	279.98	2101.29	632.56	948.18
江　西	2691.47	52.41	1789.15	897.46	1254.29
山　东	7927.89	167.68	5007.49	2131.57	3255.03
河　南	8780.77	43.69	6074.14	2577.47	3164.06
湖　北	3138.38	25.19	1912.18	840.69	1407.53
湖　南	2759.45	65.96	1633.76	832.13	1100.22
广　东	4826.13	470.91	3577.27	1303.25	2381.94
广　西	1640.68	49.44	1013.39	465.29	687.10
海　南	126.48	0.03	184.81	64.26	87.88
重　庆	1118.61	13.64	1125.64	504.58	691.65
四　川	2765.85	10.37	2141.23	944.75	1478.36
贵　州	985.78	0.28	922.64	427.33	507.83
云　南	453.69	0.47	726.38	362.57	491.55
西　藏	28.35		46.16	19.84	30.38
陕　西	1159.11	0.74	794.19	410.47	737.66
甘　肃	365.09	5.50	583.78	236.46	310.43
青　海	159.02		282.34	148.33	200.18
宁　夏	123.35	2.73	231.89	88.54	139.17
新　疆	396.65		1094.75	408.10	538.23

制品业主要经济指标

单位：亿元

累计折旧	流动资产合计	应收账款	存货	产成品	负债合计
11569.26	**22356.36**	**6698.60**	**4134.08**	**1961.79**	**25725.10**
99.15	696.58	334.65	90.25	22.26	586.65
96.17	266.56	114.82	49.21	18.85	298.84
494.64	851.04	243.17	183.67	78.30	1301.99
145.05	285.96	96.39	73.68	34.48	515.34
167.38	302.35	59.66	67.65	27.29	537.68
466.54	871.12	268.47	168.70	90.94	1026.94
722.91	645.37	112.05	143.64	43.58	692.57
98.86	263.24	74.35	53.38	19.22	375.97
150.27	519.15	231.82	85.35	39.06	417.99
1038.28	1934.42	791.36	298.87	129.20	2040.62
431.27	1430.56	589.70	215.92	108.46	1487.17
485.16	959.39	302.17	167.08	77.98	1093.96
374.91	1082.06	276.71	249.12	135.98	993.00
446.81	635.70	153.13	124.36	67.46	772.84
1308.53	2072.68	547.53	404.66	211.28	2348.19
784.38	2772.47	518.47	338.11	171.12	2279.74
605.91	733.83	219.87	155.28	83.54	866.33
320.59	535.59	155.15	136.18	61.05	741.92
1151.28	1807.15	478.70	432.27	205.17	2024.45
252.01	429.19	132.79	90.53	44.54	505.64
35.32	80.51	21.37	6.98	3.01	83.77
243.90	481.50	176.21	67.49	34.04	708.34
642.25	876.75	270.10	191.03	101.96	1132.97
113.58	340.72	99.38	51.87	24.10	606.76
161.98	257.66	65.75	52.84	22.86	510.91
10.70	22.65	5.50	4.10	0.78	20.27
369.10	274.37	98.06	66.33	32.37	386.60
90.08	264.78	77.71	55.47	24.96	327.94
59.72	93.57	27.09	17.28	5.29	204.75
51.67	113.84	42.88	24.80	13.21	131.71
150.85	455.61	113.59	68.00	29.44	703.26

3-38 续表 1

地 区	流动负债合 计	应付账款	所 有 者权益合计	实收资本	国家资本
全 国	**20449.59**	**5096.75**	**23046.90**	**11516.97**	**1046.33**
北 京	538.39	246.46	363.98	175.47	38.19
天 津	262.41	85.76	196.98	142.20	10.46
河 北	1070.68	228.81	975.36	479.99	58.99
山 西	387.13	94.10	163.60	173.14	33.21
内 蒙 古	427.38	96.91	305.69	281.94	21.47
辽 宁	829.27	170.89	796.80	394.33	18.17
吉 林	491.97	97.09	474.95	271.81	14.23
黑 龙 江	334.60	71.23	232.48	128.93	18.62
上 海	390.73	163.79	307.99	200.53	25.90
江 苏	1852.63	415.37	1611.01	852.67	46.42
浙 江	1300.21	360.66	964.78	506.92	26.93
安 徽	862.55	224.04	980.69	482.67	98.55
福 建	851.76	193.00	1103.67	752.68	14.87
江 西	576.17	121.41	992.86	441.32	39.53
山 东	1731.76	400.94	2609.20	962.80	72.25
河 南	1622.90	306.30	3720.38	1340.59	75.00
湖 北	616.84	183.06	1038.37	682.86	25.24
湖 南	545.16	131.06	890.56	469.36	24.66
广 东	1648.17	462.00	1522.43	735.47	36.84
广 西	384.84	123.97	507.29	198.16	21.83
海 南	66.91	18.34	101.04	37.82	18.19
重 庆	563.90	138.32	414.22	217.94	22.87
四 川	864.68	210.55	987.60	464.97	44.25
贵 州	428.94	101.89	315.43	205.50	43.38
云 南	429.18	92.05	215.44	165.57	50.97
西 藏	14.52	7.83	25.89	9.56	6.56
陕 西	291.91	73.33	405.96	219.21	38.67
甘 肃	227.39	70.91	255.82	138.55	40.53
青 海	145.73	57.73	76.53	37.73	15.60
宁 夏	122.84	43.72	98.07	61.62	3.33
新 疆	568.02	105.21	391.81	284.63	40.64

单位：亿元

集体资本	法人资本	个人资本	港澳台资本	外商资本	主营业务收入
251.84	**4592.78**	**4297.12**	**599.20**	**729.57**	**58877.11**
4.25	71.14	51.14	2.15	8.59	451.13
1.35	49.03	41.28	20.25	19.83	382.11
22.92	168.91	187.04	7.20	34.94	1910.93
5.52	63.17	62.72	0.60	7.92	321.56
15.44	203.19	39.59		2.25	718.01
7.12	127.72	179.42	19.95	41.96	2243.78
2.58	62.15	189.24	1.80	1.81	1552.30
1.77	52.22	51.45	0.02	4.85	493.44
0.65	47.93	40.13	20.18	65.75	569.60
15.02	231.64	337.24	87.00	135.35	4668.92
8.85	236.74	172.15	33.53	28.72	1874.60
10.68	132.94	181.36	47.02	12.12	2284.37
7.00	188.67	445.87	57.27	39.01	2851.72
7.45	203.20	158.38	29.75	3.01	2705.88
31.87	361.48	410.84	27.43	58.94	7978.30
6.20	587.96	663.53	3.29	4.48	8618.09
14.68	414.76	188.50	9.11	30.57	2944.03
17.17	252.11	171.35	2.26	1.82	2735.39
10.26	297.62	147.92	150.94	91.89	4697.52
7.29	75.09	50.63	28.74	14.57	1548.59
0.20	9.00	4.74	3.09	2.60	113.44
10.99	99.90	56.64	12.60	14.95	1103.35
14.01	192.13	141.84	17.70	55.05	2710.50
9.36	77.21	60.28	7.17	8.10	941.83
3.19	51.96	38.58	0.08	20.79	436.80
0.77	1.04	1.19			26.77
3.02	80.01	75.30	6.93	15.30	1077.42
4.35	61.31	30.00	2.36		300.27
	10.37	11.76			100.62
0.45	42.42	11.81	0.78	2.82	115.56
7.43	139.76	95.21		1.59	400.27

3-38 续表 2

地区	主营业务成本	销售费用	管理费用	财务费用	
					利息收入
全国	**50230.86**	**1637.60**	**2124.96**	**741.67**	**44.70**
北京	387.76	19.89	36.13	6.06	1.70
天津	322.08	10.06	19.99	4.91	0.27
河北	1648.35	48.01	85.57	42.86	1.20
山西	284.54	12.43	21.54	15.78	0.57
内蒙古	597.56	16.32	36.96	13.17	0.51
辽宁	1958.03	62.74	79.85	24.21	0.66
吉林	1351.96	42.49	65.16	29.56	-0.58
黑龙江	421.84	12.71	21.62	6.86	0.28
上海	476.64	23.34	44.07	3.63	0.87
江苏	4020.32	112.29	171.53	55.26	6.49
浙江	1585.69	65.13	90.63	39.79	4.35
安徽	1942.41	73.31	87.34	27.71	1.17
福建	2409.73	89.59	113.92	24.67	2.09
江西	2319.15	52.89	64.99	19.39	2.66
山东	6940.13	167.80	204.46	82.42	4.08
河南	7380.30	206.74	171.52	73.34	2.84
湖北	2465.62	103.32	118.28	41.22	1.44
湖南	2209.76	107.49	122.43	34.07	1.11
广东	4036.36	123.58	183.48	40.55	2.83
广西	1257.01	47.38	67.80	14.16	0.71
海南	97.98	4.53	4.90	2.41	0.09
重庆	909.14	32.36	50.42	21.06	1.40
四川	2318.35	81.06	100.77	44.81	1.85
贵州	800.27	32.51	41.97	19.01	0.94
云南	377.58	15.11	23.74	13.80	0.48
西藏	18.35	1.25	1.28	0.22	-0.02
陕西	918.40	31.24	41.38	12.07	0.86
甘肃	253.74	13.75	18.57	6.25	0.32
青海	79.60	5.86	5.46	3.85	-0.14
宁夏	98.08	7.11	6.62	3.18	0.19
新疆	344.11	15.30	22.57	15.38	3.46

单位：亿元

利息支出	投资收益（损失以“-”号记）	营业利润	利润总额	亏损企业亏损额	平均用工人数（万人）
646.36	**63.60**	**3682.09**	**3789.36**	**434.71**	**589.86**
6.97	12.44	9.49	14.82	10.23	4.89
3.64	0.14	21.56	22.60	9.04	3.81
40.68	-1.70	73.70	83.46	43.27	23.97
13.72	0.16	-14.37	-11.64	27.48	8.26
12.36	-6.17	41.60	25.79	18.27	5.70
18.80	-6.70	99.04	100.38	21.51	18.29
26.51	10.97	55.02	56.13	9.65	9.97
5.75	0.23	28.11	33.48	6.84	4.70
4.09	5.71	26.84	29.30	9.96	5.51
46.02	0.57	281.72	295.55	30.62	40.58
44.47	4.26	101.25	109.12	11.09	19.13
22.20	2.51	138.00	151.83	12.01	23.08
25.78	22.81	202.80	201.56	27.79	34.82
17.48	0.06	231.58	234.87	4.36	25.21
64.67	11.02	543.15	556.64	29.04	59.32
62.37	3.28	722.76	734.24	16.21	78.81
24.38	1.29	183.23	191.41	7.55	26.30
27.55	-1.44	157.52	154.39	8.70	35.60
34.09	1.17	287.12	291.65	19.78	61.14
12.36	-1.85	147.19	148.54	3.00	19.57
2.27	0.03	1.82	2.78	5.98	0.82
20.15	-0.41	80.23	83.12	9.33	12.94
37.64	1.28	140.10	139.16	18.82	29.22
16.41	0.36	38.61	40.07	13.70	8.57
13.63	0.10	3.53	6.13	16.25	6.35
0.25		5.24	5.22	0.35	0.26
10.14	0.13	61.56	64.38	8.63	9.95
7.10	0.43	6.08	8.86	7.32	4.45
3.26	-3.22	1.44	3.06	3.25	1.21
3.32	0.01	-0.37	2.45	3.83	1.56
18.33	6.12	6.55	9.99	20.88	5.88

3-39 按地区分组的黑色金属冶炼和

地 区	工业销售产值（当年价格）	出口交货值	资产总计	固定资产合计	固定资产原价
全 国	**61257.31**	**2410.81**	**64748.32**	**26641.59**	**44069.21**
北 京	101.64	7.42	110.56	48.28	81.70
天 津	4156.11	138.94	4768.77	1387.16	1530.82
河 北	10131.21	403.85	10883.52	5779.92	8153.73
山 西	1767.75	118.38	2672.85	1226.95	1965.83
内蒙古	1454.53	25.12	3305.10	712.87	1269.82
辽 宁	3179.54	358.88	5795.51	1886.42	3938.80
吉 林	712.53	6.70	783.10	405.48	850.36
黑龙江	134.21	8.39	432.46	129.05	189.81
上 海	1182.83	110.53	2224.19	643.04	2101.54
江 苏	9153.52	530.28	6444.10	2746.90	4761.36
浙 江	2129.15	95.76	1571.95	485.06	793.63
安 徽	1911.77	57.89	1550.19	864.41	1588.21
福 建	1560.84	24.85	1018.39	386.59	598.72
江 西	1068.03	30.50	764.61	341.07	646.70
山 东	4564.07	146.97	5068.53	2028.98	3069.63
河 南	3484.17	34.08	2423.33	1175.58	1543.29
湖 北	2054.82	54.21	2705.68	1251.68	2386.26
湖 南	1411.36	62.87	1115.02	573.91	961.27
广 东	2250.01	115.00	1818.16	700.22	1217.71
广 西	2397.21	12.61	1152.02	415.50	628.96
海 南	12.21		11.34	3.68	3.96
重 庆	690.05	13.47	723.53	428.75	685.65
四 川	2132.65	35.41	2446.46	939.02	2093.37
贵 州	631.29		414.84	138.74	207.64
云 南	630.91	1.75	887.71	370.18	509.59
西 藏	0.56		0.26	0.03	0.05
陕 西	908.15	4.48	603.28	281.73	392.94
甘 肃	706.38	3.84	1274.69	593.58	947.45
青 海	169.75	0.05	365.29	144.89	243.22
宁 夏	243.78	6.52	398.81	93.74	109.84
新 疆	326.29	2.07	1014.06	458.16	597.35

压延加工业主要经济指标

单位：亿元

累计折旧	流动资产合计	应收账款	存货	产成品	负债合计
19750.83	**24672.85**	**3066.69**	**6689.21**	**2429.09**	**43762.63**
33.51	44.99	15.38	18.98	6.71	102.81
500.05	2256.41	156.65	590.34	309.02	3726.08
3127.84	3389.96	280.70	1073.07	278.42	6968.34
865.56	886.40	118.88	254.87	116.13	2131.27
617.15	1213.02	165.87	257.68	87.53	2175.17
2221.22	2096.31	193.00	585.55	208.25	3972.60
448.36	153.24	24.45	40.72	12.94	608.38
63.12	197.30	29.28	64.20	35.76	400.45
1459.73	800.28	196.68	171.23	50.89	929.99
2043.13	2878.28	384.08	662.22	264.54	3951.61
331.76	896.64	193.93	252.96	101.96	966.46
802.20	582.83	70.79	148.81	54.39	895.80
219.61	422.49	54.55	130.08	53.43	680.81
318.04	308.56	29.12	69.77	23.05	493.50
1201.44	2253.80	233.65	451.46	185.26	3302.19
608.98	1020.64	102.92	232.09	102.34	1207.08
1149.94	838.34	143.75	338.33	123.79	1933.12
409.44	403.73	60.92	107.90	24.85	822.38
565.91	598.53	102.68	178.92	57.59	1240.35
227.27	555.94	66.81	194.66	60.70	819.59
0.42	3.99	0.25	1.83	1.15	8.14
261.56	223.70	26.70	99.50	17.20	553.11
1190.46	891.08	189.45	198.82	65.29	2012.08
94.29	190.76	27.13	44.34	18.02	303.37
166.21	365.48	50.54	123.55	32.48	664.83
0.02	0.23	0.02	0.21	0.10	0.25
161.16	267.33	50.75	72.20	23.32	463.96
357.56	305.59	34.99	111.55	32.93	920.33
101.11	112.51	11.28	35.99	12.82	311.70
29.09	243.74	32.76	75.87	18.71	323.40
174.70	270.74	18.74	101.52	49.51	873.48

3-39 续表 1

地区	流动负债合计	应付账款	所有者权益合计	实收资本	国家资本
全国	**35060.66**	**7640.05**	**20854.83**	**11013.00**	**2679.34**
北京	47.17	29.13	7.35	34.13	26.23
天津	3051.43	502.90	1041.39	540.11	139.35
河北	5661.25	1554.10	3901.22	1544.94	374.72
山西	1356.11	307.56	538.41	303.11	86.72
内蒙古	1751.45	554.22	1128.88	672.69	477.58
辽宁	3119.76	410.23	1819.17	1028.75	137.47
吉林	447.39	191.79	179.69	160.48	5.05
黑龙江	356.19	95.15	32.01	41.24	9.12
上海	866.75	215.48	1287.30	474.44	225.96
江苏	3410.20	653.78	2487.42	981.70	30.72
浙江	903.26	155.10	599.22	402.99	22.37
安徽	660.20	142.01	641.59	266.72	54.86
福建	516.75	97.10	321.67	223.40	72.55
江西	423.35	116.33	270.20	155.38	45.30
山东	2819.19	535.71	1750.31	630.43	159.53
河南	983.21	152.63	1203.94	769.40	59.26
湖北	1564.81	274.83	762.93	369.04	220.15
湖南	701.26	107.97	291.68	189.64	29.76
广东	947.51	213.17	571.72	483.17	20.87
广西	681.69	115.94	328.36	144.45	41.59
海南	6.24	0.44	3.20	3.75	
重庆	398.36	129.27	170.17	78.45	3.53
四川	1223.90	327.20	431.77	533.72	144.26
贵州	229.97	67.45	109.50	88.34	11.21
云南	559.76	143.19	222.07	174.91	57.94
西藏	0.25		0.01	0.03	
陕西	404.65	102.06	136.55	154.68	33.13
甘肃	747.32	170.49	354.15	204.75	140.88
青海	251.17	61.93	53.59	56.04	38.45
宁夏	213.21	52.53	67.70	79.90	1.00
新疆	756.92	160.37	141.67	222.22	9.79

单位：亿元

集体资本	法人资本	个人资本	港澳台资本	外商资本	主营业务收入
529.67	**4658.36**	**2393.10**	**270.94**	**481.59**	**63001.33**
0.04	0.82	1.43		5.61	106.76
6.97	269.28	105.46	1.18	17.86	4493.92
27.55	659.39	394.90	34.14	54.25	10075.51
5.57	80.90	125.40	4.40	0.13	1938.73
0.71	128.10	43.94	1.90	20.46	1431.18
201.58	579.88	91.24	2.03	16.57	3315.82
0.45	149.78	4.06		1.13	548.08
0.22	16.73	15.16			140.30
13.64	153.26	28.46	4.43	48.69	1423.86
103.57	314.21	314.37	103.56	115.28	9554.59
9.59	186.05	130.47	25.60	28.90	2054.99
0.12	91.79	89.02	18.27	12.66	1965.09
3.75	57.72	42.43	29.96	16.98	1557.20
32.63	58.69	15.75	0.55	2.46	1258.42
21.00	258.18	178.17	4.55	8.99	4809.38
0.53	313.82	387.34	0.16	8.29	3453.35
1.35	52.07	45.37	2.13	47.97	2046.69
1.54	132.91	24.68	0.02	0.73	1374.44
0.28	339.93	27.60	34.83	59.67	2143.78
2.43	35.69	56.69	2.77	5.29	2283.89
	2.43	1.32			8.58
1.11	50.37	23.44			662.51
4.64	316.57	65.68	0.33	2.24	2283.16
3.27	54.96	18.86		0.04	581.05
25.22	53.68	32.55		5.52	650.64
		0.03			0.56
0.09	61.00	58.84	0.13	1.49	962.76
47.96	10.57	5.35			1131.00
0.85	10.02	6.73			172.04
5.96	43.93	28.62		0.39	232.26
7.05	175.63	29.75			340.79

3-39 续表 2

地　区	主营业务成　本	销售费用	管理费用	财务费用	利息收入
全　国	**58497.93**	**796.38**	**1663.40**	**1142.59**	**140.79**
北　京	105.82	4.04	3.15	1.77	0.15
天　津	4164.47	15.49	53.51	51.50	23.43
河　北	9331.41	60.64	207.46	158.89	5.30
山　西	1859.26	31.99	70.58	55.73	4.17
内蒙古	1370.91	29.45	42.97	37.04	10.37
辽　宁	3066.32	75.22	144.21	128.74	11.87
吉　林	525.57	5.32	16.58	6.82	1.11
黑龙江	130.78	4.45	6.05	5.34	0.80
上　海	1325.01	12.97	61.18	22.18	11.32
江　苏	8634.03	126.20	214.94	122.80	20.18
浙　江	1900.12	18.50	56.01	26.64	5.38
安　徽	1841.05	25.37	38.96	17.82	3.53
福　建	1472.17	14.05	27.72	22.28	1.11
江　西	1180.37	9.71	29.08	10.81	5.02
山　东	4480.14	55.55	101.26	101.84	18.03
河　南	3142.22	45.47	65.77	41.67	3.58
湖　北	1931.46	36.32	89.96	71.36	4.80
湖　南	1231.00	25.58	46.23	30.90	3.33
广　东	1962.46	32.12	45.58	29.41	1.01
广　西	2061.85	39.14	98.00	24.04	2.22
海　南	8.53	0.11	0.21	0.38	0.01
重　庆	637.76	7.35	13.52	7.94	0.54
四　川	2139.84	40.76	94.74	53.52	-4.98
贵　州	556.92	5.77	12.91	5.51	0.18
云　南	654.84	10.24	18.47	16.71	2.33
西　藏	0.51		0.04		
陕　西	896.73	13.45	21.54	12.33	-0.16
甘　肃	1127.70	28.73	52.88	40.25	4.86
青　海	168.36	4.84	5.83	8.73	0.03
宁　夏	225.80	5.09	5.90	6.52	0.12
新　疆	364.53	12.48	18.17	23.09	1.14

单位：亿元

利息支出	投资收益（损失以"–"号记）	营业利润	利润总额	亏损企业亏损额	平均用工人数（万人）
1029.14	**-132.55**	**588.56**	**589.94**	**1409.59**	**364.90**
1.70	-0.01	-8.90	-8.03	11.30	0.56
61.74	-4.69	224.35	223.20	17.06	13.91
140.60	-226.70	113.67	103.20	90.61	58.88
45.14	11.58	-84.41	-81.32	94.28	15.94
46.94	1.71	-58.17	-54.53	91.90	11.62
104.24	40.90	-75.92	-39.97	115.90	31.20
5.17	0.29	-6.42	-2.46	15.29	3.76
5.53	-3.11	-8.58	-7.61	9.70	1.99
14.38	20.74	15.96	16.61	25.97	3.78
109.19	-8.26	411.67	333.65	70.86	37.94
28.36	1.55	51.11	53.86	18.64	12.70
18.61	-10.01	1.77	13.22	59.37	11.83
19.19	3.60	18.83	9.87	42.50	9.40
12.87	0.19	22.74	24.85	16.14	6.51
100.17	15.37	89.81	116.05	36.59	26.69
37.60	1.97	144.57	147.79	24.16	21.59
58.36	9.49	-96.95	-88.59	127.43	16.23
24.19	0.79	14.42	14.66	38.67	11.21
21.09	-5.46	62.30	62.33	43.70	10.95
21.48	5.96	61.94	62.24	31.00	7.66
0.36		-0.64	-0.65	0.76	0.08
8.25	-0.83	-8.80	-6.44	40.88	4.25
38.83	-6.28	-58.51	-52.72	91.31	16.70
3.34	1.75	-3.57	0.27	11.56	4.21
17.35	0.59	-48.37	-47.79	50.90	5.89
		0.01	0.01		0.01
10.76	-0.01	28.33	4.81	21.71	4.99
37.78	13.67	-109.39	-108.02	108.88	5.68
6.61	-2.09	-19.15	-18.64	19.36	2.04
5.88	0.53	-9.13	-7.15	8.95	2.65
23.42	4.21	-76.02	-72.76	74.23	4.05

3-40 按地区分组的有色金属冶炼和

地区	工业销售产值(当年价格)	出口交货值	资产总计	固定资产合计	固定资产原价
全国	**46480.99**	**1095.70**	**37996.29**	**13162.28**	**19070.77**
北京	64.21	10.16	79.67	9.97	17.64
天津	892.73	16.18	348.83	68.77	93.09
河北	502.73	12.31	296.68	109.21	170.02
山西	577.54	0.95	854.14	415.35	609.84
内蒙古	1447.92	9.97	1592.09	675.62	993.66
辽宁	799.11	33.92	1292.86	293.68	392.11
吉林	179.87	2.88	638.34	194.23	267.77
黑龙江	36.01	1.73	88.40	47.44	58.71
上海	379.49	49.87	300.57	79.85	134.43
江苏	4029.72	169.85	1951.50	514.55	917.43
浙江	2443.47	123.19	1487.96	264.75	383.65
安徽	2077.95	41.41	1265.03	322.69	472.46
福建	1412.29	70.47	1237.67	290.36	405.61
江西	4635.24	100.46	2937.63	1088.87	1668.11
山东	6607.06	40.91	4467.69	1924.43	2424.38
河南	4914.65	59.02	4238.31	1470.37	2146.51
湖北	837.39	11.23	597.92	164.51	244.60
湖南	2802.51	42.08	1219.46	448.86	608.15
广东	3112.68	145.70	1916.58	601.84	1060.08
广西	1129.49	18.26	1166.15	523.83	713.83
海南	3.50		5.30	2.59	3.41
重庆	736.86	40.85	538.97	278.15	374.05
四川	643.86	12.60	600.34	147.61	192.17
贵州	421.45	0.31	471.99	243.74	313.36
云南	1295.96	12.51	1829.23	575.59	792.83
西藏					
陕西	1288.83	20.06	1148.92	377.02	528.63
甘肃	1468.88	31.77	2541.37	902.90	1199.40
青海	638.82	9.68	827.97	332.00	845.53
宁夏	296.53	4.11	666.82	164.46	261.60
新疆	804.25	3.25	1387.92	629.06	777.70

压延加工业主要经济指标

单位：亿元

累计折旧	流动资产合计	应收账款	存货	产成品	负债合计
7124.24	**18418.82**	**2813.48**	**5312.71**	**1818.38**	**24594.53**
7.72	49.00	14.77	13.65	4.47	34.76
32.90	233.31	48.52	44.90	17.24	237.94
72.74	126.11	32.14	39.87	13.06	167.41
220.54	279.23	33.85	125.88	47.16	637.25
368.09	576.54	81.09	185.31	68.67	1037.04
149.20	671.85	93.00	95.79	33.14	783.24
85.97	386.39	51.13	67.73	26.64	489.32
11.53	28.42	4.75	10.83	3.02	60.75
57.85	193.74	53.51	54.18	18.34	170.92
409.96	1200.39	319.18	247.96	91.73	1161.97
146.13	981.11	197.23	216.24	75.61	989.96
167.72	597.58	81.51	186.84	37.51	901.95
122.44	568.67	74.91	137.97	49.54	729.36
689.11	1599.65	255.52	428.77	148.12	1572.73
859.22	2032.71	235.79	624.42	136.93	2453.07
836.67	2146.70	315.73	411.05	91.48	2760.60
86.98	315.88	41.19	94.59	32.50	406.70
206.38	586.89	69.02	210.57	49.17	661.56
494.88	1116.50	223.64	410.35	228.35	1341.25
251.97	502.96	52.38	168.53	61.25	960.21
0.83	0.75	0.18	0.06	0.02	2.71
120.11	199.75	56.78	54.74	26.05	362.19
81.49	335.89	46.61	70.95	27.69	354.66
105.04	155.04	25.40	40.16	11.31	335.28
238.10	726.37	75.73	243.71	86.24	1277.30
174.03	546.47	66.35	229.59	79.77	661.33
347.60	1193.61	121.84	542.02	258.63	1792.56
523.52	279.66	43.94	73.39	25.60	659.75
91.39	216.39	27.78	135.90	16.63	578.22
164.11	571.25	70.03	146.75	52.52	1012.54

3-40 续表 1

地　区	流动负债合　计	应付账款	所 有 者权益合计	实收资本	国家资本
全　国	**19036.08**	**3324.11**	**13344.56**	**7152.34**	**1503.65**
北　京	29.86	14.39	44.91	15.11	1.71
天　津	186.88	37.36	110.71	75.07	2.92
河　北	136.60	18.76	128.48	71.01	14.76
山　西	394.93	100.50	218.33	163.74	50.88
内蒙古	794.23	163.72	552.66	1371.54	77.57
辽　宁	614.71	68.42	506.96	252.37	19.80
吉　林	412.24	25.47	149.02	35.83	1.33
黑龙江	41.88	6.13	27.65	21.20	17.05
上　海	152.59	41.83	127.58	80.69	15.57
江　苏	1027.50	147.00	780.61	434.18	6.70
浙　江	925.72	132.71	496.91	254.86	4.39
安　徽	621.48	83.57	359.48	160.48	57.64
福　建	454.79	69.17	494.45	179.74	28.40
江　西	1301.41	227.22	1360.38	369.20	65.17
山　东	1857.41	261.00	2011.73	526.51	36.60
河　南	2200.08	319.73	1450.29	630.06	91.27
湖　北	333.05	36.26	188.47	121.08	77.62
湖　南	468.84	69.35	555.83	258.52	45.28
广　东	1158.33	167.05	586.58	285.14	29.66
广　西	757.28	134.07	205.41	185.52	102.94
海　南	2.68	0.12	2.59	0.48	
重　庆	245.31	54.70	172.55	102.19	52.30
四　川	281.40	70.26	255.90	101.01	15.07
贵　州	207.83	45.08	136.71	111.93	58.88
云　南	955.16	129.04	551.78	266.51	79.02
西　藏					
陕　西	493.71	85.50	487.59	251.65	72.13
甘　肃	1325.07	246.86	748.80	416.76	373.39
青　海	411.17	109.44	168.22	190.16	82.52
宁　夏	462.74	227.17	88.60	80.77	12.70
新　疆	781.19	232.22	375.38	139.03	10.40

单位：亿元

集体资本	法人资本	个人资本	港澳台资本	外商资本	主营业务收入
110.95	**3502.54**	**1327.75**	**420.79**	**286.67**	**51367.23**
0.45	7.93	4.10	0.15	0.77	70.63
0.33	36.21	24.75	4.93	5.92	978.57
1.45	21.48	23.92		9.40	494.69
0.92	89.66	21.17	0.25	0.86	577.54
13.77	1171.86	83.92	4.52	19.89	1458.36
1.04	33.24	36.72	150.55	11.02	766.23
0.02	6.19	13.39		14.91	201.53
	1.66	1.98	0.51		36.86
1.07	33.31	11.84	2.23	16.67	398.02
4.68	103.50	156.38	44.40	118.52	4054.26
6.72	130.57	82.85	20.68	9.64	2434.97
0.10	41.77	60.57	0.25	0.14	2795.34
11.77	75.19	28.89	25.03	10.47	1369.14
1.01	187.72	108.70	2.57	4.04	6110.57
15.58	350.29	109.79	6.51	7.73	6597.52
6.90	302.43	174.15	44.25	11.07	5018.82
0.91	9.02	33.39	0.07	0.08	1502.29
1.90	128.93	77.16	2.27	2.99	2771.27
7.20	82.18	45.62	94.30	26.18	2943.67
3.44	52.18	16.06	1.89	9.00	929.23
	0.38	0.10			3.62
0.33	32.14	14.95	2.46		702.49
3.39	33.92	45.84	1.57	1.23	632.39
2.59	42.11	5.23	0.21	2.91	361.75
13.81	134.80	38.33	0.50	0.06	1525.51
4.92	87.50	85.96	0.10	1.03	1411.53
3.22	33.53	6.48	0.14		3447.27
0.24	94.18	5.48	5.95	1.80	580.15
	64.22	3.00	0.70	0.15	313.22
3.17	114.45	7.01	3.81	0.18	879.79

3-40 续表 2

地区	主营业务成本	销售费用	管理费用	财务费用	利息收入
全国	**47469.62**	**425.97**	**912.06**	**742.75**	**72.59**
北京	63.36	1.12	4.58	0.27	0.13
天津	876.12	3.02	11.08	5.16	0.51
河北	447.01	4.07	10.70	6.49	0.23
山西	513.16	10.32	12.89	23.82	0.44
内蒙古	1346.14	21.32	35.83	27.09	1.59
辽宁	655.75	9.11	27.34	19.32	1.36
吉林	178.96	4.77	11.17	25.97	1.88
黑龙江	30.53	0.80	3.33	1.34	0.02
上海	363.00	5.92	16.58	5.60	0.39
江苏	3688.94	41.59	93.03	35.34	6.15
浙江	2296.50	12.79	43.59	32.10	7.07
安徽	2521.20	9.84	30.95	32.91	6.04
福建	1240.96	10.15	28.64	15.05	8.76
江西	5745.90	22.49	60.59	28.57	0.76
山东	6011.93	39.99	66.25	90.17	1.56
河南	4681.75	42.00	78.09	85.73	12.17
湖北	1439.03	7.08	30.36	9.79	4.21
湖南	2429.78	29.36	72.07	23.35	2.17
广东	2681.55	30.18	59.91	25.75	2.12
广西	856.82	13.33	26.31	26.07	1.75
海南	2.21		0.44	0.01	
重庆	628.74	9.79	14.31	11.73	1.09
四川	588.85	7.17	14.95	8.21	-0.56
贵州	330.88	7.60	11.26	10.98	0.82
云南	1450.09	13.19	42.23	57.05	4.62
西藏					
陕西	1268.51	11.89	37.45	21.94	1.45
甘肃	3420.70	19.24	33.86	61.46	3.34
青海	594.69	6.64	12.22	14.45	0.75
宁夏	305.21	5.81	7.40	11.02	0.44
新疆	811.34	25.40	14.64	26.00	1.32

单位：亿元

利息支出	投资收益（损失以“–”号记）	营业利润	利润总额	亏损企业亏损额	平均用工人数（万人）
678.05	**59.19**	**1576.68**	**1459.53**	**508.11**	**202.42**
0.52	0.25	1.45	1.94	0.54	0.56
4.88	-0.12	79.36	79.22	4.04	2.10
5.70	-9.90	15.78	16.17	4.14	2.82
17.26	-0.10	15.76	17.88	11.97	4.69
25.19	6.96	30.90	20.77	25.23	7.18
16.35	2.25	54.25	51.10	9.90	4.97
26.93	3.19	-26.63	-25.21	34.59	1.61
1.34	0.02	0.85	1.10	0.51	0.76
4.88	0.56	6.90	9.12	3.75	2.08
33.42	-1.66	185.02	171.43	15.86	16.67
33.66	2.97	54.29	57.48	12.18	8.77
23.83	2.00	185.45	17.19	13.37	5.94
20.54	1.78	75.20	46.72	9.02	5.41
25.26	10.03	240.47	240.68	8.27	15.28
72.68	3.69	387.32	389.33	10.32	18.33
89.70	8.05	120.11	129.79	47.63	22.48
9.40	-0.84	1.83	3.87	13.14	4.70
21.55	-1.80	83.69	78.56	16.68	12.34
21.58	2.03	111.46	110.88	13.80	14.99
23.54	0.30	1.40	13.07	25.72	4.99
0.01		0.89	1.30		0.05
11.66	-1.34	31.24	34.11	2.74	3.85
7.69	0.96	12.27	12.90	14.79	3.84
11.40	0.53	2.63	20.57	8.30	2.16
54.86	11.15	-28.78	-17.00	45.06	10.24
21.40	2.65	72.40	77.60	4.17	7.46
44.41	15.99	-81.46	-63.95	78.97	8.10
12.76	-0.71	-43.45	-29.10	32.85	3.06
11.11	0.12	-16.79	-14.40	21.36	2.68
24.55	0.15	2.86	6.36	19.23	4.29

3-41 按地区分组的金属

地 区	工业销售产值（当年价格）	出口交货值	资产总计	固定资产合计	固定资产原价
全 国	**37671.69**	**3691.84**	**25889.81**	**8212.38**	**13128.48**
北 京	295.96	23.90	589.56	82.78	142.91
天 津	1309.14	77.13	898.16	263.20	310.53
河 北	2742.49	106.90	1873.43	929.61	1210.45
山 西	112.82	10.79	152.90	42.71	62.04
内蒙古	470.50	11.09	454.90	116.20	187.05
辽 宁	1132.26	65.64	1028.48	314.98	549.53
吉 林	349.19	1.75	187.38	74.18	265.84
黑龙江	168.58	2.83	143.40	44.61	77.44
上 海	889.75	217.02	999.05	212.87	400.58
江 苏	6101.35	585.44	4071.68	1216.75	2092.23
浙 江	2373.74	642.08	2237.91	509.57	761.70
安 徽	1259.68	20.98	738.97	208.10	386.34
福 建	1042.84	164.03	651.94	158.29	241.63
江 西	711.04	34.22	292.18	132.58	183.69
山 东	5670.21	299.95	3136.61	1110.79	1916.70
河 南	1976.86	11.31	1286.10	581.64	675.98
湖 北	1439.85	30.56	958.88	286.01	525.60
湖 南	1112.85	29.69	507.39	200.91	258.81
广 东	5645.02	1320.84	3207.61	1019.72	1820.53
广 西	389.11	8.68	217.12	50.61	76.98
海 南	21.76	1.47	21.07	4.40	10.50
重 庆	579.28	11.63	437.41	162.81	198.81
四 川	1047.58	6.09	704.68	197.91	285.13
贵 州	181.72	2.13	145.78	37.00	50.32
云 南	98.86	2.93	123.02	23.25	29.03
西 藏					
陕 西	298.81	2.11	515.28	138.59	306.04
甘 肃	123.29	0.07	102.50	18.87	35.21
青 海	14.80		16.78	5.37	14.36
宁 夏	35.23		71.79	37.12	18.24
新 疆	77.11	0.59	117.85	30.96	34.26

制品业主要经济指标

单位：亿元

累计折旧	流动资产合计	应收账款	存货	产成品	负债合计
5541.97	**14249.09**	**4100.51**	**3362.19**	**1419.44**	**13367.84**
61.71	364.10	84.04	82.29	34.47	319.64
104.18	542.31	130.86	117.01	50.47	515.56
307.79	785.70	200.34	187.39	90.46	772.71
23.29	99.64	37.32	27.19	10.16	92.84
69.87	274.53	46.17	55.94	17.83	337.81
258.32	588.33	165.38	150.02	46.39	576.48
198.24	84.05	23.45	28.82	11.26	86.52
36.91	87.62	25.95	18.98	6.32	88.59
195.21	683.92	235.57	154.97	62.35	516.07
877.66	2284.69	802.31	521.17	223.60	2121.28
290.38	1433.74	419.91	319.25	133.67	1336.31
189.30	440.73	143.87	105.71	48.11	373.44
94.67	404.04	113.20	92.86	37.48	295.33
64.40	124.94	33.32	31.93	17.59	100.17
911.02	1618.33	337.77	400.88	210.75	1559.48
141.66	564.18	106.07	95.95	47.07	397.54
258.15	546.04	151.27	166.65	86.22	549.14
78.47	237.05	75.35	54.26	25.23	204.60
917.91	1823.70	602.89	450.64	142.20	1692.49
29.27	81.41	20.50	25.07	8.90	120.30
6.16	15.30	4.10	3.83	1.36	10.63
53.89	225.86	63.13	40.50	15.06	275.86
119.07	404.26	121.86	86.29	36.91	379.28
15.81	87.21	25.21	24.11	11.91	77.43
8.16	70.68	25.22	20.26	8.95	86.20
184.85	219.97	57.89	60.00	19.15	298.66
19.43	62.22	19.12	18.51	5.10	55.35
9.18	6.78	2.70	0.88	0.33	4.61
7.99	28.51	7.18	7.20	3.53	49.02
9.03	59.24	18.57	13.62	6.61	74.50

3-41 续表 1

地区	流动负债合计	应付账款	所有者权益合计	实收资本	国家资本
全国	**11240.27**	**2728.08**	**12369.79**	**6609.81**	**427.57**
北京	272.39	91.44	269.95	127.07	34.45
天津	457.94	118.80	374.97	197.21	16.06
河北	661.93	134.29	1097.45	1342.62	29.96
山西	83.73	26.12	59.68	36.64	8.45
内蒙古	268.25	69.31	117.09	84.09	64.43
辽宁	484.94	106.33	446.87	224.49	15.23
吉林	68.74	12.00	100.69	35.17	3.13
黑龙江	60.76	15.52	54.82	27.72	6.80
上海	466.09	167.20	480.87	237.08	27.75
江苏	1928.08	413.32	1939.65	898.75	35.19
浙江	1259.30	250.96	897.45	448.86	5.46
安徽	309.56	77.70	354.08	154.69	11.18
福建	259.69	71.59	354.31	169.56	0.35
江西	79.47	22.09	191.56	90.03	3.61
山东	1193.86	185.03	1529.61	611.64	11.43
河南	305.27	64.83	864.38	415.93	3.30
湖北	451.57	158.65	408.34	211.89	34.72
湖南	146.69	38.69	302.80	144.65	12.06
广东	1416.68	414.98	1489.93	691.55	14.95
广西	65.91	16.97	96.98	47.87	1.24
海南	10.20	3.29	10.44	3.77	
重庆	229.68	39.49	160.43	57.86	17.56
四川	286.53	68.70	323.31	126.33	15.94
贵州	56.85	15.42	67.30	29.15	7.18
云南	78.04	21.02	36.82	22.46	6.86
西藏					
陕西	197.06	88.00	216.62	103.75	27.23
甘肃	50.64	14.62	46.10	21.74	5.05
青海	3.82	2.10	12.18	3.61	
宁夏	23.32	3.64	21.99	13.76	0.01
新疆	63.27	15.95	43.14	29.87	8.02

单位：亿元

集体资本	法人资本	个人资本	港澳台资本	外商资本	主营业务收入
102.98	**1821.18**	**3075.16**	**525.23**	**657.14**	**37257.26**
0.65	39.98	37.29	6.17	8.53	336.62
6.10	61.33	81.35	5.63	26.75	1411.34
0.59	138.76	1151.61	1.66	20.05	2686.89
0.89	10.99	16.11		0.20	112.21
0.24	4.10	12.49	1.05	1.80	492.16
5.51	76.85	63.87	29.77	33.27	1158.14
0.91	11.12	18.36	1.11	0.55	340.08
1.15	6.38	12.28		1.11	159.18
2.35	78.71	37.09	22.78	68.40	926.53
7.55	249.62	339.25	83.40	183.75	6080.31
5.36	129.62	211.09	58.08	39.24	2330.45
6.75	39.73	73.60	8.10	15.33	1226.88
0.80	49.31	46.50	30.64	41.96	1030.77
0.12	39.19	37.89	6.32	2.90	720.25
12.35	200.23	301.16	27.69	58.73	5613.50
3.23	138.62	262.12	4.94	3.57	1916.14
4.79	84.94	76.45	5.75	5.26	1331.21
2.47	89.77	38.53	0.95	0.51	1099.88
12.05	194.36	109.16	226.00	135.03	5535.43
0.03	34.95	8.16	2.52	0.97	369.46
1.35	1.35			1.07	21.24
0.28	19.07	19.54	0.60	0.81	575.09
2.80	51.20	49.02	1.67	5.70	1034.30
1.15	13.96	6.86			171.32
0.55	7.47	7.21	0.32	0.04	100.27
18.12	23.77	32.94	0.10	1.60	279.00
3.07	5.28	8.31		0.03	76.00
0.86	0.35	2.39			8.62
	6.11	7.65			33.49
0.92	14.05	6.87			80.48

3-41 续表 2

地　　区	主营业务成　本	销售费用	管理费用	财务费用	利息收入
全　　国	**32283.47**	**775.02**	**1417.26**	**322.97**	**30.11**
北　　京	280.72	10.68	27.23	3.65	0.97
天　　津	1230.52	14.52	38.59	6.90	5.72
河　　北	2388.46	38.45	53.31	16.91	1.19
山　　西	98.11	2.91	7.15	1.37	0.09
内 蒙 古	430.69	4.66	22.39	5.10	1.62
辽　　宁	1009.41	25.63	61.81	11.57	0.54
吉　　林	289.40	8.74	16.29	4.33	0.10
黑 龙 江	138.33	3.87	8.62	1.24	0.04
上　　海	769.63	30.23	72.95	8.30	0.66
江　　苏	5251.74	130.64	233.45	57.54	4.50
浙　　江	2000.62	55.70	119.56	35.78	4.13
安　　徽	1068.09	23.15	41.73	12.34	0.41
福　　建	880.90	21.40	39.02	5.45	1.68
江　　西	635.32	10.84	17.55	2.92	0.06
山　　东	4950.30	92.86	143.88	53.19	1.85
河　　南	1661.72	43.70	39.35	15.12	0.29
湖　　北	1126.67	47.10	63.98	16.31	0.86
湖　　南	903.64	29.58	50.43	7.58	0.26
广　　东	4803.67	114.96	235.70	23.22	2.97
广　　西	308.60	8.24	22.72	2.79	0.11
海　　南	18.48	0.80	0.66	0.67	0.03
重　　庆	490.95	10.97	19.93	5.49	0.42
四　　川	893.51	28.12	40.27	12.64	0.66
贵　　州	149.00	5.13	8.58	1.67	0.18
云　　南	86.61	2.65	4.78	1.16	0.10
西　　藏					
陕　　西	242.92	5.80	18.05	5.78	0.51
甘　　肃	68.34	1.55	3.41	1.43	0.09
青　　海	7.70	0.25	0.26	0.06	
宁　　夏	29.27	0.90	2.05	1.24	
新　　疆	70.15	0.99	3.54	1.20	0.08

单位: 亿元

利息支出	投资收益（损失以"-"号记）	营业利润	利润总额	亏损企业亏损额	平均用工人数（万人）
301.60	**-63.55**	**2213.14**	**2239.34**	**155.52**	**380.82**
4.64	8.80	24.18	25.61	3.96	3.77
11.69	-0.69	113.71	113.84	5.38	9.90
14.69	-61.12	133.19	130.03	13.95	20.24
1.37	0.01	2.26	2.43	1.50	2.98
6.38	1.58	23.55	20.49	2.39	4.33
8.84	-6.90	38.52	43.34	11.57	12.89
3.44		18.51	18.81	1.15	2.27
1.20	0.01	6.44	6.70	1.40	2.00
10.60	2.00	51.10	52.90	14.01	13.94
56.47	-13.51	387.96	389.58	18.78	52.33
39.97	3.41	113.12	117.53	11.45	36.70
10.11	1.07	68.85	71.29	5.99	11.64
6.78	-2.01	77.43	77.88	1.28	11.42
2.64	-3.81	47.65	47.69	0.81	5.47
38.41	0.77	335.44	335.01	16.08	35.72
11.65	0.07	142.96	143.89	1.21	19.49
12.59	0.44	63.39	69.58	6.58	12.24
6.13	4.39	78.97	78.38	1.71	9.23
24.75	-0.19	341.79	342.87	16.68	84.21
1.88	-0.55	25.64	27.02	0.24	3.20
0.23		0.28	0.40	1.28	0.18
4.70	-0.20	43.68	45.35	0.73	6.78
10.22	-1.66	51.45	52.00	6.89	9.43
1.56	0.22	5.40	5.94	0.82	2.05
1.40	0.08	3.83	3.80	1.63	1.36
5.64	2.36	6.44	8.29	4.82	4.38
1.17	-0.10	0.77	1.02	1.36	0.96
0.04		0.19	0.24	0.01	0.12
1.11	1.07	1.08	1.27	0.36	0.52
1.28	0.93	5.38	6.16	1.50	1.07

3-42 按地区分组的通用设备

地区	工业销售产值(当年价格)	出口交货值	资产总计	固定资产合计	固定资产原价
全国	**47172.70**	**4908.56**	**41842.85**	**10808.14**	**17639.91**
北京	480.24	85.25	1004.02	110.43	202.90
天津	1163.24	150.62	1046.83	240.24	386.78
河北	1362.47	51.20	998.65	414.17	519.14
山西	133.22	2.20	192.20	42.66	58.84
内蒙古	247.34	0.20	157.16	47.05	65.23
辽宁	2302.20	157.38	2530.84	723.98	1191.07
吉林	477.98	0.59	216.98	83.07	386.13
黑龙江	344.41	17.45	707.10	127.50	176.41
上海	2491.97	498.71	3496.83	580.13	1058.09
江苏	8678.36	1169.15	7624.66	2090.98	3595.88
浙江	4141.88	889.95	4862.59	992.18	1558.72
安徽	2111.98	76.83	1525.61	401.31	753.64
福建	977.00	147.84	745.50	178.13	298.16
江西	732.95	55.02	444.35	163.90	256.83
山东	8174.48	279.94	5274.44	1938.99	2787.76
河南	3165.79	52.18	2065.79	752.81	978.32
湖北	1303.16	34.53	1386.09	305.56	537.96
湖南	1579.55	43.12	878.31	282.76	384.09
广东	3514.43	1078.21	2948.46	531.95	993.33
广西	328.41	6.01	322.23	70.40	121.04
海南	0.47		0.75	0.11	0.60
重庆	661.60	48.52	577.89	161.10	221.09
四川	1939.47	37.41	1642.22	318.65	664.72
贵州	109.77		96.21	16.78	16.65
云南	49.21	2.06	81.37	17.00	23.78
西藏					
陕西	533.58	20.01	698.02	135.98	295.68
甘肃	64.71	3.69	132.81	30.22	35.67
青海	17.87	0.02	46.12	15.29	21.68
宁夏	61.69	0.47	99.17	28.07	39.59
新疆	23.27		39.63	6.74	10.15

制造业主要经济指标

单位：亿元

累计折旧	流动资产合计	应收账款	存货	产成品	负债合计
7607.49	**24922.92**	**7974.50**	**6246.78**	**2290.99**	**21855.18**
95.00	728.35	175.02	189.92	58.76	452.54
160.24	670.54	261.93	167.35	62.08	589.70
146.95	494.27	148.81	140.72	57.62	428.51
19.09	120.29	44.01	38.97	15.19	131.54
21.02	89.70	21.00	32.09	15.59	96.84
546.09	1509.08	496.19	429.33	135.80	1438.76
305.83	110.07	32.94	26.01	13.20	101.97
73.71	506.69	143.33	155.86	15.77	496.08
497.82	2400.37	721.84	693.44	187.12	2049.04
1538.46	4498.04	1689.52	1004.87	403.83	3877.40
632.27	3001.89	955.31	680.47	274.50	2586.67
377.70	888.77	276.37	215.84	89.36	792.81
130.06	458.98	128.02	120.99	52.49	320.71
105.60	225.73	67.39	47.08	22.22	212.68
1020.42	2404.92	562.35	610.99	280.43	2350.37
292.28	1071.78	292.53	221.89	94.06	791.38
272.69	752.68	225.35	167.40	57.11	869.94
125.79	477.11	207.19	118.27	57.95	415.72
491.04	2046.29	734.64	467.52	192.84	1591.51
54.52	218.19	41.01	42.53	19.03	178.12
0.49	0.50	0.11	0.33	0.18	0.56
86.68	362.06	140.77	92.13	42.18	341.78
385.39	1146.19	395.39	366.14	68.89	1049.11
6.23	62.15	16.35	15.56	6.10	63.45
8.96	51.07	15.37	16.53	6.64	49.50
179.92	440.08	121.60	128.49	46.05	371.46
7.61	67.07	13.92	22.01	5.71	100.31
6.39	26.96	2.77	5.68	2.59	18.92
14.58	64.25	29.42	18.72	4.62	57.62
4.67	28.88	14.05	9.65	3.08	30.13

3-42　续表 1

地　区	流动负债合　计	应付账款	所有者权益合计	实收资本	国家资本
全　国	**18549.23**	**5507.51**	**19840.23**	**8139.94**	**692.35**
北　京	408.58	118.96	549.19	209.98	15.92
天　津	513.42	211.29	450.41	263.48	7.83
河　北	362.43	122.18	569.49	194.45	4.96
山　西	101.85	37.90	59.96	38.20	7.16
内蒙古	83.37	20.81	60.26	30.13	9.70
辽　宁	1040.13	298.23	1082.11	481.45	90.08
吉　林	79.70	22.66	112.94	40.83	8.09
黑龙江	443.84	125.36	211.02	98.48	49.20
上　海	1924.01	549.38	1429.41	638.03	70.43
江　苏	3444.57	1040.39	3740.55	1576.45	74.77
浙　江	2381.01	635.43	2268.04	971.99	8.52
安　徽	642.65	181.75	707.98	301.56	28.64
福　建	261.78	76.09	421.28	183.82	3.33
江　西	175.68	47.85	231.61	118.22	14.77
山　东	1713.92	421.93	2896.37	1013.13	93.64
河　南	614.63	164.07	1247.51	505.76	16.64
湖　北	616.17	117.07	515.69	194.96	44.40
湖　南	343.32	115.94	462.32	186.14	18.67
广　东	1434.69	560.32	1349.53	548.62	10.58
广　西	162.03	42.64	144.11	36.52	9.29
海　南	0.56	0.17	0.19	0.06	
重　庆	288.89	94.97	237.27	97.09	41.90
四　川	941.07	277.99	592.02	217.38	12.20
贵　州	46.87	10.80	32.84	17.41	3.52
云　南	39.67	13.14	30.88	14.74	3.02
西　藏					
陕　西	317.45	136.23	326.41	114.66	36.31
甘　肃	69.67	23.42	32.50	12.89	2.50
青　海	16.87	4.14	27.20	6.49	4.39
宁　夏	51.63	27.99	41.64	21.13	0.90
新　疆	28.76	8.42	9.50	5.91	1.00

单位：亿元

集体资本	法人资本	个人资本	港澳台资本	外商资本	主营业务收入
116.35	**2702.60**	**2757.27**	**438.70**	**1431.00**	**47039.64**
0.02	81.52	34.91	8.30	69.32	537.60
2.10	82.88	64.52	3.89	102.25	1187.93
2.05	66.24	100.29	1.99	18.91	1332.05
2.09	13.15	14.98	0.08	0.74	137.16
0.89	7.06	7.25	5.21	0.03	251.65
6.64	144.99	132.96	9.28	97.51	2259.09
1.82	12.77	14.19		3.96	464.29
4.30	24.01	20.60		0.37	341.82
3.96	164.29	112.20	52.65	234.51	2586.71
12.91	483.66	498.23	92.18	414.69	8676.20
4.50	329.13	412.79	104.72	112.33	4101.17
4.23	115.72	123.91	9.62	19.45	2061.47
1.39	52.31	67.82	10.80	47.68	985.56
5.23	63.33	27.95	1.49	5.44	773.83
19.65	339.31	440.16	18.66	101.72	8243.74
16.93	198.86	267.14	2.42	3.77	3193.61
3.70	54.95	78.83	3.90	9.18	1208.35
4.64	102.87	56.77	1.84	1.34	1546.95
12.96	170.75	92.68	105.63	156.02	3448.07
0.91	12.26	7.33	0.08	6.65	306.97
	0.06				0.38
1.13	18.91	25.81	2.78	8.55	662.04
0.46	99.43	94.94	0.23	6.89	1971.38
0.74	7.54	5.66			100.88
0.30	3.53	5.53	1.41	0.95	48.16
2.15	35.63	37.35	1.55	1.67	472.72
0.46	3.37	6.33		0.22	46.00
0.17	1.93				14.29
	9.26	4.14		6.83	59.25
0.03	2.87	2.01			20.33

3-42 续表 2

地 区	主营业务成本	销售费用	管理费用	财务费用	利息收入
全 国	**39563.09**	**1350.04**	**2434.38**	**407.54**	**52.91**
北 京	410.88	32.87	49.47	3.85	4.12
天 津	972.67	36.49	70.76	3.52	1.36
河 北	1136.69	31.92	44.90	10.65	-0.06
山 西	110.61	4.53	9.84	1.91	0.13
内 蒙 古	203.80	2.84	7.08	1.70	0.03
辽 宁	1923.18	68.44	119.44	35.67	1.52
吉 林	397.38	11.12	19.79	3.69	0.35
黑 龙 江	293.00	9.39	24.99	1.80	1.82
上 海	2061.81	112.09	242.79	17.24	11.51
江 苏	7181.22	260.51	479.72	81.82	6.89
浙 江	3361.94	129.60	298.37	50.81	8.43
安 徽	1787.94	42.34	84.13	15.85	0.92
福 建	814.10	29.93	49.31	8.08	1.11
江 西	667.89	14.61	28.30	2.61	0.04
山 东	7186.87	184.64	261.38	66.06	-0.27
河 南	2778.14	64.93	82.78	24.63	1.44
湖 北	1022.75	37.47	66.38	17.57	1.32
湖 南	1260.11	46.89	73.97	11.33	0.59
广 东	2909.91	108.83	196.80	8.14	4.35
广 西	252.06	14.26	20.04	1.87	0.42
海 南	0.34	0.02	0.05	0.02	0.01
重 庆	542.24	21.50	38.46	7.51	2.73
四 川	1646.42	59.48	107.77	20.62	2.81
贵 州	84.42	3.18	7.04	1.33	0.05
云 南	41.21	2.03	3.51	0.96	0.03
西 藏					
陕 西	398.52	14.10	36.91	4.87	0.99
甘 肃	37.57	2.39	4.24	1.64	0.14
青 海	11.31	0.73	1.60	0.31	0.09
宁 夏	50.97	2.32	3.53	1.10	0.02
新 疆	17.13	0.57	1.04	0.38	0.02

单位：亿元

利息支出	投资收益（损失以“-”号记）	营业利润	利润总额	亏损企业亏损额	平均用工人数（万人）
399.05	**96.24**	**3076.53**	**3142.93**	**249.31**	**471.28**
7.30	20.45	56.27	58.09	15.68	5.49
5.78	6.32	105.86	105.89	9.45	9.69
9.01	-3.79	98.93	99.46	5.38	13.75
1.57	0.16	9.10	9.91	1.34	2.44
1.55	0.40	34.41	6.06	1.96	1.80
31.75	-0.81	96.23	104.68	20.50	27.28
2.47	0.12	30.45	30.79	0.56	2.99
2.62	0.01	7.43	9.55	8.58	4.30
22.88	15.31	153.35	161.54	21.43	23.03
86.89	22.27	663.34	669.88	38.63	80.95
62.86	17.90	258.34	275.13	19.67	61.47
13.24	8.70	119.91	129.29	6.61	18.44
7.34	-8.34	69.59	71.84	3.01	11.76
3.47	2.21	56.99	59.27	1.37	7.30
47.63	5.82	519.39	528.56	21.59	59.16
18.35	1.46	225.58	231.77	13.15	29.76
14.30	-3.02	50.91	58.12	10.67	12.22
9.25	-1.63	98.07	90.27	4.00	13.07
11.55	1.11	211.49	235.39	16.77	46.98
2.77	-1.35	16.49	17.02	1.35	3.36
0.03		-0.05	-0.05	0.05	0.03
5.38	0.69	42.61	47.61	11.33	7.34
20.02	1.16	115.35	103.90	3.51	16.28
1.16	0.05	4.03	4.31	0.64	1.59
0.95	0.28	0.08	0.71	1.24	1.14
5.69	10.73	29.36	30.03	7.81	7.04
1.69	0.03	0.70	0.86	1.06	1.10
0.39	-0.01	0.12	0.19	0.06	0.46
0.80		1.10	1.46	1.74	0.77
0.36		1.10	1.37	0.19	0.28

3-43 按地区分组的专用设备

地区	工业销售产值(当年价格)	出口交货值	资产总计	固定资产合计	固定资产原价
全国	**36185.03**	**2930.95**	**35455.17**	**9174.39**	**14439.97**
北京	540.86	69.22	1667.21	113.55	191.17
天津	1066.03	72.05	1361.04	336.98	596.39
河北	1482.14	64.13	1488.38	647.29	810.09
山西	209.65	7.72	654.07	110.61	135.39
内蒙古	221.46	0.50	147.65	75.77	94.65
辽宁	1514.03	87.76	2253.12	574.12	887.33
吉林	632.67	3.73	266.23	117.34	495.30
黑龙江	274.02	10.43	728.60	158.69	231.15
上海	1039.54	277.64	1619.40	245.17	401.35
江苏	5845.96	728.95	4889.78	1276.27	2187.22
浙江	1583.49	337.37	1995.01	407.65	638.55
安徽	1437.77	27.67	1008.42	310.36	470.00
福建	768.16	52.32	690.14	116.98	211.65
江西	513.67	36.56	269.49	108.56	167.29
山东	6193.86	267.19	3961.74	1408.99	2252.10
河南	3567.56	39.70	2521.10	910.34	1174.47
湖北	1094.62	24.81	1032.23	262.66	531.32
湖南	2694.40	108.71	2842.88	534.52	755.86
广东	2402.00	573.41	2470.00	513.55	938.46
广西	488.00	28.64	478.62	74.61	113.63
海南	2.30	0.02	6.71	0.69	1.04
重庆	392.07	21.00	325.40	92.98	121.86
四川	1236.19	49.06	1117.20	310.66	499.14
贵州	108.40	1.13	112.35	32.69	39.07
云南	100.92	9.42	95.38	9.90	16.17
西藏	0.22		0.45	0.08	0.08
陕西	571.33	28.98	921.58	242.24	358.35
甘肃	122.43	1.38	330.53	142.71	72.06
青海	4.62		7.13	2.11	1.92
宁夏	39.95		80.08	13.45	17.82
新疆	36.74	1.44	113.25	22.87	29.06

制造业主要经济指标

单位：亿元

累计折旧	流动资产合计	应收账款	存货	产成品	负债合计
5977.63	**21308.37**	**7055.13**	**5216.84**	**1825.69**	**18817.64**
78.23	1076.41	315.94	179.94	55.34	864.36
291.50	890.95	287.63	218.83	60.03	718.63
189.99	700.49	213.03	183.90	80.57	615.22
54.46	468.03	180.68	133.68	33.67	488.68
20.32	61.79	18.03	17.37	6.16	67.43
359.66	1487.74	555.20	396.30	66.79	1538.93
386.73	117.80	38.40	34.65	17.65	120.16
81.62	485.80	219.18	117.58	27.07	400.64
167.11	1147.00	337.19	322.07	99.30	914.73
908.85	3011.51	1161.42	693.95	230.45	2520.69
255.15	1280.54	380.84	319.76	103.55	1102.47
215.25	540.59	177.37	129.52	53.78	550.82
101.44	466.28	140.99	147.53	41.04	364.69
66.63	112.50	38.34	25.27	14.71	120.22
996.91	1985.91	558.39	559.07	283.62	1862.70
340.88	1324.32	287.43	289.06	97.26	1040.13
285.65	664.11	180.60	152.40	63.29	619.56
251.46	1883.14	734.79	344.39	162.62	1650.84
446.62	1533.57	504.10	395.72	121.92	1244.80
43.70	302.39	103.43	63.20	26.65	256.19
0.41	3.16	1.14	0.48	0.03	3.03
36.74	179.21	72.93	46.04	15.00	175.75
215.92	654.64	210.34	168.00	51.17	648.88
8.00	58.31	17.38	15.26	5.65	74.08
7.98	69.53	27.66	16.77	6.90	70.01
0.01	0.34	0.04	0.05	0.04	0.42
133.94	537.88	198.75	169.44	81.79	494.83
20.38	168.16	54.33	53.07	11.59	204.17
0.24	4.63	1.43	1.26	0.05	5.08
5.23	57.66	25.70	12.32	2.33	39.67
6.63	33.99	12.45	9.94	5.66	39.81

3-43 续表 1

地区	流动负债合计	应付账款	所有者权益合计	实收资本	国家资本
全国	**15217.88**	**4358.67**	**16535.83**	**6958.04**	**1039.56**
北京	707.96	225.27	801.10	294.28	34.04
天津	644.11	295.17	642.14	463.13	290.24
河北	528.59	155.68	871.03	350.84	51.22
山西	421.13	147.54	165.98	96.82	41.33
内蒙古	60.35	13.66	80.22	31.16	7.96
辽宁	1168.41	308.49	709.44	344.76	94.78
吉林	93.12	20.59	145.93	55.19	3.97
黑龙江	282.49	83.24	329.31	93.48	26.07
上海	834.87	275.45	699.15	335.71	8.10
江苏	2239.89	591.44	2363.49	1139.36	68.25
浙江	1030.83	267.35	887.61	392.30	17.32
安徽	451.60	112.96	443.91	217.27	16.86
福建	301.13	58.47	322.06	127.18	5.28
江西	88.59	29.48	148.89	54.11	5.52
山东	1432.46	356.90	2077.51	639.14	26.02
河南	764.89	203.77	1452.85	523.07	31.61
湖北	493.14	162.01	414.56	188.60	31.35
湖南	1029.53	214.19	1190.92	270.04	32.78
广东	1061.48	370.26	1218.29	534.10	50.60
广西	174.40	45.86	222.53	67.76	22.71
海南	2.80	0.39	3.68	1.44	
重庆	144.54	59.59	148.85	98.61	8.56
四川	492.92	128.11	464.89	204.84	19.08
贵州	57.24	14.97	37.87	23.88	9.86
云南	61.45	25.10	25.37	15.31	2.28
西藏	0.42	0.09	0.03	0.04	
陕西	433.93	143.82	426.74	320.87	109.68
甘肃	138.81	22.66	126.36	37.87	21.55
青海	4.53	1.42	2.05	1.58	
宁夏	38.38	15.96	40.41	12.67	0.02
新疆	33.91	8.79	72.63	22.64	2.53

单位：亿元

集体资本	法人资本	个人资本	港澳台资本	外商资本	主营业务收入
99.28	**2225.41**	**2250.67**	**373.00**	**970.04**	**35873.75**
1.17	120.69	104.84	13.77	19.77	620.60
0.73	68.60	43.94	3.77	55.86	1075.65
3.31	182.51	83.57	5.41	24.81	1455.09
4.35	27.93	21.27		1.94	245.14
5.50	6.25	10.45		1.00	213.64
0.87	117.73	62.45	0.46	68.47	1476.75
1.36	16.90	31.07	0.04	1.86	620.76
0.88	16.58	37.73	3.09	9.12	269.15
2.70	135.34	51.49	23.33	114.75	1084.52
15.06	299.87	347.57	105.62	302.99	5833.51
2.83	99.72	146.19	68.23	58.03	1551.98
6.81	77.59	71.20	2.29	42.52	1401.12
0.80	30.46	58.63	13.74	18.20	768.57
0.10	20.65	24.84	2.21	0.78	518.99
25.38	212.42	302.20	11.58	61.55	6190.26
5.93	242.09	232.70	0.60	10.13	3585.70
3.04	96.52	47.34	0.79	9.56	1020.52
3.20	117.95	108.27	1.17	6.67	2600.60
5.80	106.37	139.68	105.00	126.65	2367.23
0.40	16.90	19.20	3.34	5.21	478.87
0.70	0.01	0.73			2.26
0.61	15.04	66.95	5.05	2.40	375.28
5.74	94.81	63.15	1.08	20.98	1194.35
0.09	7.08	4.67		2.18	102.31
0.01	7.87	4.99	0.15	0.01	104.23
		0.04			0.22
1.66	65.54	137.96	1.56	4.47	508.44
0.26	11.07	4.31	0.69		129.77
	1.39	0.19			3.54
	6.00	6.66			37.07
0.01	3.58	16.41	0.01	0.11	37.65

3-43 续表 2

地　区	主营业务成　本	销售费用	管理费用	财务费用	利息收入
全　国	**30181.76**	**1073.80**	**1930.17**	**351.79**	**48.54**
北　京	453.19	39.41	74.69	14.68	2.91
天　津	941.74	24.43	70.25	-16.58	1.99
河　北	1240.76	37.69	57.79	11.80	0.79
山　西	205.47	7.03	23.18	9.67	0.18
内蒙古	165.85	6.56	12.80	1.31	0.02
辽　宁	1301.74	32.66	81.63	25.23	3.44
吉　林	534.87	16.82	29.38	5.91	0.23
黑龙江	234.98	8.46	25.72	9.88	1.19
上　海	843.57	60.17	119.70	3.99	2.41
江　苏	4821.69	174.12	340.98	48.79	6.18
浙　江	1257.15	53.15	125.99	22.04	4.03
安　徽	1201.17	35.85	62.06	11.11	0.47
福　建	646.06	22.20	41.39	8.01	-0.10
江　西	448.19	9.49	13.51	3.34	0.08
山　东	5359.84	143.79	195.27	51.58	5.11
河　南	3133.81	74.29	104.78	28.85	5.08
湖　北	868.18	29.32	56.09	12.14	1.21
湖　南	2188.43	99.86	120.26	47.02	6.94
广　东	1906.24	98.15	182.89	7.33	1.30
广　西	394.48	16.05	31.30	5.06	2.41
海　南	1.39	0.26	0.33	0.01	
重　庆	294.36	12.11	20.89	3.12	0.26
四　川	990.61	36.39	70.25	20.35	1.28
贵　州	76.88	4.82	7.05	2.56	0.07
云　南	92.26	2.43	5.13	0.73	0.07
西　藏	0.18				
陕　西	405.56	22.22	41.97	9.71	0.65
甘　肃	113.16	2.60	8.18	3.20	0.38
青　海	3.12	0.06	0.15	0.17	
宁　夏	27.93	1.62	3.49	0.52	-0.10
新　疆	28.87	1.80	3.06	0.26	0.09

单位：亿元

利息支出	投资收益（损失以“-”号记）	营业利润	利润总额	亏损企业亏损额	平均用工人数（万人）
376.56	**70.04**	**2061.32**	**2186.65**	**354.26**	**354.12**
14.27	11.11	47.98	53.75	17.48	6.68
7.53	2.40	57.75	57.81	16.62	10.75
9.50	-4.95	95.38	97.93	11.12	14.93
10.12	1.04	0.89	3.72	6.00	4.51
0.96	0.05	22.81	8.54	4.31	1.10
26.80	-2.65	-13.41	-9.49	70.17	13.46
3.69	0.17	30.92	31.65	2.11	3.52
9.55	2.59	-13.79	-12.04	24.57	4.11
7.56	3.09	53.85	60.60	36.51	11.68
53.64	2.41	420.60	436.49	44.09	55.11
29.09	6.36	95.71	104.61	10.22	23.33
11.41	-2.62	71.89	81.63	6.07	12.61
7.94	0.29	41.68	43.23	12.07	8.29
2.77	-0.54	39.76	40.51	0.37	5.29
41.03	3.26	402.34	405.73	25.63	42.92
27.12	5.92	223.76	230.93	10.92	34.63
8.52	0.53	46.53	49.69	3.63	10.88
46.45	25.66	87.46	96.08	8.26	16.82
11.70	18.43	182.29	194.67	12.66	40.06
6.08	-1.89	25.60	27.33	4.51	4.58
0.01		0.26	0.38		0.07
2.81	0.31	38.17	39.48	1.83	4.33
20.20	-0.86	53.45	86.38	14.71	12.25
1.59	-0.77	5.23	5.32	0.85	1.06
0.78	-1.48	3.54	4.07	1.72	1.18
		0.02	0.02		
10.97	1.89	28.97	32.11	6.16	6.85
3.44	0.23	4.73	7.42	0.66	1.96
0.14		-0.02	-0.01	0.13	0.05
0.57	0.05	3.14	3.68	0.24	0.63
0.34		3.80	4.43	0.64	0.49

3-44 按地区分组的汽车

地区	工业销售产值(当年价格)	出口交货值	资产总计	固定资产合计	固定资产原价
全国	**70225.35**	**2934.00**	**59940.81**	**14976.46**	**23974.99**
北京	3875.37	62.28	3716.09	807.14	1142.71
天津	2346.14	65.62	1472.72	415.58	762.77
河北	2164.22	77.36	1941.72	506.71	722.77
山西	86.87	5.73	139.43	49.81	70.50
内蒙古	150.96	14.59	382.58	91.94	97.86
辽宁	2772.60	58.68	2648.39	744.69	1079.97
吉林	5453.56	46.02	4792.36	1030.63	2053.34
黑龙江	195.20	7.58	306.45	122.62	207.98
上海	5203.41	222.99	6033.16	918.57	1835.14
江苏	6811.93	407.93	4749.25	1343.13	2263.48
浙江	3543.21	414.73	3986.48	980.96	1417.32
安徽	2428.94	135.97	2181.51	550.87	937.85
福建	1065.01	125.57	809.13	180.61	312.10
江西	1131.34	72.69	915.89	248.13	393.21
山东	6380.79	396.39	4701.71	1274.04	2034.44
河南	2812.52	104.52	1816.18	605.47	804.75
湖北	5797.40	70.45	5697.43	1348.04	2078.55
湖南	1362.34	26.49	1239.81	373.01	491.70
广东	5887.83	454.41	4239.66	1135.98	1932.47
广西	2395.68	26.42	1505.39	392.83	508.96
海南	69.58	0.31	97.56	19.14	44.96
重庆	4560.31	71.35	3572.90	956.01	1469.91
四川	2331.48	21.79	1733.76	547.43	822.69
贵州	219.67	1.42	162.96	52.63	67.95
云南	191.74	20.86	173.43	38.47	58.01
西藏					
陕西	934.39	21.84	852.53	216.58	331.89
甘肃	25.57		27.30	3.69	5.22
青海	6.66		7.10	2.18	2.48
宁夏	2.05		1.86	0.38	0.40
新疆	18.55	0.01	36.08	19.17	23.58

制造业主要经济指标

单位：亿元

累计折旧	流动资产合计	应收账款	存货	产成品	负债合计
9947.30	**33920.66**	**9451.92**	**5756.86**	**2545.99**	**34595.23**
367.14	1983.63	547.55	250.83	101.54	2148.42
373.41	886.29	287.50	116.97	37.49	829.58
235.97	1127.97	238.88	152.69	70.32	1079.51
22.90	53.05	10.63	18.48	10.63	77.97
34.81	201.70	58.27	24.43	10.84	344.47
377.26	1361.95	381.41	296.73	124.35	1774.50
1098.20	2905.39	533.37	561.37	233.17	2484.59
87.08	168.15	70.36	20.14	5.62	304.07
904.83	3226.30	887.78	377.24	138.43	2644.70
937.50	2812.55	1013.77	479.44	215.56	2808.88
488.27	2218.53	760.87	352.51	168.72	2375.41
408.47	1134.06	290.99	172.85	76.51	1426.07
139.03	517.28	196.41	113.59	50.61	456.98
153.01	529.50	102.14	91.46	34.53	515.90
878.71	2759.27	955.84	562.71	194.23	2801.14
241.21	950.18	266.45	146.12	72.37	849.95
876.18	2989.31	721.35	479.83	230.49	2952.16
146.19	701.23	219.61	117.77	49.55	852.61
916.53	2650.47	792.28	419.29	134.45	2676.50
184.48	961.76	162.65	196.52	143.23	1142.10
26.50	61.34	5.58	33.58	28.40	39.30
556.86	2024.67	404.97	420.71	231.72	2287.77
313.29	980.34	375.69	171.27	82.78	949.08
19.49	87.31	42.05	17.65	8.89	99.14
23.84	104.49	26.10	29.89	10.39	98.31
129.86	477.48	75.61	127.41	78.91	517.24
1.53	23.29	21.02	0.87	0.26	22.57
0.29	4.92	0.74	0.47	0.47	3.41
0.03	1.09	0.31	0.12	0.07	1.13
4.42	17.16	1.74	3.92	1.45	31.76

3-44 续表 1

地区	流动负债合计	应付账款	所有者权益合计	实收资本	国家资本
全国	**29401.19**	**12326.59**	**25242.32**	**9220.51**	**1318.01**
北京	1883.67	932.11	1566.34	648.32	160.36
天津	698.32	355.28	635.62	338.26	33.22
河北	947.35	389.70	862.08	268.69	17.36
山西	77.49	15.74	61.46	38.85	7.28
内蒙古	286.99	41.23	38.10	54.41	22.17
辽宁	1545.11	598.84	872.81	337.36	42.46
吉林	1791.91	894.68	2306.17	295.20	72.58
黑龙江	276.31	104.61	2.38	49.95	16.08
上海	2300.87	1321.79	3379.91	745.60	103.11
江苏	2385.57	974.47	1937.65	1163.49	84.41
浙江	2041.67	727.00	1609.30	690.64	19.50
安徽	1229.59	383.21	750.98	304.24	52.33
福建	381.02	149.95	347.17	191.99	23.51
江西	435.92	165.87	399.99	139.98	27.43
山东	2305.76	818.53	1893.99	738.20	64.86
河南	687.02	268.06	945.00	357.71	14.50
湖北	2561.73	1081.63	2722.08	964.67	329.98
湖南	713.52	252.98	386.90	268.90	56.13
广东	2433.00	1038.19	1548.22	723.62	46.40
广西	1008.89	453.86	363.29	111.76	25.67
海南	38.34	16.85	58.26	23.02	
重庆	1981.87	787.52	1284.87	350.07	55.66
四川	750.99	331.24	782.95	236.26	13.13
贵州	78.84	33.12	63.82	26.02	3.35
云南	71.72	22.56	75.12	29.72	3.65
西藏					
陕西	436.38	135.24	334.38	100.88	22.19
甘肃	22.16	19.75	4.73	4.71	
青海	3.41		3.69	1.39	
宁夏	1.13	0.03	0.73	0.66	
新疆	24.64	12.54	4.31	15.97	0.71

单位：亿元

集体资本	法人资本	个人资本	港澳台资本	外商资本	主营业务收入
168.35	**3606.22**	**1321.12**	**411.53**	**2397.11**	**71069.40**
1.63	238.73	9.89	1.09	236.64	3954.02
0.59	93.15	34.13	3.47	173.69	2237.69
0.83	140.62	42.53	32.70	34.66	2207.97
	26.45	5.11			88.55
0.10	26.64	4.82		0.68	149.38
8.79	134.93	21.43	5.41	124.34	2734.99
7.17	125.22	30.82	3.93	55.50	6044.09
0.62	18.04	5.03		10.18	192.15
4.83	335.69	55.15	13.57	233.25	6574.19
8.17	390.92	148.68	65.64	465.67	6487.01
23.99	250.66	166.67	115.59	114.23	3495.68
3.19	146.70	72.58	4.35	25.09	2283.83
1.91	65.21	25.76	39.87	35.72	1053.07
1.03	57.87	35.62	0.58	17.45	1226.16
15.15	253.31	152.37	51.10	201.42	6460.89
4.30	175.62	140.21	3.60	19.52	2776.01
15.96	355.67	126.83	4.79	131.45	5594.32
0.52	127.87	20.92	1.50	61.96	1262.41
48.34	200.65	38.33	55.50	334.40	5724.30
0.75	45.79	23.17	1.01	15.39	2298.38
	20.13	0.37	0.98	1.55	64.73
6.80	134.85	88.67	3.72	62.16	4637.49
3.65	126.59	53.31	2.25	37.33	2272.08
0.67	14.35	7.58		0.07	219.50
8.00	13.81	3.57		0.70	181.68
0.58	66.18	7.20	0.90	3.83	802.82
	4.34	0.12		0.25	22.55
	1.39				0.43
	0.59	0.07			1.94
0.80	14.28	0.18			21.09

3-44 续表 2

地　区	主营业务成　本	销售费用	管理费用	财务费用	
					利息收入
全　国	**59073.16**	**2015.42**	**3396.48**	**367.51**	**144.65**
北　京	3281.37	154.19	148.23	16.96	9.56
天　津	1872.08	22.83	88.72	10.56	1.30
河　北	1841.93	46.13	103.23	13.62	0.69
山　西	80.53	2.19	6.71	0.92	0.93
内蒙古	115.36	5.59	8.02	5.62	0.80
辽　宁	2125.76	145.23	117.46	53.31	10.47
吉　林	4916.57	247.34	252.97	-3.28	14.93
黑龙江	163.15	3.32	28.84	1.69	1.16
上　海	5253.87	132.20	493.71	-11.21	27.82
江　苏	5314.94	170.38	306.37	43.94	8.10
浙　江	2797.93	81.54	226.41	34.62	8.82
安　徽	2017.96	70.53	111.07	24.26	11.25
福　建	886.28	35.62	44.88	4.46	1.35
江　西	1039.36	41.70	73.06	3.29	4.29
山　东	5697.34	119.27	174.67	51.82	9.90
河　南	2408.11	67.65	82.35	14.31	0.19
湖　北	4680.04	172.37	283.88	15.44	7.00
湖　南	1033.95	37.57	78.16	13.55	1.50
广　东	4802.69	126.07	291.46	17.11	5.14
广　西	1973.81	79.24	97.45	5.96	1.95
海　南	59.92	0.32	4.41	-0.40	0.70
重　庆	3673.46	190.11	246.80	24.64	9.94
四　川	1909.55	36.80	71.42	17.51	2.67
贵　州	191.00	4.99	10.52	2.16	0.29
云　南	162.01	3.32	6.82	2.53	0.61
西　藏					
陕　西	731.18	18.65	34.94	3.76	3.12
甘　肃	20.65	0.07	0.55	0.07	
青　海	0.41	0.01	0.04	0.04	
宁　夏	1.81	0.01	0.04	0.03	
新　疆	20.17	0.18	3.29	0.21	0.17

单位：亿元

利息支出	投资收益（损失以"–"号记）	营业利润	利润总额	亏损企业亏损额	平均用工人数（万人）
411.86	**906.97**	**5810.26**	**6243.25**	**345.33**	**472.17**
21.87	67.82	309.95	349.73	8.43	14.17
8.55	6.62	213.69	215.75	22.09	13.32
10.16	20.77	179.14	185.82	8.65	19.30
1.85	0.04	-1.93	0.60	2.22	1.59
5.59	-0.33	10.12	-19.02	20.86	1.20
23.18	15.96	226.63	240.81	16.60	14.28
15.19	69.38	591.31	619.78	15.98	27.82
2.21	0.79	-4.85	0.06	9.91	1.75
14.63	465.00	1043.01	1078.11	11.20	22.84
36.77	5.33	582.14	595.43	36.94	43.05
41.75	20.41	250.00	282.51	16.86	38.83
28.30	31.48	67.08	104.80	14.14	20.96
5.59	1.28	71.65	73.55	6.26	10.57
6.30	1.72	56.46	79.23	5.04	9.65
44.73	9.02	369.05	384.29	18.21	39.78
15.13	5.79	194.61	201.05	4.87	25.03
31.30	134.80	479.66	504.79	29.70	41.66
13.24	-0.80	43.22	50.25	28.19	10.78
22.65	3.40	375.46	468.72	18.35	38.48
9.66	-3.97	99.83	103.32	4.45	14.02
0.23	2.33	0.21	0.42	0.85	0.62
26.93	47.12	449.64	487.91	19.97	34.15
16.78	1.77	178.91	202.07	11.84	14.97
1.27	0.48	10.86	11.77	0.66	2.05
1.45	0.83	8.52	9.60	2.79	1.48
6.10	-0.06	11.35	16.63	4.68	9.35
0.06		0.54	0.58	0.18	0.10
0.03		-0.06	-0.06	0.06	0.10
0.03		0.05	0.05		0.02
0.31		-5.98	-5.29	5.37	0.25

3-45 按地区分组的铁路、船舶、航空航天和

地区	工业销售产值(当年价格)	出口交货值	资产总计	固定资产合计	固定资产原价
全国	**19935.91**	**3627.33**	**22416.91**	**5248.15**	**8029.99**
北京	373.94	4.46	650.45	85.65	136.35
天津	1199.15	68.65	1037.51	186.11	333.85
河北	535.06	32.17	598.27	142.85	180.02
山西	142.05	13.65	210.33	63.86	63.45
内蒙古	29.28	2.76	52.67	12.68	12.14
辽宁	1012.43	255.00	2229.10	421.89	641.07
吉林	379.24	33.78	499.90	89.35	145.38
黑龙江	196.49	18.94	388.00	83.41	136.33
上海	794.92	384.66	1560.82	281.45	465.18
江苏	3897.21	886.76	3595.65	962.48	1697.04
浙江	1311.21	620.10	1486.07	367.37	489.39
安徽	298.34	7.70	189.55	60.41	83.11
福建	404.69	114.12	364.88	75.76	104.91
江西	123.95	7.76	105.65	29.21	58.38
山东	2189.57	246.50	1789.20	490.92	718.75
河南	910.34	10.37	663.61	312.17	398.28
湖北	684.46	53.33	847.73	208.00	279.67
湖南	1095.90	96.74	1078.29	230.25	319.65
广东	1196.42	446.85	1074.92	243.12	451.64
广西	173.55	2.13	123.14	28.46	42.82
海南	0.30		8.76	0.84	1.41
重庆	1418.36	193.04	1380.38	305.97	535.67
四川	589.69	41.29	736.17	191.45	252.95
贵州	182.16	9.49	400.27	128.36	131.41
云南	37.84		69.27	10.70	15.28
西藏					
陕西	739.61	77.09	1247.01	231.31	326.95
甘肃	15.43		25.36	3.22	5.59
青海	2.28		0.82	0.28	2.56
宁夏	1.07		2.07	0.36	0.41
新疆	0.96		1.09	0.28	0.34

其他运输设备制造业主要经济指标

单位：亿元

累计折旧	流动资产合计	应收账款	存货	产成品	负债合计
3256.39	**13695.20**	**3086.76**	**3842.32**	**613.42**	**14259.20**
64.05	470.12	164.52	151.87	21.42	403.27
129.52	606.91	93.51	217.17	18.61	644.27
49.28	399.98	127.88	130.42	23.02	392.94
21.78	134.37	67.66	26.09	6.34	156.49
5.43	29.04	7.69	8.37	4.58	18.03
243.56	1485.52	139.90	441.28	17.74	1548.34
56.58	363.42	119.68	138.94	5.31	342.49
60.79	223.82	41.24	89.75	4.64	248.61
188.99	1050.31	130.01	313.21	45.07	1187.50
741.80	2009.09	447.91	555.45	109.70	2180.82
180.40	827.45	183.91	245.92	32.74	1075.54
25.13	98.45	28.73	23.28	10.75	121.57
34.26	249.26	41.79	105.20	13.08	251.07
32.44	59.29	10.74	9.86	2.58	42.71
269.74	1074.57	255.72	272.86	45.62	1182.32
101.09	323.72	68.76	48.20	19.46	191.39
94.46	510.61	157.67	181.87	27.33	612.49
105.77	733.40	198.43	171.11	40.90	572.42
227.81	705.32	167.15	210.85	52.12	698.66
17.59	88.87	18.93	13.14	5.10	69.13
0.58	6.94	0.20	1.63		8.19
273.61	806.29	213.67	100.80	38.94	851.99
114.72	448.40	129.73	115.25	15.87	396.42
59.84	244.60	54.40	68.77	14.75	300.62
4.59	17.90	10.52	0.55	0.08	15.07
147.70	707.88	196.18	196.12	36.23	732.96
2.43	17.63	9.34	3.82	1.13	12.03
2.29	0.55	0.19	0.13	0.08	0.19
0.05	0.73	0.30	0.30	0.18	1.23
0.13	0.76	0.37	0.12	0.04	0.42

3-45 续表 1

地区	流动负债合计	应付账款	所有者权益合计	实收资本	国家资本
全国	**11813.97**	**3595.84**	**8118.60**	**3821.89**	**1633.96**
北京	364.48	127.14	247.17	103.44	39.95
天津	548.06	167.65	389.79	191.47	124.25
河北	348.19	141.84	205.10	100.56	44.92
山西	127.89	53.10	53.83	30.87	19.34
内蒙古	12.86	8.00	26.58	9.95	2.19
辽宁	1213.04	298.51	675.46	343.33	208.62
吉林	321.26	191.65	157.41	69.78	56.19
黑龙江	191.57	57.74	139.39	67.33	43.79
上海	1028.45	271.58	372.14	280.15	169.15
江苏	1801.84	505.68	1412.87	608.91	118.87
浙江	885.22	161.54	413.35	237.61	19.88
安徽	101.05	28.24	66.54	40.20	11.69
福建	198.88	32.54	111.64	45.40	11.32
江西	23.11	6.31	62.94	41.21	15.05
山东	1012.60	351.25	605.10	352.06	153.96
河南	152.37	50.48	470.85	121.11	10.48
湖北	490.29	213.76	235.24	163.22	100.09
湖南	474.65	225.61	505.87	180.70	101.12
广东	558.84	162.76	370.59	210.19	88.55
广西	61.52	21.80	54.01	16.31	9.40
海南	8.19	0.02	0.57	1.74	
重庆	699.22	137.57	519.41	160.19	30.86
四川	357.04	104.84	339.41	163.29	60.45
贵州	246.42	57.82	99.63	74.42	37.56
云南	14.47	9.84	54.20	18.12	12.38
西藏					
陕西	565.32	205.27	514.04	180.55	135.02
甘肃	6.00	2.81	13.33	8.45	8.11
青海	0.10	0.05	0.63	0.20	
宁夏	0.62	0.20	0.84	0.24	
新疆	0.41	0.26	0.67	0.89	0.74

单位：亿元

					主营业务收入
集体资本	法人资本	个人资本	港澳台资本	外商资本	
36.88	**1101.29**	**654.87**	**82.31**	**310.08**	**19087.69**
0.37	51.85	10.14	0.20	0.92	403.84
0.02	36.44	17.07	1.84	11.85	1136.16
3.88	36.61	12.51	0.61	2.03	541.69
1.17	7.30	1.65		1.40	139.96
0.19	1.07	6.51			29.03
0.91	104.31	13.07	1.37	15.05	1041.14
3.71	6.06	2.22		1.59	379.03
0.66	19.11	2.71		1.06	208.37
0.07	82.93	6.89	5.13	15.98	783.17
1.99	175.41	144.45	26.22	141.97	3798.03
0.69	105.40	88.63	6.50	16.51	953.65
0.07	14.68	12.07	0.53	1.15	294.37
0.16	10.74	15.27	4.82	3.09	397.91
	14.86	6.55	0.37	4.39	127.59
3.02	65.45	74.57	6.89	48.16	2187.13
0.80	18.53	87.46	0.06	3.79	890.07
0.48	45.85	15.49	0.65	0.66	624.30
0.24	56.37	10.18	5.47	7.32	994.05
3.48	67.98	14.32	18.19	17.66	1120.84
0.02	6.43	0.47			167.20
	1.69		0.06		0.83
5.21	53.75	61.93	2.85	4.27	1381.81
9.43	53.63	30.96	0.55	8.28	557.73
	32.28	4.50		0.66	168.98
	0.40	5.33			42.42
0.11	31.82	9.53		2.30	701.12
0.21		0.13			13.53
	0.20				1.84
		0.24			0.97
	0.15				0.94

3-45 续表 2

地　区	主营业务成本	销售费用	管理费用	财务费用	利息收入
全　国	**16468.48**	**324.10**	**1022.95**	**139.96**	**67.69**
北　京	325.42	6.72	34.26	3.56	1.29
天　津	986.27	10.24	42.77	3.00	1.88
河　北	451.04	9.67	26.12	2.64	1.56
山　西	115.55	3.56	11.53	1.20	0.07
内蒙古	25.33	0.73	2.75	-0.18	0.22
辽　宁	947.87	9.25	62.52	1.67	19.07
吉　林	301.63	8.40	27.47	2.28	1.27
黑龙江	179.21	4.47	23.24	2.05	0.28
上　海	700.86	12.03	65.72	6.73	10.89
江　苏	3268.05	57.96	154.13	29.29	10.06
浙　江	864.14	15.98	51.59	21.62	2.86
安　徽	261.89	3.84	10.60	1.37	0.27
福　建	349.85	6.25	14.65	4.93	0.52
江　西	115.97	0.85	2.55	0.07	0.04
山　东	1908.94	40.35	97.09	10.87	3.83
河　南	763.78	16.75	22.41	4.13	0.49
湖　北	557.87	9.01	33.66	4.83	0.38
湖　南	741.44	32.53	77.51	1.27	3.96
广　东	998.90	19.17	55.06	5.08	1.30
广　西	135.27	1.96	14.50	0.17	0.38
海　南	0.81	0.01	0.07	0.36	
重　庆	1181.77	26.80	82.65	15.21	4.15
四　川	475.58	12.71	36.53	4.39	1.11
贵　州	138.57	2.73	20.10	7.17	0.59
云　南	34.66	0.54	3.63	0.01	0.04
西　藏					
陕　西	625.19	11.12	47.85	5.99	1.15
甘　肃	9.55	0.33	1.66	0.23	0.01
青　海	1.64	0.08	0.10		
宁　夏	0.71	0.03	0.09	0.02	
新　疆	0.72	0.01	0.12		

单位：亿元

利息支出	投资收益（损失以"-"号记）	营业利润	利润总额	亏损企业亏损额	平均用工人数（万人）
189.68	**58.95**	**1048.84**	**1106.68**	**201.97**	**190.37**
3.98	2.80	35.66	38.42	3.27	3.68
4.56	-31.11	72.75	75.17	8.02	7.48
3.87	-2.54	46.93	45.88	7.96	5.66
1.46	1.65	9.01	9.27	1.70	1.63
0.04	0.03	0.20	0.79	0.49	0.50
17.04	16.91	30.38	37.23	7.95	10.91
2.09	0.54	34.93	36.29	1.29	3.01
2.44	4.16	2.44	4.91	5.37	3.05
15.70	1.77	-13.68	3.86	18.49	6.60
39.44	13.83	270.64	264.66	65.51	34.37
21.67	3.58	2.77	9.32	20.93	11.00
2.36	0.39	15.03	15.94	1.58	3.15
4.44	-0.12	19.40	19.46	0.73	4.55
0.73	0.05	7.77	7.79	0.13	1.37
11.48	2.08	112.48	114.47	18.39	12.27
4.03	0.85	78.79	77.84	0.62	10.31
4.70	0.34	14.48	17.87	9.31	7.72
6.08	2.56	90.14	94.42	1.34	7.68
8.01	21.78	57.76	58.97	12.63	14.12
0.64	0.01	14.61	14.34	0.24	2.88
0.36		-0.42	-0.42	0.43	0.02
15.96	8.32	78.36	82.05	4.83	16.57
5.23	2.41	26.34	30.13	4.77	6.50
6.76	1.10	1.22	3.64	2.90	3.70
0.06	2.52	5.90	6.04		0.19
6.16	5.03	33.24	36.46	3.09	11.13
0.33		1.51	1.59		0.29
		0.02	0.02		0.01
0.02		0.11	0.11		0.02
		0.09	0.15		0.02

3-46 按地区分组的电气机械和

地　区	工业销售产值(当年价格)	出口交货值	资产总计	固定资产合计	固定资产原价
全　国	**69558.22**	**9915.79**	**57153.76**	**12149.66**	**21054.64**
北　京	767.83	48.62	1221.56	75.16	136.91
天　津	1118.71	191.17	841.49	202.89	329.25
河　北	2032.97	65.71	1694.28	497.45	722.58
山　西	171.18	2.42	241.00	74.64	80.21
内蒙古	308.35	3.38	362.97	73.81	87.07
辽　宁	1301.50	111.06	1237.54	355.04	659.59
吉　林	385.22	0.84	198.99	72.72	268.11
黑龙江	216.87	7.18	432.07	79.78	117.11
上　海	2147.24	456.93	2329.55	337.28	614.23
江　苏	16014.64	2259.41	11715.49	2729.70	5302.19
浙　江	6087.13	1442.54	6248.31	1082.78	1644.41
安　徽	4624.86	216.77	2857.04	627.70	1433.71
福　建	1698.17	457.84	1370.31	258.45	386.07
江　西	2615.76	220.50	1447.55	569.42	928.54
山　东	6472.58	288.79	5207.98	1196.81	1795.88
河　南	3059.70	19.41	2189.60	652.36	785.15
湖　北	1813.06	88.35	1283.99	356.13	542.87
湖　南	1686.76	37.63	1307.00	349.07	409.99
广　东	11869.62	3843.78	10079.31	1623.46	3212.76
广　西	849.00	18.46	347.42	127.66	166.24
海　南	60.17	19.05	105.57	33.58	44.72
重　庆	1093.04	21.13	756.98	131.83	205.96
四　川	1286.73	48.34	1047.39	263.63	425.68
贵　州	196.45	1.64	162.37	21.96	25.92
云　南	114.45	2.65	155.03	23.44	28.89
西　藏	1.17		3.32	1.12	0.23
陕　西	783.42	37.02	938.24	197.78	454.37
甘　肃	123.88	0.33	173.57	21.95	32.55
青　海	70.39		89.21	39.98	119.89
宁　夏	65.23		67.14	18.11	22.16
新　疆	522.15	4.84	1041.49	53.96	71.44

器材制造业主要经济指标

单位：亿元

累计折旧	流动资产合计	应收账款	存货	产成品	负债合计
9718.04	**36400.52**	**12440.17**	**6476.82**	**2923.73**	**32322.06**
64.76	927.85	412.72	161.21	43.13	722.41
148.85	539.65	188.28	113.20	50.65	448.68
261.11	958.81	331.07	175.21	88.88	905.13
21.07	135.96	71.00	29.93	15.65	175.69
23.67	163.61	39.63	46.24	17.28	206.27
342.34	730.90	268.10	135.77	58.05	660.59
200.70	97.52	28.08	21.19	9.78	98.19
47.33	271.09	63.98	67.68	13.64	237.16
289.80	1717.79	760.00	335.12	137.78	1271.43
2580.14	7315.40	2917.29	1169.94	526.05	6343.06
644.13	4040.38	1451.33	738.10	333.18	3582.33
842.50	1881.17	666.55	312.60	174.32	1579.58
151.70	899.05	311.26	170.67	64.08	711.07
441.55	636.85	234.20	133.93	82.72	711.16
737.41	3172.67	610.10	490.60	293.16	3093.71
201.18	1242.73	418.35	193.33	87.45	972.90
211.72	778.91	304.56	167.91	76.02	697.08
117.36	736.94	255.87	166.37	49.48	741.76
1656.89	7013.76	1952.16	1276.73	560.33	6225.76
51.53	184.07	56.01	42.33	22.88	171.73
15.00	67.55	28.91	7.39	4.01	52.24
84.23	489.48	220.31	107.49	45.21	453.85
180.46	649.39	226.80	149.21	59.24	674.69
6.21	128.09	23.09	19.11	10.68	115.70
11.60	115.31	33.75	28.89	15.36	98.52
0.04	1.86	0.27	0.43	0.05	1.40
265.79	631.80	248.28	116.44	55.20	499.16
12.65	129.88	62.97	29.71	13.03	126.90
82.69	39.33	11.84	5.64	1.49	59.81
5.38	42.75	24.71	9.86	5.14	38.48
18.21	659.98	218.72	54.61	9.78	645.64

3-46 续表 1

地　区	流动负债合计	应付账款	所有者权益合计	实收资本	国家资本
全　国	**28237.49**	**9191.66**	**24641.50**	**12241.59**	**678.47**
北　京	676.26	268.76	496.48	301.18	47.30
天　津	416.63	133.01	392.34	253.90	13.42
河　北	784.41	243.01	783.52	496.40	52.36
山　西	157.02	49.59	65.31	55.85	18.78
内蒙古	148.72	61.47	156.33	105.51	4.19
辽　宁	536.75	139.19	575.11	247.31	10.80
吉　林	78.80	21.45	100.80	40.91	2.59
黑龙江	210.64	70.19	194.89	65.97	12.85
上　海	1175.22	501.59	1042.78	581.65	43.81
江　苏	5727.63	1548.52	5356.83	2570.98	74.45
浙　江	3200.87	925.20	2656.75	1209.64	9.34
安　徽	1392.73	485.04	1251.59	534.37	7.07
福　建	627.28	213.80	643.74	775.10	11.28
江　西	561.48	186.30	725.36	527.59	6.00
山　东	2505.37	622.06	2095.14	680.31	39.88
河　南	828.48	280.12	1189.36	958.98	85.28
湖　北	572.59	212.11	586.89	267.91	22.83
湖　南	564.21	183.68	563.36	267.85	53.23
广　东	5685.97	2239.78	3823.36	1467.17	45.04
广　西	125.64	31.17	175.70	59.61	3.19
海　南	37.26	12.88	53.32	34.48	0.05
重　庆	348.23	133.14	298.41	88.87	13.40
四　川	564.58	163.46	372.08	247.51	27.53
贵　州	105.50	10.52	46.67	28.93	1.09
云　南	91.13	24.24	56.52	34.97	3.91
西　藏	1.34	0.61	1.92	1.96	
陕　西	409.67	184.65	437.11	167.84	53.10
甘　肃	103.05	60.89	46.53	33.26	5.44
青　海	42.08	16.21	29.40	18.60	2.00
宁　夏	31.70	14.91	28.65	19.71	
新　疆	526.26	154.11	395.26	97.27	8.30

单位：亿元

集体资本	法人资本	个人资本	港澳台资本	外商资本	主营业务收入
216.89	**4411.48**	**4767.42**	**786.37**	**1380.83**	**69183.18**
2.12	143.99	68.05	9.64	30.07	838.33
4.11	81.86	58.14	14.98	81.40	1115.02
1.75	196.05	183.16	1.76	61.32	2049.59
1.50	22.97	9.81		2.79	131.18
0.52	90.82	8.54	0.39	1.05	311.11
8.05	98.17	77.58	5.93	46.79	1372.20
0.25	8.40	22.67	1.51	5.50	380.28
2.94	19.49	22.04	2.25	6.40	219.38
8.99	250.02	124.32	33.26	121.25	2215.65
32.58	835.69	967.73	194.39	466.13	15871.35
20.11	479.48	496.85	90.61	113.25	5992.42
7.80	191.34	284.12	8.89	35.16	4445.51
7.02	93.81	578.84	57.00	27.15	1671.63
2.87	351.20	140.98	14.54	12.00	2743.68
23.57	268.00	293.81	12.64	42.38	6518.35
14.35	154.09	685.67	1.87	17.73	3050.42
16.15	85.30	94.35	13.80	35.48	1700.57
8.03	104.48	73.89	5.87	22.34	1701.57
29.68	528.21	347.55	308.27	208.42	11757.43
0.13	30.21	23.98	1.44	0.66	829.97
3.00	27.76			3.67	63.81
0.87	34.98	34.92	3.41	1.29	1152.75
11.21	112.86	77.58	3.24	15.00	1238.55
0.06	14.98	9.37	0.36	3.07	176.80
1.79	11.65	17.62			115.61
0.20	1.26	0.50			0.72
3.38	60.96	34.59	0.32	15.48	730.27
3.06	15.67	9.03		0.06	100.96
0.57	13.75	2.29			62.45
	11.36	8.35			70.02
0.23	72.67	11.08		4.98	555.61

3-46 续表 2

地　　区	主营业务成　　本	销售费用	管理费用	财务费用	利息收入
全　　国	**58624.13**	**2378.88**	**3076.89**	**501.50**	**112.93**
北　　京	665.97	54.08	58.88	5.10	2.28
天　　津	984.41	21.15	44.58	5.47	0.78
河　　北	1768.37	42.23	73.26	25.47	0.87
山　　西	110.93	3.15	11.56	3.57	0.13
内 蒙 古	258.66	5.62	12.87	1.19	0.37
辽　　宁	1201.39	35.88	62.60	12.31	1.11
吉　　林	335.70	9.29	15.25	3.74	0.08
黑 龙 江	192.81	8.11	13.74	1.76	0.83
上　　海	1809.85	87.64	174.10	10.18	2.35
江　　苏	13596.89	409.55	617.33	131.13	19.86
浙　　江	5015.47	211.72	368.73	73.72	18.52
安　　徽	3730.43	181.80	163.30	24.53	5.51
福　　建	1366.44	55.09	92.82	9.22	2.24
江　　西	2419.69	41.47	67.09	15.89	0.72
山　　东	5547.50	257.35	242.45	64.68	7.33
河　　南	2617.48	79.60	88.12	28.71	1.65
湖　　北	1448.94	49.92	90.48	14.11	-0.17
湖　　南	1402.23	56.82	75.20	20.69	1.77
广　　东	9828.31	618.46	582.65	5.95	33.41
广　　西	702.43	13.18	25.57	5.00	0.25
海　　南	54.71	2.99	3.98	2.10	0.02
重　　庆	984.62	29.79	45.14	8.59	0.58
四　　川	1048.13	33.86	64.80	17.05	1.31
贵　　州	150.24	6.56	8.63	1.48	0.23
云　　南	102.09	3.81	6.10	1.65	0.16
西　　藏	0.57	0.04	0.07		
陕　　西	612.64	27.18	40.66	3.72	0.63
甘　　肃	90.81	3.15	5.57	0.90	0.07
青　　海	57.34	0.67	2.28	0.87	
宁　　夏	62.70	1.85	2.46	1.14	0.02
新　　疆	456.41	26.86	16.61	1.58	10.01

单位：亿元

利息支出	投资收益（损失以"−"号记）	营业利润	利润总额	亏损企业亏损额	平均用工人数（万人）
584.45	**192.04**	**4433.36**	**4524.31**	**327.44**	**629.87**
7.07	-0.12	32.88	33.20	41.74	5.53
4.91	0.85	69.30	65.62	7.13	6.39
24.71	2.97	110.36	111.44	37.89	15.69
3.50	0.80	3.83	4.09	3.99	1.52
1.11	-2.12	26.65	12.84	4.68	1.50
10.90	-0.58	51.72	58.07	9.27	11.47
2.85	0.90	15.69	14.65	5.05	2.06
2.06	3.85	5.13	5.08	6.68	2.41
14.45	11.71	144.27	151.84	20.53	20.52
146.06	27.26	1090.56	1095.77	52.74	105.69
96.65	25.23	341.25	360.97	27.18	78.01
27.73	-15.44	293.13	292.28	7.07	28.17
12.98	2.57	147.66	150.43	4.53	20.66
14.60	0.94	188.35	191.03	2.93	22.03
48.05	13.42	397.84	413.79	6.32	38.57
22.90	3.30	222.91	227.14	7.24	26.19
9.77	0.07	95.24	102.20	7.93	15.75
19.90	-5.89	85.48	79.05	5.34	13.06
60.82	121.39	790.01	820.83	38.03	176.21
4.71	-13.59	67.18	68.12	0.80	4.20
1.63	0.68	-2.51	-2.33	3.33	0.63
9.18	0.19	80.29	81.85	1.63	7.61
15.94	-1.26	57.73	60.24	17.00	12.65
1.19	-0.09	7.85	7.87	0.32	1.43
1.65	0.21	2.11	2.77	1.84	1.47
	0.18	0.20	0.19		0.01
4.11	9.27	46.79	49.88	2.46	6.69
0.93	-0.04	0.04	0.65	1.56	1.28
1.00		0.78	1.74	0.56	0.40
0.67	0.01	1.62	1.96	0.93	0.57
12.41	5.39	59.00	61.06	0.75	1.48

3-47 按地区分组的计算机、通信和

地　区	工业销售产值（当年价格）	出口交货值	资产总计	固定资产合计	固定资产原价
全　国	**91378.86**	**45899.68**	**67231.29**	**14189.76**	**28207.64**
北　京	2042.25	605.30	3065.73	425.82	906.43
天　津	2537.73	1353.50	1348.47	247.90	587.41
河　北	514.10	90.34	767.48	223.84	327.02
山　西	636.31	436.25	691.79	137.92	309.71
内蒙古	61.27	0.08	70.25	35.84	33.23
辽　宁	573.34	218.74	834.00	132.65	306.11
吉　林	88.58	6.10	95.35	36.52	74.67
黑龙江	22.75	0.74	39.95	6.52	9.57
上　海	5335.03	4160.38	3835.42	873.19	2213.31
江　苏	18390.31	10706.89	11180.05	3444.11	7915.94
浙　江	2789.03	992.08	3266.00	484.82	856.70
安　徽	1991.25	706.27	2094.94	618.76	895.18
福　建	3150.37	1749.22	2050.22	411.51	718.32
江　西	1282.33	260.33	893.37	256.18	375.02
山　东	5431.80	1575.81	2600.46	624.13	2060.52
河　南	3668.27	2895.80	2886.64	470.31	592.60
湖　北	1917.46	457.27	1875.95	289.41	577.33
湖　南	1816.85	404.73	853.40	321.94	445.11
广　东	29731.72	15806.15	22256.73	3343.53	6350.14
广　西	1241.82	326.87	341.10	79.23	123.08
海　南	11.31	0.49	21.83	1.12	3.44
重　庆	3260.74	2050.63	1445.56	508.01	716.72
四　川	3908.93	869.80	2825.18	550.82	849.88
贵　州	322.82	7.61	535.97	58.48	82.90
云　南	30.39	1.26	64.30	9.52	16.51
西　藏					
陕　西	555.47	193.67	1146.92	562.65	801.76
甘　肃	60.23	23.22	137.83	31.68	53.68
青　海	4.89		1.70	0.20	1.53
宁　夏					
新　疆	1.50	0.16	4.72	3.15	3.80

其他电子设备制造业主要经济指标

单位：亿元

累计折旧	流动资产合计	应收账款	存货	产成品	负债合计
14493.18	**44587.93**	**17258.88**	**8530.18**	**3077.83**	**38631.60**
493.54	1883.34	454.13	331.74	133.80	1602.21
367.36	988.90	344.52	178.24	51.55	661.42
106.41	452.40	107.50	51.29	12.33	424.84
197.89	510.07	160.37	83.71	48.23	461.03
5.13	28.63	1.47	1.79	0.95	33.77
178.57	503.94	135.53	91.46	25.66	376.49
39.26	49.25	10.86	7.36	3.13	41.82
3.59	25.85	6.27	5.05	2.59	18.42
1404.75	2626.96	1064.98	456.37	165.73	2222.97
4479.31	6531.00	2719.18	1308.77	457.32	5596.48
404.81	2289.36	906.02	394.19	174.55	1630.90
285.79	1262.88	583.25	149.19	56.28	1222.58
313.89	1346.72	552.91	232.97	98.00	1151.83
142.64	512.15	215.92	84.31	37.53	517.56
1468.35	1675.00	513.08	297.53	153.96	1347.32
137.40	2297.25	892.55	340.65	149.41	2160.84
305.46	1376.79	555.58	327.92	85.74	1115.34
136.96	398.36	160.66	67.62	27.50	437.07
3102.15	15886.15	6295.78	3317.05	1118.24	13660.42
48.40	231.85	139.53	36.51	12.91	205.87
2.47	20.00	5.03	7.45	2.21	13.50
254.91	846.99	391.86	147.39	52.50	967.42
315.76	1911.00	703.48	382.43	119.00	1793.44
26.46	414.65	191.07	78.05	44.74	222.55
8.11	42.13	14.10	9.00	2.05	27.38
238.02	408.45	120.56	126.77	36.30	670.70
23.81	65.66	12.05	14.32	5.06	43.74
1.33	1.16	0.35	0.61	0.27	1.10
0.65	1.01	0.29	0.45	0.30	2.59

3-47 续表 1

地区	流动负债合计	应付账款	所有者权益合计	实收资本	国家资本
全国	**33737.73**	**16363.81**	**28499.65**	**13990.30**	**1116.31**
北京	1396.74	609.83	1452.62	698.37	236.25
天津	551.86	296.48	686.78	345.89	27.77
河北	333.20	85.38	340.92	142.98	1.63
山西	457.83	231.75	230.76	137.34	0.49
内蒙古	18.68	3.18	36.47	23.72	
辽宁	295.60	88.32	464.55	245.26	19.69
吉林	26.43	8.13	52.61	15.37	1.44
黑龙江	11.79	3.95	21.53	9.09	1.81
上海	1966.03	1131.97	1612.01	1098.42	104.32
江苏	5061.61	2447.44	5574.93	3097.46	167.93
浙江	1505.06	649.24	1630.05	647.26	27.57
安徽	936.46	546.75	869.71	602.42	35.27
福建	1004.27	483.08	890.01	487.20	96.33
江西	409.54	195.29	374.91	168.33	4.20
山东	1155.74	527.54	1248.41	438.28	12.60
河南	2100.14	1176.56	719.30	312.13	1.58
湖北	1007.20	426.44	759.80	337.18	50.93
湖南	334.79	136.98	413.62	174.55	16.00
广东	12055.69	5996.27	8509.79	3542.17	73.60
广西	181.87	125.42	133.70	38.72	4.29
海南	13.39	5.36	8.33	2.72	1.05
重庆	658.09	450.76	478.00	318.01	23.15
四川	1484.98	445.60	1024.00	368.42	65.78
贵州	213.41	172.25	309.34	285.63	41.21
云南	23.15	9.62	36.92	7.93	5.44
西藏					
陕西	505.43	98.16	523.77	400.06	92.38
甘肃	26.18	11.16	94.08	42.82	3.62
青海	0.72	0.22	0.60	0.43	
宁夏					
新疆	1.82	0.68	2.13	2.16	

单位：亿元

集体资本	法人资本	个人资本	港澳台资本	外商资本	主营业务收入
327.40	**4455.27**	**1605.20**	**2357.18**	**4085.65**	**91606.58**
2.03	190.98	61.52	35.04	172.55	2519.79
0.66	35.80	26.70	43.80	211.16	2586.43
0.15	52.56	35.03	22.99	30.62	520.51
	25.96	3.36	43.11	64.41	654.81
	21.91	1.00	0.81		60.07
0.87	117.34	14.82	48.73	39.68	606.57
0.59	5.80	5.86	0.82	0.86	89.10
	5.52	1.76			22.72
1.40	178.62	43.15	244.00	526.93	5706.66
20.82	455.35	289.87	692.69	1470.80	18200.18
7.05	219.82	182.72	64.76	145.34	2854.30
2.12	463.69	57.68	29.30	14.36	1949.73
3.42	152.07	61.54	72.64	101.21	3102.85
0.21	79.95	41.25	27.50	15.23	1374.65
5.61	153.14	96.27	45.05	125.61	5483.17
5.95	175.24	70.32	44.10	14.95	3642.94
1.45	204.01	49.81	22.51	8.46	1962.16
0.88	81.91	48.16	21.88	5.71	1853.43
36.73	1394.83	407.73	825.71	803.57	29421.29
	10.55	8.41	13.16	2.31	1262.61
	0.22		1.37	0.09	11.31
0.17	201.39	26.83	41.81	24.65	3253.21
3.99	133.59	50.13	11.53	64.08	3481.09
220.23	20.03	4.32			307.66
0.26	1.13	0.51	0.50	0.10	39.35
3.74	44.71	13.35	2.95	242.92	578.25
7.66	28.51	2.57	0.41	0.05	55.06
	0.33	0.10			3.57
1.40	0.31	0.45			3.13

3-47 续表 2

地 区	主营业务成 本	销售费用	管理费用	财务费用	利息收入
全 国	**80532.58**	**2075.40**	**4423.17**	**328.69**	**170.56**
北 京	2215.90	109.00	148.71	19.75	10.06
天 津	2260.18	54.79	78.17	4.76	6.04
河 北	433.29	10.49	24.34	2.95	2.36
山 西	574.16	0.97	14.30	3.08	-1.21
内蒙古	56.89	0.95	2.56	1.31	0.04
辽 宁	510.09	16.25	43.15	4.04	1.27
吉 林	70.97	2.66	6.63	0.71	0.08
黑龙江	17.33	0.52	2.71	0.43	0.03
上 海	5311.82	93.71	218.27	13.66	20.86
江 苏	16514.44	186.94	595.12	41.91	22.29
浙 江	2289.04	95.83	221.97	11.36	7.83
安 徽	1701.98	27.35	75.28	19.42	3.06
福 建	2760.05	73.72	134.22	14.30	0.91
江 西	1239.44	13.03	38.63	5.51	0.02
山 东	4870.06	125.27	167.81	18.66	5.07
河 南	3391.52	21.51	52.44	15.07	10.21
湖 北	1734.71	63.94	111.13	6.94	-5.68
湖 南	1541.43	40.74	81.92	7.18	-1.54
广 东	24921.36	957.80	2040.55	94.25	74.48
广 西	1115.42	9.84	20.10	-0.63	0.62
海 南	6.28	2.52	1.85	0.08	0.04
重 庆	3007.56	47.32	90.66	1.27	4.47
四 川	3176.13	90.10	144.17	29.48	6.62
贵 州	244.42	18.19	47.82	-1.09	1.67
云 南	33.08	0.74	3.00	0.17	0.12
西 藏					
陕 西	484.70	10.17	51.29	13.26	0.48
甘 肃	43.86	0.88	6.09	0.71	0.34
青 海	3.50	0.02	0.04	0.01	
宁 夏					
新 疆	2.97	0.12	0.24	0.12	

单位：亿元

利息支出	投资收益（损失以"–"号记）	营业利润	利润总额	亏损企业亏损额	平均用工人数（万人）
402.79	**354.05**	**4143.94**	**4563.74**	**500.61**	**909.26**
17.37	16.67	43.90	63.76	46.24	11.62
9.74	1.45	183.45	184.52	14.63	16.83
5.04	2.30	49.28	54.64	0.83	9.40
2.46	-29.95	29.18	34.55	1.69	9.89
1.30	0.03	-1.51	-1.40	3.85	0.32
4.59	3.04	32.30	38.88	4.54	6.93
0.84	0.20	8.42	9.23	0.09	0.94
0.40	0.43	2.01	2.23	0.15	0.35
18.31	16.33	89.83	121.27	40.33	40.54
75.13	-2.21	867.51	882.16	85.81	182.49
27.78	14.78	242.33	279.24	12.68	38.74
16.34	4.12	102.67	116.64	4.57	16.64
13.18	0.29	111.18	106.66	38.65	29.09
4.86	1.60	73.61	77.50	1.28	19.38
23.87	7.61	287.88	302.57	6.78	35.38
11.44	2.36	164.32	164.72	0.62	43.53
8.74	1.71	43.07	60.68	15.25	15.67
7.32	-5.50	91.70	82.45	11.82	18.64
105.39	300.38	1473.84	1680.27	108.01	341.30
1.29	0.11	117.40	115.37	0.80	8.92
0.10		0.93	1.24	0.12	0.13
6.69	-0.70	89.63	96.66	5.03	19.53
32.70	7.40	12.04	34.20	80.53	32.57
0.54		-4.58	5.82	12.46	2.00
0.34	0.38	2.60	2.91		0.67
6.18	11.03	26.97	40.92	3.62	6.70
0.71	0.18	4.29	6.11	0.04	0.96
		-0.01			0.01
0.12		-0.33	-0.07	0.16	0.08

3-48 按地区分组的仪器仪表

地　区	工业销售产值(当年价格)	出口交货值	资产总计	固定资产合计	固定资产原价
全　国	**8749.31**	**1338.95**	**8024.43**	**1749.67**	**2914.23**
北　京	256.11	14.43	502.44	40.09	65.39
天　津	76.84	12.53	116.88	15.66	25.72
河　北	104.51	4.31	123.35	33.83	41.20
山　西	23.06	0.42	43.33	3.63	4.99
内蒙古	8.89		0.37	0.16	0.18
辽　宁	160.21	21.87	236.66	51.51	75.81
吉　林	53.23	2.07	34.96	11.91	32.51
黑龙江	28.11	0.16	60.06	9.58	17.01
上　海	331.04	106.18	380.49	40.13	85.29
江　苏	3355.86	376.71	2422.79	677.56	1181.76
浙　江	791.65	179.18	1056.04	176.09	271.06
安　徽	199.40	8.90	138.66	43.67	65.84
福　建	191.99	93.08	117.31	29.84	48.85
江　西	132.97	14.30	107.66	36.39	58.97
山　东	864.08	43.43	520.01	144.25	243.72
河　南	393.31	15.66	338.96	85.33	119.99
湖　北	184.84	6.20	201.63	61.60	82.68
湖　南	233.34	14.18	176.45	46.33	58.46
广　东	841.10	399.69	804.62	129.70	243.24
广　西	46.67	1.71	27.85	6.29	11.56
海　南	1.56		3.41	0.02	0.04
重　庆	162.24	5.50	166.46	23.74	43.35
四　川	78.24	5.09	84.08	15.29	20.55
贵　州	12.89	0.62	18.54	2.77	3.99
云　南	39.12	3.07	65.88	11.56	21.99
西　藏					
陕　西	158.21	6.95	233.53	46.40	76.32
甘　肃	5.38	2.64	20.48	2.73	5.25
青　海	3.17	0.07	5.35	0.81	6.87
宁　夏	10.06		8.57	1.28	1.57
新　疆	1.22		7.61	1.52	0.09

制造业主要经济指标

单位：亿元

累计折旧	流动资产合计	应收账款	存货	产成品	负债合计
1252.63	**5129.00**	**1764.23**	**1097.56**	**387.42**	**3609.18**
27.64	381.11	127.61	88.61	18.56	234.48
11.02	78.12	20.70	18.63	7.75	65.29
10.79	74.56	32.40	13.70	5.98	38.58
2.00	31.33	11.48	8.54	3.46	21.66
0.02	0.19	0.09	0.09	0.03	0.15
31.07	146.08	40.79	34.24	6.48	89.90
21.19	16.91	4.43	4.30	1.63	12.45
8.54	35.59	10.47	9.71	4.03	24.55
48.03	293.90	101.30	62.96	26.57	165.77
501.86	1459.87	483.34	309.21	97.77	1110.12
108.56	692.41	239.65	138.50	52.74	482.09
25.40	80.66	32.90	11.39	5.06	57.46
23.63	74.82	25.84	20.01	7.24	43.85
25.38	54.12	15.43	8.09	3.06	40.76
110.70	299.60	111.13	63.07	33.69	236.67
39.01	203.82	60.47	35.90	17.55	119.23
35.78	123.62	40.80	23.05	9.40	101.48
16.12	103.03	43.95	15.32	5.26	68.14
119.04	557.28	206.51	146.52	49.44	351.58
5.90	14.14	3.38	2.72	1.31	12.60
0.02	3.34	0.20	0.01		1.36
20.99	118.41	45.14	24.83	10.17	92.61
6.76	57.84	21.97	14.28	4.33	41.83
1.28	12.67	7.57	2.36	0.95	11.35
11.51	45.75	26.57	9.85	2.98	47.21
31.23	150.28	42.23	27.99	10.17	119.73
2.67	8.44	3.23	1.82	0.75	8.14
6.06	1.36	0.62	0.35	0.22	0.25
0.36	7.00	3.12	1.37	0.69	4.36
0.05	2.73	0.92	0.14	0.13	5.53

3-48 续表 1

地区	流动负债合计	应付账款	所有者权益合计	实收资本	国家资本
全国	**3218.41**	**1126.78**	**4400.34**	**1525.43**	**129.00**
北京	220.06	91.49	267.96	88.43	12.15
天津	53.55	19.19	51.42	22.17	3.01
河北	36.73	14.04	84.57	24.42	1.58
山西	19.09	8.95	21.67	6.74	0.79
内蒙古	0.15	0.05	0.22	0.07	
辽宁	75.20	20.78	146.50	42.29	1.79
吉林	9.08	1.42	22.50	7.79	1.16
黑龙江	18.07	6.48	35.51	12.99	1.79
上海	142.03	58.92	212.82	76.29	10.53
江苏	1004.57	309.32	1310.50	400.01	31.35
浙江	454.15	125.12	573.71	206.66	2.02
安徽	44.56	18.08	75.84	25.57	1.15
福建	40.70	15.61	73.46	44.38	0.17
江西	33.78	7.27	66.90	26.04	0.55
山东	202.77	72.35	282.66	112.43	4.90
河南	102.18	39.34	218.87	59.72	4.99
湖北	84.12	29.28	100.14	35.87	4.64
湖南	55.80	24.66	106.58	32.66	1.55
广东	325.43	151.29	451.87	175.08	1.15
广西	8.85	2.24	15.25	4.33	0.51
海南	1.36	0.08	2.05	1.03	
重庆	82.79	30.79	73.67	31.03	4.95
四川	37.89	14.59	42.25	17.32	3.53
贵州	10.85	3.77	7.19	2.97	1.81
云南	40.12	19.30	18.67	20.80	15.35
西藏					
陕西	100.39	38.92	113.80	41.28	17.57
甘肃	4.57	1.26	12.34	3.99	
青海	0.24	0.10	5.11	0.25	
宁夏	4.21	1.64	4.20	1.82	
新疆	5.13	0.45	2.09	1.00	

单位：亿元

集体资本	法人资本	个人资本	港澳台资本	外商资本	主营业务收入
20.12	**463.16**	**554.72**	**142.50**	**228.77**	**8741.75**
0.91	29.53	30.24	4.57	11.03	307.38
0.55	6.48	6.76	2.35	3.02	86.26
0.12	6.26	14.38	0.03	2.04	105.12
	4.89	0.75	0.31		23.00
	0.05	0.02			9.40
0.56	11.99	18.48	0.63	8.84	160.70
0.41	2.02	4.02		0.18	49.97
	5.48	5.73			29.55
0.40	7.64	14.69	6.44	36.58	354.44
2.53	99.06	171.03	21.55	74.49	3341.22
1.47	76.17	74.69	31.52	20.79	784.78
1.73	6.80	12.89	0.09	2.90	194.49
1.23	8.33	12.45	13.36	8.84	190.26
2.57	18.03	3.95	0.38	0.56	131.98
1.83	29.68	65.75	1.80	8.45	845.14
0.71	22.70	29.37	1.08	0.87	393.14
0.27	18.09	11.78	0.65	0.44	181.95
0.32	11.28	13.48	6.00	0.03	225.25
0.38	48.49	32.95	50.58	41.54	837.92
2.22	0.24	1.36			45.99
	1.03				2.24
0.02	18.22	5.95	0.04	3.24	154.71
0.73	4.40	5.99	0.16	2.51	73.80
	0.44	0.73			12.06
0.52	2.29	0.77		1.87	37.83
0.07	22.22	12.01	0.31	0.55	144.39
0.19	0.16	3.58	0.06		5.23
0.15		0.10			3.01
0.21	0.68	0.34	0.60		9.09
	0.50	0.50			1.47

3-48 续表 2

地区	主营业务成本	销售费用	管理费用	财务费用	利息收入
全国	**6962.59**	**351.30**	**608.87**	**52.52**	**10.59**
北京	217.41	22.59	35.27	1.12	1.29
天津	67.02	6.35	9.41	0.23	0.04
河北	77.75	4.41	8.16	0.49	-0.04
山西	17.85	1.21	2.47	0.15	0.01
内蒙古	6.56	0.16	0.17	0.02	
辽宁	124.57	6.31	13.94	1.73	0.15
吉林	42.10	1.25	2.55	0.31	0.03
黑龙江	23.31	1.58	3.38	0.34	0.09
上海	258.06	21.40	42.87	0.47	1.10
江苏	2737.72	120.36	176.21	19.14	2.76
浙江	596.34	38.63	77.00	6.89	2.30
安徽	152.03	6.02	13.27	1.21	0.10
福建	158.62	5.28	12.46	0.92	0.11
江西	110.35	3.40	5.19	0.38	-0.08
山东	717.03	25.07	35.88	7.59	0.49
河南	326.95	10.34	21.12	2.23	-0.01
湖北	144.07	7.61	14.37	1.76	0.08
湖南	175.19	10.47	15.56	3.18	
广东	673.98	38.75	73.89	0.12	1.46
广西	37.94	1.34	3.07	0.21	0.01
海南	0.24	0.94	0.60	-0.01	0.01
重庆	122.96	8.26	12.65	1.29	0.10
四川	56.15	3.41	7.01	0.74	0.06
贵州	9.84	0.44	1.24	0.21	0.01
云南	35.11	0.88	3.77	0.73	0.21
西藏					
陕西	58.40	4.07	15.46	0.78	0.28
甘肃	3.85	0.21	0.98	0.18	0.04
青海	2.73	0.11	0.15		
宁夏	7.29	0.39	0.60	0.09	
新疆	1.19	0.07	0.16	0.02	

单位：亿元

利息支出	投资收益（损失以“-”号记）	营业利润	利润总额	亏损企业亏损额	平均用工人数（万人）
59.74	**21.65**	**704.76**	**743.75**	**36.88**	**105.23**
1.91	5.35	33.81	39.19	0.81	3.17
0.41	0.35	3.33	4.57	0.70	1.23
0.42	-0.10	12.60	13.72	0.38	1.69
0.16		1.14	1.85	0.15	0.30
		2.48	0.24		0.02
1.69	0.40	14.17	16.34	0.73	2.41
0.22	0.15	3.74	4.16		0.36
0.31	0.50	1.48	2.20	1.00	0.63
2.09	1.59	35.62	37.73	2.62	4.09
19.79	1.86	281.20	288.95	7.82	23.37
10.32	4.95	67.03	77.42	1.75	13.78
0.96	0.03	21.81	22.15	0.10	1.83
1.19	-3.85	8.65	5.76	5.23	3.62
0.47	0.82	12.65	13.86	0.14	1.88
5.38	1.47	58.08	59.19	1.47	6.51
2.15	0.44	31.91	33.17	0.81	5.90
1.57	-0.25	13.87	15.16	0.98	2.96
2.69	-0.28	17.34	17.15	0.29	2.14
3.77	6.78	55.75	61.63	7.17	22.01
0.21	-0.08	3.30	3.32	0.06	0.56
	0.04	0.48	0.60		0.04
1.30	0.69	10.10	10.93	0.39	2.34
0.53	0.01	5.45	5.89	0.37	1.06
0.19	0.01	0.19	0.41	0.15	0.28
0.57	0.05	-2.62	-2.18	3.03	0.66
1.12	0.69	10.28	9.19	0.64	2.07
0.21	0.01	0.02	0.11	0.04	0.14
		0.02	0.02		0.05
0.08	-0.03	0.81	0.89	0.05	0.11
0.04	0.03	0.08	0.12		0.02

3-49 按地区分组的其他

地区	工业销售产值(当年价格)	出口交货值	资产总计	固定资产合计	固定资产原价
全国	**2796.90**	**524.94**	**2404.20**	**713.60**	**1155.57**
北京	75.07	11.39	144.22	30.84	54.22
天津	116.73	8.47	56.40	17.16	31.56
河北	62.50	10.06	37.91	19.15	25.88
山西	4.95		11.72	2.49	3.65
内蒙古	19.40		33.52	11.72	11.84
辽宁	38.54	3.46	46.04	16.57	25.24
吉林	44.94		11.18	6.70	28.98
黑龙江	29.28	2.83	44.45	24.80	54.76
上海	53.57	8.96	62.30	18.32	42.45
江苏	289.94	54.50	138.91	59.00	100.65
浙江	317.37	117.59	284.93	67.41	96.83
安徽	105.02	2.01	60.37	17.16	23.36
福建	272.33	108.39	188.32	31.25	51.99
江西	65.53	30.22	25.06	9.14	11.86
山东	146.13	14.84	62.14	29.40	37.26
河南	158.87	5.35	144.02	55.64	90.09
湖北	163.72	6.18	124.98	49.50	100.02
湖南	162.56	28.64	40.70	15.26	20.87
广东	243.65	101.31	190.35	37.96	62.26
广西	28.48	1.22	12.10	5.42	9.20
海南					
重庆	69.24	5.49	116.27	31.22	48.50
四川	173.29	3.25	321.42	100.47	129.36
贵州	50.34		61.35	17.69	25.02
云南	15.21	0.78	14.40	5.63	6.93
西藏					
陕西	23.52	0.02	25.06	6.50	8.94
甘肃	55.29		120.56	24.43	48.65
青海	0.77		9.50	0.54	0.77
宁夏	10.67		16.03	2.24	4.43
新疆					

制造业主要经济指标

单位：亿元

累计折旧	流动资产合计	应收账款	存货	产成品	负债合计
494.45	**1374.20**	**310.83**	**420.76**	**118.05**	**1336.67**
23.66	85.81	27.58	18.85	5.19	57.41
17.95	34.47	8.93	7.14	3.64	35.19
7.24	14.73	4.87	3.22	1.24	12.18
1.73	8.82	0.37	1.52	0.44	4.06
5.28	16.60	5.15	5.13	0.01	23.49
10.64	22.81	6.24	7.08	1.83	19.78
22.45	3.27	1.16	0.78	0.46	3.66
18.15	12.79	5.76	3.21	0.95	32.36
24.55	39.16	12.25	12.86	4.89	23.62
41.64	68.15	19.13	15.92	5.56	65.40
36.46	181.31	48.23	42.06	17.50	157.15
7.73	36.63	7.37	12.77	6.44	22.03
22.05	115.84	34.81	26.49	11.27	76.77
3.17	11.49	4.82	2.42	1.10	8.85
10.67	28.28	6.84	7.07	3.50	28.68
35.27	71.54	12.98	21.62	13.10	53.38
54.30	64.32	18.72	20.26	4.88	76.68
7.26	18.06	4.82	6.21	2.19	13.58
28.60	121.09	37.71	33.17	9.72	94.19
3.81	5.58	2.69	1.25	0.64	5.93
18.32	64.50	7.00	18.49	12.64	85.98
50.83	195.40	15.10	116.56	7.90	262.34
10.32	40.00	3.30	9.37	0.56	39.14
2.81	8.68	1.49	3.27	0.44	5.85
2.92	17.15	7.11	2.22	0.49	5.98
24.22	76.29	1.00	20.49	0.89	111.08
0.22	1.31	0.32	0.44	0.33	3.43
2.19	10.10	5.05	0.90	0.26	8.49

3-49 续表 1

地　　区	流动负债合　　计	应付账款	所有者权益合计	实收资本	国家资本
全　　国	**1030.27**	**310.33**	**1062.10**	**453.10**	**84.18**
北　　京	45.15	19.30	86.80	35.79	14.53
天　　津	27.55	9.56	20.72	10.72	0.10
河　　北	10.81	2.14	25.73	9.53	0.07
山　　西	2.83	0.53	7.66	0.61	0.39
内 蒙 古	14.98	4.25	10.03	2.08	1.12
辽　　宁	17.36	4.60	26.24	14.91	2.32
吉　　林	2.61	0.55	7.40	2.82	
黑 龙 江	15.27	3.98	12.08	4.08	0.30
上　　海	21.80	7.15	38.69	16.45	0.03
江　　苏	63.13	12.47	73.28	28.64	0.01
浙　　江	149.24	33.00	127.78	68.29	1.25
安　　徽	19.04	6.22	38.33	11.71	0.43
福　　建	70.21	16.44	111.04	43.08	0.05
江　　西	7.23	2.65	16.22	9.02	0.03
山　　东	21.60	3.63	33.16	16.08	
河　　南	44.63	10.19	89.07	26.90	7.54
湖　　北	33.37	9.28	48.29	13.04	5.72
湖　　南	10.30	2.82	27.07	11.68	1.63
广　　东	84.36	33.82	95.81	47.98	0.42
广　　西	3.89	0.90	6.17	1.17	
海　　南					
重　　庆	74.00	14.20	28.97	23.45	12.07
四　　川	176.62	68.34	58.65	20.84	17.24
贵　　州	25.67	8.99	22.21	10.02	6.36
云　　南	5.54	1.74	8.55	2.30	1.45
西　　藏					
陕　　西	5.58	0.93	19.08	6.42	0.22
甘　　肃	68.44	30.53	9.48	8.97	8.75
青　　海	2.76	0.54	6.07	1.14	1.14
宁　　夏	6.31	1.58	7.54	5.38	1.00
新　　疆					

单位：亿元

集体资本	法人资本	个人资本	港澳台资本	外商资本	主营业务收入
5.51	**135.49**	**114.41**	**51.03**	**63.26**	**2771.98**
0.34	9.68	7.47		3.77	78.79
	2.53	2.26		5.83	119.47
	4.15	3.93		1.39	62.55
	0.20	0.02			4.90
	0.50	0.46			20.02
0.49	3.54	0.50		8.05	37.89
	1.15	1.67			45.14
	2.28	1.50			27.70
	3.07	1.51	3.64	8.20	54.18
0.05	7.18	8.67	1.60	11.13	290.61
3.05	28.99	22.55	7.07	5.37	317.26
0.04	2.46	8.19		0.59	104.63
0.11	10.67	7.57	17.01	7.68	274.37
0.26	1.16	3.54	2.97	1.05	68.44
0.10	5.20	8.12	1.11	1.55	148.60
0.01	6.11	11.75	1.49		157.08
0.21	2.15	4.95		0.01	162.79
0.19	6.23	3.64			170.88
0.60	16.88	8.41	13.32	8.35	243.41
0.06	0.20	0.33	0.56	0.02	29.31
	11.84	0.32			73.88
	1.41	2.18			151.57
	2.27	1.39			46.47
	0.12	0.73			13.98
	1.11	2.56	2.26	0.28	22.48
	0.02	0.20			35.50
					2.22
	4.38				7.89

3-49 续表 2

地　区	主营业务成本	销售费用	管理费用	财务费用	利息收入
全　国	**2365.73**	**69.59**	**137.93**	**16.79**	**4.34**
北　京	57.54	2.70	8.30	0.02	0.33
天　津	101.31	1.86	2.80	0.43	0.18
河　北	55.18	0.94	1.40	0.22	0.01
山　西	3.62	0.12	0.41	-0.05	0.11
内蒙古	16.29	0.04	1.23	0.16	-0.06
辽　宁	31.40	1.47	3.25	0.32	0.01
吉　林	38.03	1.72	2.14	0.58	
黑龙江	25.01	0.67	2.22	0.21	0.01
上　海	39.16	4.64	6.89	0.16	0.05
江　苏	253.30	6.52	9.50	1.82	0.06
浙　江	271.88	9.19	16.34	2.98	0.63
安　徽	83.97	3.71	3.77	0.45	0.03
福　建	236.73	6.34	10.05	1.91	0.17
江　西	60.58	1.01	1.39	0.24	
山　东	131.52	3.43	3.17	0.92	
河　南	133.73	3.28	8.32	1.22	0.40
湖　北	136.93	4.64	7.65	1.39	0.07
湖　南	143.58	6.13	8.29	1.37	0.02
广　东	208.66	6.46	16.29	0.27	0.18
广　西	23.55	0.73	1.77	0.17	
海　南					
重　庆	66.73	0.54	6.78	1.02	0.38
四　川	130.00	1.65	8.14	0.93	0.54
贵　州	40.92	0.60	3.58	0.39	0.17
云　南	12.49	0.21	0.81	0.08	0.02
西　藏					
陕　西	19.00	0.47	0.71	0.21	
甘　肃	36.83	0.05	1.84	-0.85	1.01
青　海	2.09		0.11	0.11	
宁　夏	5.74	0.48	0.78	0.10	
新　疆					

单位：亿元

利息支出	投资收益（损失以“-”号记）	营业利润	利润总额	亏损企业亏损额	平均用工人数（万人）
19.64	**8.36**	**172.88**	**183.95**	**7.02**	**42.75**
0.34	1.21	11.20	11.41	0.39	0.82
0.31	-0.02	12.70	12.69	0.45	1.46
0.19	-0.03	4.08	4.28	0.43	0.85
0.06	0.18	0.80	0.80	0.01	0.16
0.22	0.04	2.38	0.51		0.20
0.23	0.02	1.31	1.62	0.23	0.82
0.54		1.94	1.94		0.20
0.20	0.01	-0.09	0.06	1.09	0.51
0.39	0.02	3.25	3.36	1.21	1.08
1.39	-0.20	16.95	16.67	0.50	4.14
4.02	2.92	18.28	18.63	0.51	6.58
0.34	0.06	12.59	13.03	0.07	1.10
1.89	1.19	19.20	19.49	0.11	5.69
0.22		4.89	4.70	0.07	0.89
0.61	0.02	8.26	8.21		1.50
1.42	0.22	9.75	10.17		2.91
0.69	-0.06	8.44	8.79	0.34	1.65
1.16	0.02	9.14	9.31	0.01	1.84
1.00	0.57	11.31	12.08	1.07	5.85
0.17		2.95	2.94	0.05	0.36
1.34	2.00	1.38	2.66		1.09
1.81	0.01	10.67	13.01		1.42
0.53	0.17	0.89	1.35		0.70
0.10		0.38	0.41	0.14	0.21
0.19	0.01	2.09	2.13	0.09	0.16
0.11	0.05	-2.38	2.94	0.09	0.46
0.11	-0.03	-0.14	-0.14	0.14	0.02
0.08		0.69	0.90		0.09

3-50 按地区分组的废弃资源

地区	工业销售产值(当年价格)	出口交货值	资产总计	固定资产合计	固定资产原价
全国	**3908.24**	**54.76**	**1980.71**	**603.11**	**1175.58**
北京	5.71	0.11	20.72	9.07	11.31
天津	268.67	0.09	184.01	39.13	24.17
河北	86.48	0.69	72.66	16.14	21.72
山西	2.21		4.98	3.94	4.51
内蒙古	35.69		11.02	4.11	4.83
辽宁	53.59		56.23	14.36	24.37
吉林	28.85		19.01	7.39	8.06
黑龙江	5.24		8.50	1.29	1.40
上海	26.22		29.49	11.52	16.35
江苏	241.74	0.89	160.33	68.64	119.31
浙江	326.02	0.40	208.91	37.23	44.49
安徽	438.81	0.57	119.87	37.71	261.21
福建	72.93		26.95	7.80	10.06
江西	149.41		66.17	28.91	44.91
山东	93.37		66.66	27.49	35.13
河南	131.63	42.97	73.19	28.26	32.72
湖北	134.20	5.23	97.06	28.05	36.54
湖南	148.34		58.65	32.48	40.07
广东	1112.61	3.37	458.18	131.50	349.52
广西	278.38		58.20	6.29	7.45
海南	1.77		4.22	1.20	2.29
重庆	34.87		20.79	4.53	7.71
四川	168.16	0.13	60.99	19.42	25.82
贵州	16.67		4.42	0.84	1.10
云南	15.91		24.68	9.65	10.05
西藏					
陕西	7.23		16.00	5.46	5.73
甘肃	12.54		24.84	10.62	11.45
青海					
宁夏	7.61	0.30	11.53	2.93	2.92
新疆	3.37		12.45	7.15	10.38

综合利用业主要经济指标

单位：亿元

累计折旧	流动资产合计	应收账款	存货	产成品	负债合计
667.75	**1067.66**	**228.29**	**246.38**	**129.89**	**1202.04**
2.25	4.84	0.35	0.33	0.20	13.51
6.13	127.04	26.42	16.48	11.19	139.21
6.63	31.99	10.28	8.29	1.65	32.36
0.56	0.83	0.20	0.30	0.19	1.86
0.81	5.06	1.28	0.75	0.34	8.46
11.09	27.77	7.05	4.04	2.03	31.45
2.17	8.74	1.70	1.26	0.55	6.45
0.39	5.96	2.42	2.06	0.76	6.06
6.69	15.42	3.35	3.38	1.25	14.64
48.76	70.87	15.19	18.94	6.68	90.84
11.10	125.75	13.70	35.20	16.14	169.47
226.60	74.22	28.58	19.04	8.99	70.32
2.85	15.00	2.59	3.32	1.60	14.54
18.91	25.29	7.61	4.78	2.85	28.62
10.67	30.78	6.63	4.86	2.40	29.75
5.79	38.35	6.72	8.34	4.89	28.78
11.77	44.93	14.31	11.75	4.88	62.56
8.30	15.93	3.65	4.07	1.83	23.67
264.70	274.03	46.19	61.14	32.47	278.43
1.75	45.81	10.91	21.93	21.44	46.28
1.09	1.87	0.20	0.37	0.06	1.13
3.67	6.54	1.54	1.08	0.81	9.11
7.23	32.76	9.99	8.03	3.57	41.22
0.33	2.39	0.78	0.53	0.09	3.20
1.65	10.80	1.12	2.15	0.64	14.44
0.80	8.15	1.60	1.01	0.69	9.60
1.45	8.32	2.19	1.79	1.05	16.94
0.39	6.69	1.47	0.67	0.21	5.63
3.23	1.52	0.26	0.51	0.40	3.54

3-50 续表 1

地区	流动负债合计	应付账款	所有者权益合计	实收资本	国家资本
全国	**980.28**	**223.65**	**766.81**	**398.58**	**19.57**
北京	9.11	4.34	7.22	5.59	0.50
天津	132.35	25.02	44.80	33.13	1.41
河北	27.36	3.17	40.31	20.29	0.65
山西	0.56	0.09	3.12	2.62	
内蒙古	6.79	1.22	2.56	2.28	
辽宁	25.70	3.08	23.72	7.25	0.76
吉林	2.86	0.71	12.57	1.89	0.61
黑龙江	5.58	0.12	2.44	1.60	
上海	12.97	3.27	14.84	11.65	1.70
江苏	83.24	13.36	69.35	52.27	2.07
浙江	131.09	20.32	41.58	32.58	0.70
安徽	59.97	25.68	47.57	22.71	1.69
福建	10.62	2.88	12.03	7.30	1.27
江西	22.55	3.58	37.55	21.92	2.38
山东	24.49	3.98	36.75	17.20	0.09
河南	23.66	11.43	42.19	18.09	
湖北	55.74	6.63	34.51	20.41	1.28
湖南	15.48	4.11	34.98	23.13	0.61
广东	199.71	65.62	172.59	45.96	
广西	45.37	6.34	11.92	1.94	0.05
海南	1.13	0.23	3.09	1.74	
重庆	5.80	0.98	11.48	9.39	
四川	35.08	5.76	19.76	16.53	0.91
贵州	2.91	1.25	1.22	1.04	
云南	12.87	3.82	10.24	3.86	
西藏					
陕西	7.65	2.51	5.72	3.71	1.55
甘肃	11.96	1.95	7.90	3.60	1.01
青海					
宁夏	4.92	0.74	5.90	2.85	
新疆	2.75	1.46	8.90	6.06	0.35

单位：亿元

集体资本	法人资本	个人资本	港澳台资本	外商资本	主营业务收入
15.43	**142.15**	**163.99**	**32.32**	**25.10**	**3770.88**
0.02	3.74	1.25		0.09	5.98
3.55	8.15	16.26	0.04	3.72	197.91
3.84	4.75	7.04	3.64	0.37	77.05
	0.12		2.50		2.01
0.10	1.51	0.66			32.68
0.37	2.03	3.93	0.16		48.63
0.09	0.33	0.87			25.18
	1.30		0.29		5.21
0.07	1.64	2.90	1.66	3.67	25.48
0.63	11.14	24.55	6.67	7.21	244.22
	10.05	14.70	4.94	2.19	308.69
2.28	4.28	14.38	0.06	0.03	430.40
0.01	1.97	3.04	1.02		73.05
0.14	7.90	11.36		0.14	149.54
0.25	5.49	7.70	2.53	1.13	95.85
0.14	6.13	11.83			128.36
0.74	10.28	7.17	0.93		124.90
0.21	15.17	6.36	0.78		147.57
0.17	29.04	11.24	3.66	1.85	1133.08
0.50	0.75	0.62	0.02		255.57
	0.76	0.98			1.91
	1.81	7.57			33.19
1.15	9.09	1.96	3.42		164.70
0.10	0.18	0.76			12.81
0.01	2.00	1.86			14.48
0.09	1.18	0.89			9.86
0.26	0.08	2.25			11.23
	0.98	1.87			7.98
0.71	0.30			4.70	3.37

3-50 续表 2

地 区	主营业务成本	销售费用	管理费用	财务费用	利息收入
全 国	**3398.06**	**39.11**	**79.21**	**27.53**	**2.06**
北 京	5.38	0.04	0.86	0.14	0.01
天 津	185.33	0.64	2.75	3.54	0.36
河 北	69.63	0.87	1.37	0.91	0.17
山 西	0.97	0.03	0.56	0.10	
内蒙古	30.50	0.08	0.31	0.04	0.02
辽 宁	42.66	0.80	2.91	0.60	0.01
吉 林	21.67	0.48	0.87	0.20	0.02
黑龙江	3.78	0.06	0.17	0.12	
上 海	21.03	0.76	2.32	0.38	0.04
江 苏	217.45	4.17	8.69	2.82	0.07
浙 江	291.76	2.30	5.29	4.38	0.40
安 徽	407.62	3.26	5.56	1.63	0.01
福 建	68.00	1.33	1.73	0.32	0.17
江 西	135.54	1.36	1.87	0.67	0.01
山 东	84.25	1.06	2.23	0.83	-0.01
河 南	114.33	1.31	2.17	0.54	0.03
湖 北	111.70	1.56	8.92	1.12	0.01
湖 南	128.37	2.68	4.73	0.52	0.01
广 东	993.27	11.53	16.93	4.62	0.61
广 西	234.53	0.68	1.47	0.35	0.01
海 南	1.96	0.06	0.18	0.03	
重 庆	26.17	1.43	1.44	0.28	0.09
四 川	148.17	1.21	2.97	2.00	
贵 州	11.61	0.45	0.40	0.08	
云 南	12.90	0.17	0.77	0.33	
西 藏					
陕 西	9.14	0.16	0.44	0.18	
甘 肃	10.71	0.28	0.54	0.60	
青 海					
宁 夏	7.10	0.26	0.31	0.16	
新 疆	2.55	0.09	0.45	0.04	0.04

单位：亿元

利息支出	投资收益 （损失以 "-"号记）	营业利润	利润总额	亏损企业 亏损额	平均用工 人数 （万人）
20.34	**-7.71**	**194.16**	**210.86**	**25.92**	**18.31**
0.14	-0.02	-0.48	0.31	0.05	0.10
2.44	0.23	5.55	8.21	0.91	0.69
0.95	1.62	5.38	5.49	0.72	0.44
0.03		0.36	0.36		0.02
0.02		1.69	0.81	0.09	0.16
0.35	-0.15	1.00	1.19	1.16	0.64
0.13	0.16	2.21	2.22	0.03	0.22
0.12		0.39	0.48		0.09
0.34	-0.02	1.59	2.27	0.86	0.19
1.86	-0.02	10.57	12.74	3.01	1.53
2.47	-1.60	3.02	4.93	6.97	1.76
1.29	0.01	8.43	12.87	1.20	1.34
0.43	-0.09	1.22	1.70	0.25	0.38
0.58	-0.88	8.48	8.82	0.29	0.67
0.55	-0.01	6.29	6.52	0.59	0.65
0.42	0.03	8.71	9.02	0.56	0.85
0.66	0.01	0.59	2.24	1.21	0.86
0.37	0.04	6.85	6.29	0.38	0.97
3.81	-8.24	94.48	95.36	1.52	4.50
0.25		16.95	17.01	1.08	0.44
0.03	0.14	-0.19	-0.15	0.15	0.03
0.35		3.48	3.49	0.04	0.23
1.49	0.01	6.69	6.57	3.70	0.73
0.07		0.20	0.22	0.08	0.23
0.28	1.06	1.32	1.44	0.03	0.19
0.13		-0.07	0.30	0.19	0.16
0.55		-0.92	-0.39	0.72	0.17
0.14		0.16	0.33	0.04	0.06
0.08		0.22	0.21	0.07	0.03

3-51 按地区分组的金属制品、机械和

地区	工业销售产值(当年价格)	出口交货值	资产总计	固定资产合计	固定资产原价
全国	**985.59**	**244.71**	**1303.91**	**376.53**	**570.69**
北京	65.84	4.96	71.78	20.78	38.31
天津	23.60	6.66	26.08	5.00	6.64
河北	23.48	0.21	35.05	9.00	14.12
山西	10.59		14.18	3.28	6.87
内蒙古	1.82		5.09	0.69	1.76
辽宁	34.90	0.04	22.24	12.40	21.33
吉林	5.07		6.17	2.19	3.77
黑龙江	4.79		8.96	1.58	3.44
上海	165.22	46.51	427.56	106.98	142.68
江苏	35.24	1.05	21.87	10.43	15.65
浙江	81.71	31.60	130.42	48.10	65.13
安徽	39.26	0.96	72.96	16.80	28.37
福建	146.52	108.62	93.04	45.46	68.35
江西	3.11		1.61	0.81	1.03
山东	41.13	1.74	17.37	6.19	12.56
河南	30.69		33.43	6.23	10.67
湖北	47.68		25.65	5.96	10.26
湖南	6.30	0.20	7.44	2.23	3.23
广东	132.61	42.16	158.98	47.32	76.94
广西	2.65		1.69	0.41	0.63
海南	2.91		8.85	1.16	2.66
重庆	17.04		9.06	4.50	5.83
四川	27.81		36.28	7.14	13.19
贵州	0.74		1.37	0.60	0.60
云南					
西藏					
陕西	13.84		26.80	6.19	7.70
甘肃	17.30		37.22	4.79	7.29
青海	1.01		0.11	0.06	1.10
宁夏					
新疆	2.69		2.62	0.24	0.59

设备修理业主要经济指标

单位：亿元

累计折旧	流动资产合计	应收账款	存货	产成品	负债合计
218.57	**755.26**	**245.90**	**158.32**	**24.61**	**752.74**
17.72	44.59	17.49	15.88	0.40	39.26
2.11	19.63	5.96	8.91	5.79	15.09
5.25	25.22	3.44	9.59	0.10	21.67
3.60	10.26	4.27	1.65	0.46	10.55
1.07	3.58	1.72	0.66	0.01	3.91
9.07	7.22	2.44	1.50	0.28	8.18
1.79	2.76	1.73	0.31	0.20	4.57
1.85	6.37	1.98	0.68	0.33	6.21
43.62	259.85	64.38	42.58	7.98	264.92
5.02	9.82	3.74	2.00	0.53	12.50
23.39	45.50	11.02	3.85	0.49	85.28
11.86	52.72	6.90	14.17	1.56	17.69
24.10	33.43	11.09	10.11	0.53	44.12
0.22	0.74	0.43	0.16	0.04	0.70
6.75	9.20	2.28	2.32	1.41	5.08
4.53	20.86	14.03	2.69	0.35	20.89
4.43	17.50	8.34	2.14	0.18	12.85
1.00	3.36	1.39	1.38	0.57	4.72
33.74	103.91	49.51	20.03	2.13	90.63
0.22	1.17	0.35	0.13	0.02	1.04
1.50	7.62	0.25	0.54		5.99
1.33	4.02	1.66	0.71	0.33	4.76
6.34	19.98	11.65	4.81	0.39	17.63
0.04	0.73	0.24	0.38	0.03	0.47
3.98	20.35	3.70	6.69	0.25	21.41
2.64	22.56	14.07	4.42	0.26	30.60
1.04	0.04	0.02			0.03
0.35	2.29	1.81	0.06		1.99

3-51 续表 1

地 区	流动负债合计	应付账款	所有者权益合计	实收资本	国家资本
全 国	**618.39**	**185.18**	**548.73**	**336.31**	**172.34**
北 京	36.28	9.83	32.52	25.56	
天 津	13.19	3.65	10.99	5.85	
河 北	19.45	7.69	13.38	3.48	1.35
山 西	9.97	4.78	3.63	5.92	4.00
内蒙古	3.91	0.94	1.18	0.95	0.29
辽 宁	5.39	1.04	13.70	2.62	0.38
吉 林	3.84	1.30	1.60	1.25	
黑龙江	5.57	2.48	2.75	1.63	
上 海	232.88	47.02	162.64	138.51	109.71
江 苏	9.97	2.16	9.16	4.48	0.12
浙 江	63.15	11.37	45.14	31.41	4.70
安 徽	16.47	5.44	55.79	7.26	5.11
福 建	31.02	15.22	48.92	25.70	0.61
江 西	0.69	0.34	0.91	0.63	
山 东	4.36	1.66	12.29	5.71	1.75
河 南	19.98	9.50	11.61	9.01	5.09
湖 北	9.46	5.62	12.80	6.69	1.01
湖 南	4.52	1.74	2.83	1.44	0.54
广 东	69.59	25.53	67.77	39.73	21.88
广 西	0.87	0.02	0.66	0.56	0.53
海 南	5.97	0.25	2.86	0.55	0.55
重 庆	3.66	1.83	4.31	1.04	
四 川	14.29	10.20	18.65	7.76	7.62
贵 州	0.43	0.05	0.90	0.30	
云 南					
西 藏					
陕 西	19.20	7.40	4.43	3.75	3.43
甘 肃	12.26	6.94	6.61	4.03	3.62
青 海	0.03		0.08	0.03	
宁 夏					
新 疆	1.99	1.18	0.62	0.47	0.06

单位：亿元

集体资本	法人资本	个人资本	港澳台资本	外商资本	主营业务收入
9.19	**76.66**	**27.39**	**17.96**	**32.76**	**963.78**
	19.01	0.75	0.05	5.75	67.51
	1.79	0.54	1.22	2.29	22.29
0.15	0.48	0.73		0.78	20.75
0.19	1.67	0.01		0.05	10.89
0.11	0.55				2.19
0.19	1.08	0.96	0.01		37.66
0.54	0.58	0.12			5.15
1.30	0.16	0.16			3.90
0.01	18.12	0.76	1.05	8.86	166.30
0.11	1.83	2.15		0.27	35.61
0.26	7.63	11.06	2.14	5.62	68.29
	0.63	1.49		0.03	34.17
	12.71	0.82	10.25	1.32	145.95
0.04	0.19	0.40			3.12
	1.65	1.30	0.06	0.94	39.57
0.03	1.31	2.58			33.88
0.88	3.93	0.87			40.00
	0.48	0.42			6.19
5.22	1.04	1.71	3.15	6.73	131.86
	0.01	0.02			3.21
					2.79
	0.93	0.10			17.03
		0.13			28.69
	0.10	0.20			0.73
	0.10	0.10		0.13	14.69
	0.40	0.01			17.56
	0.03				0.99
0.15	0.25	0.02			2.80

3-51 续表 2

地 区	主营业务成本	销售费用	管理费用	财务费用	利息收入
全 国	**815.55**	**13.19**	**76.68**	**11.02**	**2.73**
北 京	54.54	0.67	10.46	0.96	0.04
天 津	15.97	2.05	2.02	0.41	0.01
河 北	17.55	0.15	2.21	-0.02	0.08
山 西	9.10	0.16	0.96	0.05	
内蒙古	2.00		0.12	0.04	0.01
辽 宁	32.21	1.04	1.79	0.40	
吉 林	4.34	0.03	0.55	0.14	
黑龙江	3.31	0.04	0.53	0.02	
上 海	142.71	0.45	14.67	2.45	0.39
江 苏	30.83	0.46	1.37	0.19	
浙 江	58.06	0.86	5.28	1.75	0.21
安 徽	26.69	0.30	5.03	-0.94	1.15
福 建	130.52	1.12	6.45	0.77	0.22
江 西	2.75	0.03	0.15	0.04	
山 东	32.78	0.34	2.49	0.30	
河 南	30.21	0.74	2.28	0.29	
湖 北	33.67	0.88	2.67	0.52	0.14
湖 南	4.72	0.07	0.57	0.01	
广 东	108.81	2.26	9.22	2.58	0.25
广 西	2.55	0.06	0.17		
海 南	2.34		0.38	-0.10	0.10
重 庆	14.67	0.19	0.73	0.05	0.01
四 川	23.68	0.83	3.13	0.20	0.09
贵 州	0.73		0.02	0.01	
云 南					
西 藏					
陕 西	12.02	0.18	2.00	0.33	0.01
甘 肃	15.27	0.25	1.22	0.57	-0.01
青 海	0.97	0.01	0.01		
宁 夏					
新 疆	2.57		0.21	0.01	

单位：亿元

利息支出	投资收益（损失以“-”号记）	营业利润	利润总额	亏损企业亏损额	平均用工人数（万人）
10.97	**1.46**	**43.24**	**48.24**	**5.21**	**16.69**
0.56	0.27	1.19	3.36	0.01	1.06
0.25	0.05	1.76	2.37		0.27
0.04		0.90	0.90	0.06	0.98
0.06	0.04	0.49	0.53	0.05	0.42
0.05		-0.01	-0.01	0.07	0.10
0.22		1.90	1.95	0.03	0.58
0.12		0.08	0.09	0.06	0.12
0.02		0.02	0.08	0.12	0.10
2.56	0.16	4.33	5.19	1.73	2.61
0.17		2.27	2.41	0.09	0.42
2.17	0.23	2.10	2.05	1.08	2.42
0.23	0.18	3.19	3.34	0.33	0.59
0.45	0.34	6.99	7.23	0.77	0.83
0.03		0.15	0.14		0.06
0.12	0.16	3.06	3.20	0.16	0.36
0.23		0.41	0.43	0.20	0.60
0.59	0.01	1.95	2.16	0.14	0.86
0.01		0.82	0.55	0.01	0.23
1.90	0.03	8.58	9.69	0.17	2.26
		0.32	0.32		0.03
		0.17	0.17		0.09
0.02	-0.03	1.22	1.26	0.01	0.34
0.28	0.02	0.97	0.39	0.08	0.53
0.01		-0.02	-0.02	0.02	0.03
0.33		0.18	0.21	0.02	0.41
0.52		0.19	0.23		0.28
0.01		0.01	0.02		0.12

3-52 按地区分组的电力、热力、

地区	工业销售产值(当年价格)	出口交货值	资产总计	固定资产合计	固定资产原价
全 国	**65165.97**	**100.48**	**143243.68**	**86850.29**	**134093.05**
北 京	4557.88		17607.19	3374.48	6472.31
天 津	973.51	4.29	2232.42	1384.76	2084.67
河 北	3000.91		4475.98	3173.52	5308.73
山 西	1640.71		3616.49	2694.48	4124.99
内蒙古	2429.63		7311.93	4660.70	6690.98
辽 宁	1712.23	0.17	4145.28	2757.06	4462.78
吉 林	985.35	0.01	1900.51	1448.37	2384.07
黑龙江	1232.14	2.71	2716.12	1638.63	2692.36
上 海	1507.49		3693.54	2057.97	4044.72
江 苏	5013.02	10.53	8471.10	5299.08	9230.60
浙 江	4885.11	0.25	7217.70	4466.54	7637.20
安 徽	2031.61	0.35	3097.02	2411.41	3647.78
福 建	2516.94		4443.80	2789.81	4132.92
江 西	1217.44		1618.14	1031.89	1691.72
山 东	5303.99	0.40	6931.66	3991.19	6615.90
河 南	3332.93	1.55	4282.52	3057.59	4567.18
湖 北	1768.82		4431.71	3331.79	5278.00
湖 南	1528.22	0.77	3107.35	2304.20	3754.53
广 东	7578.69	53.47	12278.42	7846.68	12343.34
广 西	1311.52	18.03	2558.04	1597.34	2578.46
海 南	245.72		727.43	493.08	629.63
重 庆	958.10	0.82	2245.68	1467.37	2176.24
四 川	2878.59		10296.47	6653.83	8912.28
贵 州	862.81		3159.64	2112.79	3142.10
云 南	1430.56	7.12	6842.42	5147.72	6462.62
西 藏	20.73		476.43	364.19	455.28
陕 西	1378.49		2973.11	2105.16	2856.97
甘 肃	791.34		2698.05	2010.35	2893.79
青 海	348.43		1647.03	1261.63	1697.87
宁 夏	670.25		2010.84	1287.34	1724.37
新 疆	1052.80		4029.67	2629.32	3398.65

燃气及水生产和供应业主要经济指标

单位：亿元

累计折旧	流动资产合计	应收账款	存货	产成品	负债合计
52229.74	**23571.11**	**3926.52**	**1515.55**	**172.72**	**88141.39**
3193.52	2946.99	367.40	15.78	1.70	6895.16
882.21	531.77	68.70	41.60	2.14	1401.42
2319.32	757.99	161.40	47.11	9.31	2820.30
1596.69	586.87	131.95	33.70	3.88	2685.31
2426.63	1412.72	234.83	47.17	7.07	5237.68
1801.08	760.00	125.81	80.73	2.92	2737.77
1042.49	303.70	58.51	27.50	1.76	1243.14
1154.37	632.42	137.04	69.80	14.07	1996.20
1994.07	555.65	68.18	42.59	2.69	1334.26
3939.31	1586.72	260.32	99.80	6.39	4985.82
3331.47	1279.14	185.41	128.15	4.53	4222.92
1435.25	372.24	96.99	29.88	3.40	1919.63
1567.54	723.31	83.60	97.36	1.12	2830.94
686.08	316.06	37.48	13.99	2.41	1091.26
2836.59	1344.57	202.06	80.53	9.79	4444.91
1906.60	881.55	175.34	69.19	7.91	2959.47
1990.72	469.59	102.33	28.25	29.25	2392.22
1507.32	389.03	104.45	29.26	2.24	2098.22
5770.75	2299.51	297.65	207.64	32.21	6425.25
1018.14	432.36	55.37	24.31	2.26	1654.00
175.86	69.88	6.03	14.06	0.45	551.65
759.59	421.52	40.97	20.77	1.42	1470.14
2482.13	1085.31	197.87	72.41	9.47	7296.31
1077.54	484.61	91.21	36.75	3.22	2524.96
1491.12	649.12	100.13	21.77	1.50	5106.35
92.39	49.01	1.44	2.62		235.15
917.58	525.60	117.55	62.18	6.39	2152.88
944.22	379.47	93.61	11.94	1.00	1979.35
490.48	226.35	81.29	6.10	-0.02	1203.85
536.88	399.89	80.99	26.34	1.20	1357.31
861.81	698.16	160.62	26.26	1.04	2887.56

3-52 续表 1

地区	流动负债合计	应付账款	所有者权益合计	实收资本	国家资本
全国	**40913.78**	**9689.35**	**55039.10**	**34233.42**	**23394.69**
北京	2836.34	564.79	10711.37	6538.15	6086.60
天津	914.40	165.84	829.99	605.79	382.81
河北	1638.32	547.24	1640.10	933.53	575.90
山西	1296.14	403.62	930.58	687.78	421.19
内蒙古	2199.43	553.54	2074.25	1451.98	860.51
辽宁	1463.24	332.74	1407.41	1075.10	727.09
吉林	608.76	171.95	656.56	362.75	216.43
黑龙江	1136.01	243.65	719.92	470.91	158.24
上海	986.40	174.78	2359.29	1815.21	1261.00
江苏	3206.82	671.79	3483.45	1807.89	1072.03
浙江	2105.15	539.44	2994.78	1824.93	1078.73
安徽	1034.35	336.23	1182.20	725.94	294.91
福建	1028.73	277.39	1612.38	998.90	654.63
江西	602.54	127.75	525.57	308.57	219.11
山东	2569.69	584.07	2466.45	1313.72	724.84
河南	1630.13	469.93	1320.54	765.37	461.87
湖北	1332.41	284.76	2039.28	793.48	540.14
湖南	905.29	208.73	1009.13	575.94	361.26
广东	2737.89	615.50	5827.67	3157.17	2123.25
广西	734.47	113.41	903.68	483.21	312.97
海南	200.17	38.31	175.78	137.52	87.24
重庆	794.31	164.63	774.11	410.20	318.60
四川	2255.30	414.54	2999.63	1779.02	889.96
贵州	1061.29	227.20	634.68	1420.74	1321.96
云南	1492.47	193.40	1736.07	1297.43	844.47
西藏	162.63	44.96	241.28	37.48	19.82
陕西	1107.54	326.50	823.43	534.28	351.57
甘肃	666.52	175.15	717.69	579.20	322.09
青海	435.99	107.87	443.18	257.22	197.76
宁夏	517.31	153.61	653.53	385.02	157.38
新疆	1253.76	456.00	1145.10	698.97	350.32

单位：亿元

集体资本	法人资本	个人资本	港澳台资本	外商资本	主营业务收入
303.04	**8110.00**	**783.38**	**908.15**	**732.74**	**64878.78**
0.06	342.04	3.41	68.29	37.76	4591.09
2.01	154.78	7.31	20.19	38.70	992.31
18.99	253.68	23.48	18.49	42.99	2979.38
8.66	217.10	20.03	4.25	15.12	1665.05
9.87	455.93	87.81	17.93	19.93	2486.54
2.26	259.28	25.58	24.10	36.78	1726.15
1.47	115.09	15.32	8.07	6.37	999.17
6.83	254.27	32.02	5.29	14.26	1331.70
1.02	525.72	8.20	7.87	11.40	1593.65
25.48	404.74	66.02	189.53	50.09	5002.45
10.38	625.13	19.44	39.64	51.62	4878.09
2.81	386.45	6.29	15.46	20.02	2000.01
9.86	206.99	19.58	91.65	16.20	2219.25
1.08	69.43	7.99	9.28	1.68	1234.89
34.99	371.31	74.78	73.00	34.81	4625.65
11.02	187.48	31.81	23.00	50.20	2976.48
7.71	150.86	53.30	19.09	22.38	1757.18
10.81	116.58	26.12	28.81	32.36	1529.04
31.67	724.50	25.15	132.77	119.83	7526.07
3.34	108.51	4.07	38.01	16.30	1285.33
0.03	34.72		0.28	15.25	243.52
2.81	71.08	7.81	6.40	3.50	957.45
51.56	713.42	89.54	24.15	10.40	3182.71
3.42	77.68	3.21		14.46	1351.11
14.82	373.21	38.87	21.77	4.31	1384.47
	17.66				28.96
12.79	135.19	17.89	7.59	9.25	1437.64
7.75	199.24	9.35	7.46	33.30	755.38
2.89	49.89	4.74	0.21	1.73	408.89
0.01	199.95	22.66	5.02		687.06
6.66	308.11	31.61	0.54	1.73	1042.12

3-52 续表 2

地　区	主营业务成　本	销售费用	管理费用	财务费用	利息收入
全　国	**55988.17**	**394.28**	**1410.51**	**2514.20**	**110.61**
北　京	4324.39	4.82	46.20	83.91	7.19
天　津	893.86	3.92	22.92	21.76	3.88
河　北	2608.39	8.81	65.38	67.50	3.38
山　西	1416.03	9.30	33.29	88.88	2.10
内蒙古	2098.88	19.77	59.46	148.55	5.40
辽　宁	1542.86	11.70	49.25	69.02	4.81
吉　林	917.05	14.00	30.82	45.06	2.99
黑龙江	1251.46	9.75	38.53	46.05	1.37
上　海	1458.89	13.96	20.73	20.45	3.59
江　苏	4269.24	39.72	80.72	97.48	11.80
浙　江	4261.64	22.11	110.20	132.54	5.03
安　徽	1708.79	9.98	38.53	51.48	2.63
福　建	1859.39	10.18	54.43	83.57	7.57
江　西	1090.96	6.04	21.20	30.76	0.51
山　东	3975.36	20.15	135.86	101.38	4.16
河　南	2655.79	16.89	67.03	90.06	2.75
湖　北	1390.16	10.58	37.80	81.42	2.04
湖　南	1271.83	13.66	44.41	82.48	1.80
广　东	6523.77	48.51	130.52	213.83	15.37
广　西	1099.81	4.87	41.65	57.79	1.77
海　南	186.30	2.13	3.54	8.13	0.28
重　庆	856.96	8.42	19.82	41.11	3.48
四　川	2475.95	41.88	86.76	245.18	3.35
贵　州	1084.48	6.47	27.02	105.25	1.23
云　南	1076.73	7.22	42.79	175.82	3.51
西　藏	40.27	0.06	0.35	3.98	0.37
陕　西	1203.21	12.09	35.48	56.84	0.70
甘　肃	675.50	2.08	14.42	75.27	3.36
青　海	321.75	0.47	4.54	48.81	0.45
宁　夏	585.26	2.17	14.66	47.19	0.99
新　疆	863.23	12.58	32.19	92.66	2.75

单位：亿元

利息支出	投资收益（损失以"−"号记）	营业利润	利润总额	亏损企业亏损额	平均用工人数（万人）
2408.65	**763.85**	**5118.05**	**5671.18**	**599.57**	**353.15**
39.79	409.38	520.50	625.12	3.65	7.74
21.67	3.05	47.05	52.64	13.83	4.23
67.72	1.88	224.70	234.55	17.18	19.06
83.07	2.42	117.42	131.16	16.33	10.45
139.51	21.68	162.21	194.02	110.68	14.45
63.55	4.00	54.43	80.53	17.15	15.72
41.64	1.23	-16.69	7.11	26.92	11.54
43.08	2.21	-7.92	16.52	26.31	18.26
21.71	21.33	102.87	108.16	4.06	3.73
97.54	32.03	575.21	589.74	5.39	14.76
131.06	11.19	368.73	387.20	21.48	13.03
50.86	14.06	206.46	209.51	3.11	11.51
84.51	13.66	174.96	183.22	12.25	8.57
30.44	2.55	88.32	91.66	2.72	8.59
93.34	81.59	480.89	492.56	25.33	25.08
87.03	3.65	151.45	157.47	20.19	21.45
79.33	25.50	264.19	294.40	7.98	12.54
79.73	2.79	95.91	103.10	8.61	9.69
213.67	66.29	649.25	697.92	31.04	28.07
58.55	8.50	85.92	103.68	10.10	12.04
8.30	1.45	41.65	42.59	2.00	1.91
43.99	4.95	41.30	46.49	16.60	7.00
228.84	6.03	323.04	366.51	28.31	19.08
102.34	5.31	64.96	71.96	23.39	10.67
176.98	3.61	85.48	113.84	55.20	9.52
4.26		-15.45	-15.21	15.84	0.49
56.39	3.76	126.84	145.52	9.85	12.10
73.79	1.06	-14.92	-2.90	36.29	9.05
46.61	0.89	28.04	29.97	1.34	1.94
46.25	4.98	43.81	45.45	3.90	3.34
93.08	2.81	47.45	66.71	22.56	7.51

3-53 按地区分组的电力、热力生产和

地 区	工业销售产值(当年价格)	出口交货值	资产总计	固定资产合计	固定资产原价
全 国	57451.07	42.23	124622.83	78910.79	123092.42
北 京	4084.68		16183.69	2868.83	5706.84
天 津	822.66	4.29	1778.06	1161.49	1789.24
河 北	2771.30		3971.89	2950.88	5024.55
山 西	1481.52		3253.40	2559.83	3959.86
内蒙古	2080.69		6748.50	4400.82	6363.93
辽 宁	1586.94	0.17	3609.52	2478.54	4059.49
吉 林	861.82	0.01	1732.14	1351.10	2211.21
黑龙江	1146.10	2.71	2511.95	1577.90	2594.40
上 海	1105.79		2605.43	1729.40	3475.12
江 苏	4413.86		6728.00	4533.46	8170.98
浙 江	4313.88		5746.40	3811.36	6692.12
安 徽	1847.67	0.35	2746.05	2249.06	3415.06
福 建	2235.22		3964.07	2531.44	3819.69
江 西	1058.24		1342.96	914.68	1528.78
山 东	4898.66		6034.78	3574.71	6068.29
河 南	3028.66	1.55	3694.23	2792.19	4251.56
湖 北	1559.07		3895.48	3134.04	5001.81
湖 南	1337.04	0.77	2691.47	2094.57	3476.86
广 东	6405.77	6.99	9965.13	6800.79	10764.96
广 西	1241.38	18.03	2370.82	1499.00	2446.34
海 南	215.82		593.15	447.98	570.92
重 庆	746.90	0.23	1866.01	1311.55	1970.05
四 川	2195.90		8895.91	6161.38	8227.32
贵 州	816.18		2912.63	2043.83	3061.79
云 南	1352.64	7.12	6228.91	4797.42	6075.84
西 藏	19.96		474.25	362.68	452.59
陕 西	1184.89		2609.76	1965.69	2669.20
甘 肃	737.19		2609.42	1957.22	2815.11
青 海	342.59		1622.33	1253.73	1685.46
宁 夏	618.45		1685.00	1181.58	1607.03
新 疆	939.62		3551.46	2413.65	3136.01

供应业主要经济指标

单位：亿元

累计折旧	流动资产合计	应收账款	存货	产成品	负债合计
48597.48	**17636.88**	**3212.89**	**1210.17**	**118.62**	**77834.19**
2931.52	2467.77	280.11	12.72	0.96	6323.05
794.31	385.91	52.39	38.36	1.90	1120.16
2229.67	592.11	130.44	34.59	5.40	2498.95
1553.81	483.98	121.33	30.70	3.34	2438.57
2350.26	1226.82	209.28	39.32	4.05	4865.21
1649.72	599.77	99.03	74.29	2.20	2474.29
966.02	262.70	56.18	26.15	1.52	1148.96
1108.97	535.37	130.32	65.12	12.27	1873.84
1746.62	316.05	36.47	13.88	0.01	919.38
3634.49	904.89	207.37	72.71	3.71	3881.94
2964.58	813.76	156.49	116.66	1.86	3343.12
1352.71	258.67	84.55	22.69	1.61	1723.94
1454.55	589.36	70.21	87.77	0.30	2577.06
632.18	252.14	30.08	9.25	0.94	943.01
2675.51	1047.59	156.49	66.01	6.42	3944.78
1826.09	644.54	149.91	52.69	4.73	2625.96
1892.68	290.48	81.22	21.06	26.56	2078.52
1423.63	268.22	85.91	21.80	0.73	1825.58
5194.07	1682.49	208.87	183.35	26.44	5062.88
974.09	386.71	50.50	21.03	0.67	1547.25
156.47	44.88	3.16	12.70	0.02	484.04
686.80	276.40	33.65	10.56	0.70	1261.36
2250.95	586.90	107.13	24.37	2.36	6638.08
1051.86	381.37	84.71	31.81	2.97	2356.43
1433.81	517.56	90.21	13.52	0.99	4899.97
91.22	48.65	1.42	2.57		235.13
856.43	400.25	104.33	54.85	4.58	1927.12
913.33	354.19	92.21	10.30	0.72	1938.27
485.37	215.55	80.59	6.02	0.03	1193.30
511.30	263.74	66.79	11.16		1135.96
804.47	538.06	151.54	22.17	0.66	2548.07

3-53 续表 1

地区	流动负债合计	应付账款	所有者权益合计	实收资本	国家资本
全国	**35250.32**	**8811.46**	**46739.71**	**29580.45**	**21259.49**
北京	2596.18	521.99	9859.98	6041.53	5780.64
天津	732.84	130.36	657.83	483.22	363.39
河北	1425.92	515.08	1464.53	796.49	506.53
山西	1175.63	381.48	814.83	616.63	372.83
内蒙古	2011.46	513.02	1883.29	1352.94	830.67
辽宁	1309.25	313.81	1133.09	885.38	600.33
吉林	569.39	164.57	582.37	347.19	209.11
黑龙江	1050.41	235.52	638.10	420.89	130.50
上海	713.52	134.37	1686.06	1343.12	1187.08
江苏	2558.70	609.34	2844.23	1463.16	909.40
浙江	1658.48	491.18	2403.28	1509.53	877.74
安徽	891.41	319.84	1027.95	665.21	264.51
福建	882.70	249.33	1386.53	841.13	534.33
江西	514.61	115.52	399.96	246.20	190.28
山东	2213.97	534.98	2069.85	1130.40	664.21
河南	1442.85	446.32	1066.32	651.34	430.89
湖北	1124.02	245.97	1816.75	703.60	503.31
湖南	728.17	187.51	865.89	511.45	339.34
广东	2235.83	529.86	4882.37	2743.76	1971.12
广西	673.76	106.22	823.21	455.46	297.86
海南	172.72	30.64	109.11	91.16	74.09
重庆	659.27	138.71	604.82	339.49	285.57
四川	1874.02	354.27	2257.83	1422.12	812.23
贵州	954.81	215.85	556.20	1369.85	1301.33
云南	1380.66	176.18	1328.93	940.62	505.94
西藏	162.60	44.96	239.13	36.58	18.91
陕西	969.47	300.21	682.64	454.16	320.66
甘肃	633.91	170.01	670.14	548.15	300.70
青海	430.88	106.63	429.03	253.72	195.74
宁夏	406.14	137.13	549.04	330.90	150.48
新疆	1096.74	390.62	1006.42	585.08	329.76

单位：亿元

集体资本	法人资本	个人资本	港澳台资本	外商资本	主营业务收入
236.88	**6433.36**	**625.03**	**615.38**	**408.87**	**56625.81**
0.06	215.03	2.33	7.87	35.61	4102.65
1.88	105.19	7.10	2.64	3.02	828.54
11.36	218.51	16.68	15.48	27.93	2744.01
8.48	201.33	16.31	2.20	14.05	1501.24
8.24	403.58	76.94	13.99	19.53	2113.18
1.98	234.75	23.60	13.95	10.77	1600.84
1.08	111.01	12.41	7.44	6.14	878.59
5.98	244.65	26.26	0.23	13.26	1238.74
	138.66	8.20	5.47	3.71	1126.70
17.83	333.70	52.68	124.77	24.77	4412.72
8.04	544.48	13.75	29.58	35.93	4299.12
2.70	372.57	3.21	12.70	9.52	1812.90
8.57	191.51	15.19	79.79	11.73	1936.27
0.67	49.35	5.44		0.45	1066.39
25.68	300.04	63.00	55.39	22.08	4204.65
6.95	133.07	25.24	14.34	40.85	2650.44
3.71	128.22	41.89	16.98	9.48	1546.58
7.96	90.48	19.96	23.96	29.75	1322.68
17.25	598.72	11.49	113.05	32.12	6374.43
2.90	102.61	1.21	36.89	13.99	1214.63
0.03	16.29			0.75	212.19
1.01	49.66	3.24			740.97
49.84	466.77	75.40	16.17	1.70	2155.50
1.86	63.73	2.93			1300.19
14.51	366.79	37.43	11.63	4.31	1311.39
	17.66				28.19
12.37	104.35	8.94	6.29	1.55	1247.41
7.75	195.85	7.98	2.56	33.30	712.79
2.87	48.63	4.74		1.73	403.17
	158.48	20.50	1.45		610.31
5.32	227.67	20.96	0.54	0.82	928.38

3-53 续表 2

地 区	主营业务成 本	销售费用	管理费用	财务费用	利息收入
全 国	**49063.35**	**117.63**	**982.60**	**2326.81**	**84.30**
北 京	3887.05	1.05	24.66	80.13	1.91
天 津	737.97	2.17	14.04	17.01	2.59
河 北	2413.94	1.36	48.30	63.26	2.13
山 西	1278.34	1.10	25.16	84.67	1.98
内蒙古	1762.99	14.91	45.56	141.33	5.85
辽 宁	1436.44	2.04	33.16	64.52	4.49
吉 林	815.80	7.52	22.74	43.04	3.01
黑龙江	1173.77	3.68	31.32	43.94	0.95
上 海	1027.91	0.01	8.19	15.48	2.53
江 苏	3808.60	2.04	47.55	84.26	9.91
浙 江	3744.95	8.63	83.26	117.23	3.60
安 徽	1557.64	2.53	27.28	50.11	2.20
福 建	1621.39	1.29	45.33	78.55	6.90
江 西	953.64	1.44	13.30	27.96	0.20
山 东	3614.47	6.65	108.76	94.01	3.44
河 南	2391.44	4.54	50.67	85.17	1.49
湖 北	1221.28	1.19	22.90	77.67	1.96
湖 南	1113.55	4.50	27.72	77.68	1.06
广 东	5575.87	23.39	85.08	163.42	9.89
广 西	1046.58	2.67	36.55	55.00	1.67
海 南	163.34	0.02	1.18	7.92	0.24
重 庆	660.90	1.64	10.38	40.24	2.48
四 川	1648.58	7.32	38.50	228.30	2.74
贵 州	1045.14	3.91	21.13	103.67	1.25
云 南	1021.00	3.24	36.94	174.75	2.19
西 藏	39.73		0.14	3.98	0.37
陕 西	1048.77	3.80	24.49	53.10	0.54
甘 肃	638.19	0.72	10.55	75.28	3.04
青 海	318.30	0.20	3.39	48.82	0.37
宁 夏	521.85	0.77	11.11	42.43	0.95
新 疆	773.96	3.31	23.27	83.92	2.36

单位：亿元

利息支出	投资收益（损失以“-”号记）	营业利润	利润总额	亏损企业亏损额	平均用工人数（万人）
2225.79	**683.00**	**4534.93**	**4976.28**	**480.39**	**280.15**
31.58	385.24	476.54	558.24	3.34	5.38
16.87	2.35	50.03	51.06	7.88	3.08
62.84	1.09	210.99	219.81	10.35	15.58
78.76	1.78	109.61	122.70	12.74	8.52
132.32	17.22	147.58	177.54	102.85	12.51
60.44	1.47	60.91	74.90	9.28	11.51
39.80	1.23	-17.32	6.57	22.97	9.79
40.68	2.20	-9.97	11.49	25.12	16.74
16.75	18.01	92.61	93.85	0.64	2.00
83.54	26.98	502.62	510.38	2.03	10.19
113.34	8.06	354.47	364.32	6.17	9.56
49.05	12.39	187.72	189.87	2.18	9.52
81.09	11.60	149.29	158.85	10.90	6.92
27.49	1.71	70.92	73.12	2.35	6.79
86.52	78.76	459.03	463.20	19.34	17.14
81.97	2.80	124.18	127.42	17.71	17.14
75.83	22.45	242.44	270.99	6.87	9.61
74.55	2.49	79.88	86.39	6.17	6.70
167.12	50.35	546.18	586.55	21.37	21.21
56.10	8.45	78.42	93.92	9.86	10.89
8.01	0.49	37.75	38.27	1.56	1.48
42.20	3.31	30.78	34.25	11.46	5.24
223.28	3.39	215.69	244.90	22.18	14.56
100.02	4.56	62.88	69.78	21.02	9.62
173.85	3.58	78.57	104.72	49.88	8.55
4.26		-15.42	-15.18	15.82	0.47
51.96	3.36	110.72	128.83	7.00	10.21
73.63	0.77	-17.73	-5.93	35.48	8.22
46.54	0.82	26.79	28.58	1.26	1.81
41.52	4.52	40.00	41.34	1.98	2.93
83.88	1.55	48.79	65.55	12.64	6.31

3-54 按地区分组的燃气生产和

地　区	工业销售产值(当年价格)	出口交货值	资产总计	固定资产合计	固定资产原价
全　国	**5876.47**	**21.51**	**7928.92**	**3420.15**	**4342.45**
北　京	407.76		491.33	167.71	233.82
天　津	108.84		183.45	111.65	133.11
河　北	183.93		325.87	125.32	139.96
山　西	140.68		283.07	97.15	111.43
内蒙古	316.79		319.43	162.27	193.50
辽　宁	70.46		204.73	109.78	144.75
吉　林	86.60		88.25	46.57	79.73
黑龙江	70.14		64.39	31.51	43.57
上　海	335.96		375.49	116.14	195.55
江　苏	452.48	10.53	524.58	205.97	280.77
浙　江	413.24		429.96	194.17	234.27
安　徽	142.93		185.64	77.53	95.20
福　建	237.45		203.36	109.35	122.13
江　西	104.44		96.92	56.67	74.86
山　东	273.14		398.29	193.82	231.18
河　南	246.67		404.39	170.10	196.23
湖　北	145.97		199.96	95.78	116.45
湖　南	114.98		120.42	68.54	80.18
广　东	778.23	10.39	575.61	302.22	386.67
广　西	42.26		45.84	23.46	29.96
海　南	22.00		99.46	19.63	26.29
重　庆	179.57	0.59	190.19	55.43	85.63
四　川	571.67		783.52	296.53	431.43
贵　州	26.37		78.97	22.98	31.77
云　南	46.82		372.19	215.08	235.34
西　藏					
陕　西	167.22		241.30	92.76	117.93
甘　肃	46.59		46.64	24.77	32.26
青　海	3.41		6.25	1.74	2.03
宁　夏	44.18		279.45	79.00	85.04
新　疆	95.67		309.97	146.52	171.39

供应业主要经济指标

单位：亿元

累计折旧	流动资产合计	应收账款	存货	产成品	负债合计
1121.68	**2600.46**	**394.23**	**210.59**	**42.84**	**4293.84**
66.95	138.07	34.50	1.47	0.71	149.46
23.48	63.22	7.58	2.56	0.21	94.36
32.95	113.62	19.75	8.96	3.69	220.93
20.43	79.62	8.12	2.18	0.54	208.77
36.20	86.70	8.23	6.07	2.75	210.65
38.60	59.08	6.48	3.94	0.46	104.60
33.92	21.25	1.63	0.94	0.18	57.43
19.14	29.51	3.84	4.12	1.78	29.96
81.18	125.41	22.70	24.37	2.68	179.04
76.90	207.98	33.32	11.84	1.29	291.26
55.21	120.53	14.52	3.84	1.65	254.06
25.28	57.82	8.50	2.86	1.33	119.54
36.86	61.92	9.75	8.14	0.73	116.02
18.64	21.19	3.55	1.91	0.79	51.55
51.96	128.81	18.61	6.12	1.74	210.46
40.97	172.92	20.46	15.24	3.06	233.61
24.69	61.68	7.32	4.61	1.38	132.64
16.85	33.54	4.87	4.56	0.74	76.03
92.25	169.91	33.22	12.49	4.04	332.59
6.62	12.12	2.85	2.09	1.55	28.66
9.45	18.21	1.55	0.46	0.37	56.66
35.00	91.49	5.12	4.80	0.60	112.70
149.40	291.52	75.50	42.83	6.67	308.40
11.06	25.03	4.94	3.92	0.08	62.11
23.69	58.58	5.29	3.73	0.38	42.93
33.26	90.52	9.75	6.23	1.70	149.13
9.89	19.63	0.94	1.54	0.27	27.83
0.82	2.89	0.32	0.01	-0.06	3.44
15.44	127.51	13.85	14.97	1.14	197.43
34.60	110.17	7.18	3.76	0.38	231.58

3-54 续表 1

地 区	流动负债合 计	应付账款	所 有 者权益合计	实收资本	国家资本
全 国	**2841.69**	**558.89**	**3628.93**	**2060.91**	**801.38**
北 京	114.04	19.56	341.86	82.64	2.10
天 津	58.99	25.44	88.11	65.54	3.80
河 北	159.23	20.95	100.07	70.72	17.09
山 西	97.58	13.25	74.30	52.28	30.67
内 蒙 古	113.72	28.60	108.78	53.12	8.12
辽 宁	91.09	8.79	99.88	75.45	33.38
吉 林	19.13	4.57	30.82	6.48	0.93
黑 龙 江	26.75	4.65	34.43	22.91	13.55
上 海	126.02	33.54	197.12	88.34	69.00
江 苏	233.16	23.18	233.32	104.34	13.46
浙 江	141.35	24.94	175.91	91.46	50.76
安 徽	87.05	13.24	65.39	24.02	7.04
福 建	83.03	19.77	87.34	57.19	39.80
江 西	35.38	5.50	44.05	27.64	13.90
山 东	178.75	28.83	187.68	94.25	16.53
河 南	145.47	18.26	170.22	66.80	10.04
湖 北	108.37	28.54	67.31	33.66	4.96
湖 南	60.62	9.36	44.38	17.25	3.65
广 东	187.12	41.99	242.39	169.26	65.81
广 西	25.02	5.86	17.18	9.60	3.06
海 南	23.24	6.69	42.80	31.81	3.57
重 庆	81.09	17.39	77.49	37.21	21.04
四 川	179.34	37.09	474.60	278.97	28.39
贵 州	50.51	8.95	16.86	18.41	4.04
云 南	40.20	9.08	329.27	317.07	309.91
西 藏					
陕 西	115.19	23.30	95.38	47.13	12.08
甘 肃	23.94	4.04	18.81	11.06	7.31
青 海	2.88	0.94	2.80	1.06	
宁 夏	106.08	15.05	82.02	35.17	1.33
新 疆	127.39	57.56	78.35	70.06	6.08

单位：亿元

集体资本	法人资本	个人资本	港澳台资本	外商资本	主营业务收入
37.52	**777.68**	**83.63**	**193.18**	**167.52**	**6343.74**
	18.24	0.58	59.56	2.15	408.26
	29.00	0.21	6.71	25.82	115.02
7.62	25.50	5.67	0.97	13.88	189.97
	14.93	3.57	2.04	1.07	145.36
1.33	34.51	4.80	3.95	0.40	333.39
0.28	7.94	1.01	9.24	23.62	70.81
0.34	3.49	0.87	0.63	0.23	84.94
0.40	2.96	2.41	3.59		76.31
	19.27		0.07		385.13
2.50	29.10	4.77	46.24	8.27	443.39
0.67	19.11	3.62	8.52	8.78	418.86
0.01	9.83	0.80	2.54	3.80	144.56
0.72	5.14	2.57	7.99	0.99	236.34
0.03	8.25	1.70	2.76	1.00	110.84
7.23	49.00	4.90	9.59	7.02	284.91
1.80	41.10	3.02	3.06	7.79	264.19
3.10	16.62	2.35	2.11	4.51	145.49
	8.03	1.80	1.15	2.62	125.43
6.06	56.14	1.20	11.25	28.81	755.28
	5.11		0.83	0.60	40.40
	16.83			11.42	22.23
1.80	6.32	4.52	0.03	3.50	184.87
1.22	226.28	10.57	6.44	6.06	912.40
0.36	13.84	0.17			32.72
0.30	4.37	0.09	2.40		43.77
0.40	19.87	8.27	1.30	5.20	164.32
	2.39	1.37			35.08
	0.85		0.21		3.19
0.01	31.67	2.16			68.54
1.34	52.00	10.64			97.75

3-54 续表 2

地　区	主营业务成本	销售费用	管理费用	财务费用	利息收入
全　国	**5493.62**	**166.22**	**218.88**	**80.14**	**11.80**
北　京	373.64	3.39	14.75	1.72	1.13
天　津	109.32	0.53	3.62	2.07	0.25
河　北	160.51	5.35	9.41	2.09	1.02
山　西	121.15	7.34	4.40	3.74	0.08
内蒙古	305.77	2.39	8.46	4.33	0.07
辽　宁	60.84	5.41	7.15	1.75	0.34
吉　林	72.16	4.39	3.65	1.53	0.01
黑龙江	66.45	4.73	3.00	-0.24	0.22
上　海	362.85	7.99	7.67	1.12	0.91
江　苏	363.23	14.13	15.90	3.61	1.05
浙　江	387.84	5.07	8.71	4.68	0.20
安　徽	119.11	4.55	5.53	0.74	-0.06
福　建	202.47	4.94	3.77	3.52	0.22
江　西	94.04	2.59	3.50	1.16	0.07
山　东	243.05	9.86	12.82	3.75	0.39
河　南	214.76	8.95	10.63	2.84	1.48
湖　北	117.49	5.15	7.61	1.52	0.03
湖　南	98.71	4.21	6.15	0.75	0.45
广　东	677.13	9.77	13.40	11.39	1.02
广　西	34.43	1.02	1.28	0.43	0.01
海　南	17.62	1.05	1.33	0.20	0.02
重　庆	170.27	3.67	4.99	-0.11	0.64
四　川	750.50	30.86	35.78	13.03	0.31
贵　州	27.76	1.31	2.53	1.40	0.25
云　南	37.62	1.40	2.68	-0.27	0.86
西　藏					
陕　西	134.80	6.79	7.86	2.66	0.18
甘　肃	30.86	1.10	2.23	-0.18	0.32
青　海	2.46	0.15	0.30	0.02	
宁　夏	58.38	0.91	2.63	4.05	0.05
新　疆	78.40	7.23	7.13	6.87	0.26

单位：亿元

利息支出	投资收益（损失以"-"号记）	营业利润	利润总额	亏损企业亏损额	平均用工人数（万人）
70.19	**53.63**	**471.61**	**507.21**	**63.32**	**27.17**
2.50	22.70	35.08	39.17	0.08	1.21
2.14	0.37	0.19	4.34	0.39	0.63
2.84	0.69	13.31	13.69	4.24	1.60
3.86	0.25	10.48	10.60	1.39	0.98
4.03	4.45	15.90	16.69	4.16	0.84
1.15	2.40	-0.26	5.82	3.00	1.53
1.43		2.19	-0.13	3.07	0.66
0.15	0.01	4.15	5.19	0.25	0.65
0.97	2.73	6.88	7.81	2.38	0.65
3.80	3.12	60.80	60.77	0.92	1.60
4.27	0.86	15.52	16.02	5.59	0.79
0.89	0.62	15.99	15.89	0.63	0.84
1.87	1.80	24.20	21.34	0.16	0.55
1.10	-0.10	9.47	9.78	0.14	0.67
3.60	2.08	21.70	24.22	1.27	1.90
3.34	0.79	25.98	26.31	0.54	1.80
1.39	0.67	18.07	18.53	0.11	0.92
1.03	-0.16	13.58	13.23	0.10	0.66
9.52	5.45	53.55	55.74	6.47	1.54
0.41		3.16	4.96	0.07	0.24
0.23	0.96	2.37	2.69	0.45	0.16
0.59	1.51	8.01	8.34	4.77	0.98
2.35	1.30	86.82	98.85	4.40	2.37
1.54	0.30	0.15	-0.09	2.30	0.45
0.59	0.01	4.70	5.62	3.22	0.42
3.33	0.38	15.13	15.48	1.97	1.01
0.09	-0.15	3.29	3.29	0.37	0.43
0.02		0.45	0.53		0.03
3.99	0.33	2.60	2.67	1.60	0.23
7.18	0.27	-1.85	-0.15	9.32	0.85

3-55 按地区分组的水的生产和

地　区	工业销售产值(当年价格)	出口交货值	资产总计	固定资产合计	固定资产原价
全　国	**1838.43**	**36.74**	**10691.94**	**4519.34**	**6658.18**
北　京	65.44		932.17	337.94	531.66
天　津	42.01		270.91	111.62	162.31
河　北	45.67		178.22	97.31	144.21
山　西	18.51		80.02	37.49	53.70
内蒙古	32.15		244.00	97.62	133.56
辽　宁	54.84		331.03	168.74	258.53
吉　林	36.94		80.11	50.70	93.13
黑龙江	15.90		139.79	29.23	54.39
上　海	65.74		712.62	212.43	374.05
江　苏	146.67		1218.51	559.65	778.85
浙　江	157.98	0.25	1041.34	461.01	710.80
安　徽	41.02		165.32	84.81	137.52
福　建	44.27		276.37	149.01	191.10
江　西	54.76		178.26	60.55	88.08
山　东	132.18	0.40	498.59	222.66	316.43
河　南	57.61		183.90	95.30	119.39
湖　北	63.78		336.28	101.98	159.75
湖　南	76.20		295.46	141.09	197.49
广　东	394.68	36.09	1737.67	743.68	1191.71
广　西	27.88		141.37	74.88	102.16
海　南	7.90		34.83	25.46	32.42
重　庆	31.63		189.48	100.39	120.55
四　川	111.03		617.03	195.92	253.53
贵　州	20.26		168.04	45.99	48.54
云　南	31.09		241.32	135.22	151.44
西　藏	0.77		2.18	1.51	2.69
陕　西	26.38		122.04	46.71	69.84
甘　肃	7.55		41.98	28.37	46.41
青　海	2.44		18.46	6.17	10.38
宁　夏	7.63		46.38	26.76	32.30
新　疆	17.51		168.24	69.15	91.25

供应业主要经济指标

单位：亿元

累计折旧	流动资产合计	应收账款	存货	产成品	负债合计
2510.59	**3333.77**	**319.40**	**94.79**	**11.25**	**6013.36**
195.04	341.16	52.79	1.59	0.04	422.64
64.41	82.64	8.73	0.68	0.03	186.90
56.70	52.26	11.21	3.55	0.22	100.43
22.45	23.28	2.50	0.82		37.97
40.17	99.20	17.32	1.78	0.26	161.82
112.76	101.15	20.31	2.50	0.25	158.88
42.55	19.74	0.69	0.41	0.07	36.76
26.26	67.55	2.88	0.56	0.03	92.39
166.27	114.19	9.01	4.33		235.85
227.92	473.84	19.62	15.25	1.40	812.62
311.68	344.85	14.41	7.64	1.02	625.75
57.27	55.75	3.93	4.32	0.46	76.15
76.14	72.02	3.64	1.46	0.09	137.86
35.26	42.73	3.84	2.82	0.68	96.71
109.12	168.17	26.96	8.40	1.63	289.67
39.54	64.08	4.97	1.27	0.11	99.90
73.36	117.43	13.78	2.58	1.31	181.06
66.84	87.27	13.67	2.90	0.76	196.60
484.43	447.11	55.56	11.81	1.73	1029.78
37.42	33.54	2.02	1.19	0.03	78.08
9.94	6.79	1.32	0.90	0.06	10.95
37.78	53.64	2.20	5.41	0.12	96.07
81.77	206.89	15.25	5.22	0.45	349.84
14.62	78.21	1.55	1.01	0.18	106.41
33.63	72.98	4.63	4.52	0.13	163.45
1.18	0.36	0.03	0.05		0.02
27.89	34.83	3.48	1.11	0.11	76.63
21.01	5.65	0.45	0.11		13.25
4.30	7.91	0.38	0.08	0.01	7.10
10.14	8.63	0.35	0.20	0.06	23.92
22.75	49.92	1.90	0.32		107.91

3-55 续表 1

地区	流动负债合计	应付账款	所有者权益合计	实收资本	国家资本
全国	**2821.78**	**318.99**	**4670.46**	**2592.06**	**1333.82**
北京	126.12	23.24	509.53	413.98	303.86
天津	122.56	10.04	84.05	57.04	15.61
河北	53.18	11.22	75.50	66.32	52.28
山西	22.93	8.90	41.45	18.87	17.69
内蒙古	74.24	11.92	82.18	45.91	21.72
辽宁	62.90	10.15	174.45	114.27	93.39
吉林	20.24	2.82	43.36	9.07	6.39
黑龙江	58.84	3.47	47.39	27.11	14.20
上海	146.86	6.88	476.11	383.75	4.93
江苏	414.96	39.27	405.90	240.39	149.17
浙江	305.32	23.32	415.59	223.95	150.23
安徽	55.90	3.16	88.86	36.71	23.36
福建	63.00	8.29	138.50	100.58	80.50
江西	52.56	6.73	81.55	34.73	14.93
山东	176.97	20.27	208.92	89.06	44.10
河南	41.81	5.35	84.01	47.23	20.95
湖北	100.03	10.25	155.22	56.22	31.87
湖南	116.51	11.86	98.86	47.25	18.28
广东	314.94	43.65	702.91	244.15	86.32
广西	35.68	1.33	63.29	18.15	12.06
海南	4.22	0.98	23.88	14.55	9.58
重庆	53.95	8.53	91.81	33.50	11.98
四川	201.94	23.17	267.19	77.94	49.34
贵州	55.97	2.40	61.62	32.48	16.60
云南	71.62	8.14	77.88	39.75	28.62
西藏	0.02		2.16	0.90	0.90
陕西	22.88	2.99	45.41	32.99	18.83
甘肃	8.67	1.10	28.74	19.99	14.09
青海	2.23	0.31	11.35	2.44	2.02
宁夏	5.10	1.44	22.47	18.94	5.57
新疆	29.64	7.82	60.33	43.83	14.48

单位：亿元

集体资本	法人资本	个人资本	港澳台资本	外商资本	主营业务收入
28.64	**898.96**	**74.72**	**99.59**	**156.34**	**1909.23**
	108.77	0.50	0.85		80.18
0.13	20.59		10.84	9.86	48.76
	9.68	1.13	2.05	1.18	45.39
0.18	0.84	0.16			18.46
0.30	17.83	6.07			39.97
	16.59	0.98	0.91	2.39	54.49
0.06	0.59	2.03			35.64
0.45	6.66	3.34	1.47	1.00	16.65
1.02	367.78		2.32	7.70	81.82
5.15	41.94	8.57	18.52	17.05	146.34
1.66	61.54	2.07	1.53	6.91	160.10
0.10	4.05	2.28	0.23	6.70	42.56
0.57	10.34	1.82	3.87	3.48	46.63
0.38	11.82	0.85	6.52	0.23	57.65
2.08	22.27	6.88	8.02	5.71	136.09
2.27	13.31	3.55	5.60	1.55	61.85
0.90	6.01	9.06		8.39	65.11
2.84	18.07	4.36	3.69		80.92
8.36	69.65	12.46	8.46	58.90	396.37
0.44	0.80	2.86	0.28	1.71	30.31
	1.60		0.28	3.09	9.09
	15.10	0.05	6.37		31.61
0.50	20.36	3.57	1.53	2.64	114.81
1.20	0.11	0.11		14.46	18.20
	2.04	1.35	7.74		29.30
					0.77
0.02	10.97	0.68		2.50	25.91
	1.00		4.91		7.51
0.01	0.41				2.53
	9.80		3.57		8.21
	28.44			0.91	15.99

3-55 续表 2

地区	主营业务成本	销售费用	管理费用	财务费用	利息收入
全国	**1431.20**	**110.43**	**209.03**	**107.24**	**14.51**
北京	63.70	0.38	6.80	2.05	4.15
天津	46.57	1.23	5.26	2.68	1.05
河北	33.95	2.11	7.67	2.16	0.23
山西	16.53	0.86	3.73	0.47	0.04
内蒙古	30.13	2.47	5.45	2.89	-0.51
辽宁	45.57	4.24	8.93	2.75	-0.02
吉林	29.09	2.09	4.43	0.50	-0.04
黑龙江	11.24	1.34	4.21	2.36	0.20
上海	68.13	5.96	4.87	3.85	0.14
江苏	97.41	23.55	17.27	9.61	0.84
浙江	128.85	8.42	18.23	10.63	1.24
安徽	32.05	2.90	5.73	0.63	0.49
福建	35.53	3.96	5.33	1.50	0.45
江西	43.28	2.01	4.40	1.64	0.23
山东	117.84	3.65	14.28	3.63	0.34
河南	49.59	3.40	5.73	2.06	-0.22
湖北	51.40	4.24	7.29	2.24	0.05
湖南	59.58	4.95	10.55	4.06	0.28
广东	270.76	15.34	32.04	39.02	4.46
广西	18.80	1.17	3.82	2.37	0.09
海南	5.34	1.06	1.03	0.01	0.03
重庆	25.79	3.11	4.45	0.98	0.36
四川	76.87	3.70	12.48	3.84	0.30
贵州	11.58	1.25	3.35	0.18	-0.27
云南	18.11	2.59	3.17	1.34	0.45
西藏	0.54	0.06	0.21		
陕西	19.63	1.50	3.13	1.08	-0.03
甘肃	6.45	0.26	1.64	0.18	
青海	0.99	0.12	0.85	-0.02	0.07
宁夏	5.03	0.50	0.92	0.71	
新疆	10.87	2.03	1.79	1.87	0.13

单位：亿元

利息支出	投资收益(损失以"-"号记)	营业利润	利润总额	亏损企业亏损额	平均用工人数(万人)
112.67	**27.21**	**111.51**	**187.69**	**55.86**	**45.82**
5.71	1.44	8.88	27.71	0.22	1.15
2.67	0.32	-3.18	-2.76	5.55	0.53
2.03	0.11	0.40	1.05	2.59	1.88
0.45	0.39	-2.66	-2.15	2.20	0.96
3.15	0.02	-1.27	-0.22	3.67	1.10
1.96	0.13	-6.21	-0.19	4.87	2.68
0.41		-1.56	0.67	0.87	1.09
2.25		-2.10	-0.16	0.95	0.86
4.00	0.59	3.38	6.51	1.04	1.08
10.20	1.92	11.80	18.58	2.44	2.98
13.45	2.27	-1.26	6.85	9.71	2.69
0.92	1.06	2.76	3.75	0.30	1.15
1.55	0.26	1.46	3.03	1.19	1.11
1.86	0.93	7.93	8.75	0.22	1.13
3.22	0.75	0.16	5.14	4.73	6.04
1.73	0.06	1.28	3.75	1.94	2.51
2.11	2.37	3.67	4.89	1.01	2.01
4.15	0.47	2.45	3.48	2.34	2.34
37.03	10.49	49.52	55.63	3.20	5.32
2.04	0.05	4.34	4.80	0.16	0.91
0.06		1.53	1.62		0.27
1.20	0.12	2.50	3.90	0.37	0.78
3.21	1.33	20.53	22.76	1.73	2.16
0.78	0.44	1.93	2.27	0.07	0.60
2.55	0.02	2.22	3.50	2.10	0.54
		-0.02	-0.03	0.03	0.02
1.10	0.02	0.99	1.21	0.88	0.88
0.07	0.44	-0.48	-0.25	0.44	0.39
0.05	0.07	0.80	0.85	0.08	0.11
0.73	0.13	1.21	1.44	0.33	0.19
2.02	0.99	0.51	1.32	0.59	0.36

3-56 主要工业产品产量(2015年)

地　区	原盐 (万吨)	成品糖 (万吨)	啤酒 (万千升)	卷烟 (亿支)	布 (亿米)
全　国	**6665.54**	**1474.11**	**4715.60**	**25890.70**	**892.58**
北　京			138.20	183.90	0.02
天　津	171.60		31.30	227.30	2.50
河　北	328.01	7.00	181.70	848.50	78.38
山　西			39.50	163.50	0.80
内蒙古	164.60	67.30	104.10	355.00	
辽　宁	178.69	0.75	242.30	290.70	3.52
吉　林			138.50	584.00	0.40
黑龙江		4.23	208.10	426.00	0.10
上　海			61.10	991.80	0.99
江　苏	858.57	0.80	184.20	1046.10	140.46
浙　江	7.74	0.38	251.00	948.30	239.58
安　徽	149.60		119.20	1268.90	15.25
福　建	31.09		170.20	941.30	79.22
江　西	219.30	0.12	134.00	678.00	10.75
山　东	2025.19	0.04	589.40	1441.50	125.96
河　南	44.20	0.01	390.40	1674.30	33.53
湖　北	467.50		277.50	1389.40	88.24
湖　南	263.00	1.14	74.60	1757.40	4.35
广　东	10.92	131.21	424.20	1403.00	33.93
广　西	7.90	925.71	200.10	784.10	0.43
海　南	6.10	25.70	6.20	122.50	
重　庆	246.70	1.26	76.70	546.50	5.81
四　川	401.00	2.73	221.00	945.80	19.66
贵　州		8.61	96.40	1261.70	0.50
云　南	101.60	249.86	103.70	3903.60	
西　藏			15.80		
陕　西	134.90		94.10	910.10	7.55
甘　肃	17.20	3.20	57.80	515.00	
青　海	414.42		11.10		
宁　夏			26.40	81.00	
新　疆	415.71	44.06	46.80	201.50	0.65

3-56 续表 1

地　区	机制纸及纸板（万吨）	硫　酸（折100%）（万吨）	烧碱（折100%）（万吨）	纯碱（碳酸钠）（万吨）	乙烯（万吨）
全　国	**11742.77**	**8975.70**	**3020.66**	**2591.80**	**1714.60**
北　京	5.00				78.60
天　津	249.30	19.10	96.80	59.50	129.90
河　北	345.70	142.90	119.10	347.80	
山　西	35.30	53.40	45.10		
内蒙古	12.30	277.80	265.10	51.70	
辽　宁	36.00	147.30	64.60	55.00	160.50
吉　林	76.40	71.30	8.50		66.70
黑龙江	51.70	1.90	15.80		84.00
上　海	65.80	19.40	68.80		210.80
江　苏	1374.70	371.80	360.60	279.90	154.30
浙　江	1739.60	165.20	153.20	29.30	135.10
安　徽	306.30	630.10	72.00	76.90	
福　建	665.40	187.50	32.20	1.00	117.20
江　西	173.60	334.10	31.21		1.40
山　东	2001.50	631.00	741.05	446.70	102.40
河　南	698.40	520.40	154.20	350.10	
湖　北	266.20	780.10	106.80	159.50	85.30
湖　南	398.47	244.10	48.00	47.20	
广　东	2078.30	280.00	31.20	63.00	215.10
广　西	282.60	368.30	43.80	6.10	
海　南	167.40				
重　庆	298.90	204.20	33.30	120.00	
四　川	189.80	642.50	97.30	106.90	
贵　州	25.00	743.10	2.40		
云　南	58.90	1416.90	21.20	9.00	
西　藏	11.90				
陕　西	70.00	141.60	94.20	23.70	
甘　肃	4.60	443.00	19.00	9.80	64.20
青　海		42.20	17.70	348.70	
宁　夏	24.20	30.80	35.40		
新　疆	29.50	65.70	242.10		109.10

3-56 续表 2

地　区	农用氮、磷、钾化学肥料总计(折纯)(万吨)	化学农药原药(折有效成分100%)(万吨)	初级形态的塑料(塑料树脂及共聚物)(万吨)	化学纤维(万吨)	水泥(万吨)
全　国	**7431.99**	**374.00**	**7807.66**	**4831.71**	**235918.83**
北　京			126.12	0.20	553.50
天　津	13.10	0.90	381.50	11.10	777.60
河　北	215.80	7.50	136.50	60.70	9126.17
山　西	465.00	0.10	65.50		3786.06
内 蒙 古	293.00	7.80	464.20	2.50	5830.76
辽　宁	64.70	1.30	321.63	28.45	4567.71
吉　林	57.10	2.30	105.00	30.20	3325.02
黑 龙 江	49.40	0.10	161.10	8.00	3111.89
上　海	1.50	1.00	388.27	45.65	433.60
江　苏	205.27	105.50	1274.63	1429.29	18056.11
浙　江	38.79	27.90	830.74	2158.30	11330.88
安　徽	309.82	19.80	121.00	27.00	13207.86
福　建	52.19	4.50	228.01	576.20	7787.48
江　西	141.50	5.10	29.11	46.90	9458.08
山　东	583.99	100.00	554.42	81.91	15249.07
河　南	558.85	32.40	219.95	48.60	16676.19
湖　北	1171.81	25.40	219.42	31.11	11145.46
湖　南	112.68	5.10	69.26	6.50	11680.08
广　东	71.99	4.30	584.43	58.30	14530.24
广　西	114.31	1.10	19.53	0.30	11144.46
海　南	64.20		22.10		2225.20
重　庆	222.35	1.10	17.54	5.80	6840.20
四　川	507.23	17.80	209.06	118.10	14091.00
贵　州	603.62	0.20	6.63		9940.93
云　南	354.51		19.60	5.00	9436.21
西　藏					467.90
陕　西	187.13	0.60	344.20	2.30	8578.70
甘　肃	47.95	0.30	118.00		4764.30
青　海	520.20		27.50		1767.89
宁　夏	82.49	1.90	207.70	0.60	1749.79
新　疆	321.51		535.01	48.70	4278.49

3-56 续表 3

地 区	平板玻璃（万重量箱）	生铁（万吨）	粗钢（万吨）	钢材（万吨）	金属切削机床（万台）	大中型拖拉机（万台）
全 国	**78651.63**	**69141.30**	**80382.50**	**112349.60**	**75.50**	**68.82**
北 京	57.70		1.50	175.00	1.40	
天 津	3139.90	1953.20	2068.90	8186.20	0.10	1.03
河 北	14615.36	17382.30	18832.00	25244.30	0.10	0.03
山 西	1400.80	3576.40	3847.00	4267.30		
内蒙古	1014.00	1461.40	1735.10	1897.20		
辽 宁	1186.80	6059.00	6071.30	6321.60	9.90	
吉 林	366.10	974.90	1066.80	1152.50		0.16
黑龙江	386.10	408.90	418.50	403.80	0.10	0.97
上 海		1686.70	1783.80	2202.70	3.60	
江 苏	4622.47	7044.80	10995.20	13560.80	9.30	8.27
浙 江	5318.16	1072.50	1594.90	4047.70	13.30	3.61
安 徽	2302.50	2092.50	2506.00	3334.70	8.10	0.25
福 建	5009.50	980.10	1586.50	2820.70	0.70	
江 西	385.99	2083.20	2211.00	2577.60	0.60	0.02
山 东	7351.50	6747.90	6619.30	9003.20	17.80	16.52
河 南	1178.90	2903.60	2897.40	4766.80	1.10	12.35
湖 北	8857.26	2288.70	2919.80	3421.20	0.40	
湖 南	2146.45	1762.80	1852.80	1951.30	0.40	1.69
广 东	8127.42	1146.30	1761.70	3271.00	2.00	
广 西	616.50	1220.30	2146.00	3545.40	0.20	
海 南			23.90	34.70		
重 庆	1364.43	366.60	689.50	1411.40	0.50	14.32
四 川	4186.96	1747.40	1947.70	2702.50	0.60	
贵 州	900.05	407.60	466.40	463.00	0.20	
云 南	633.42	1235.40	1418.10	1695.40	3.00	9.32
西 藏				2.50		
陕 西	1857.68	800.90	1027.30	1655.60	1.80	
甘 肃	124.80	690.50	852.10	847.80	0.10	
青 海	392.00	112.60	120.60	113.60		
宁 夏	0.53	175.30	181.80	201.60	0.20	0.14
新 疆	1108.35	759.5	739.6	1070.5		0.13

3-56 续表 4

地　区	汽车（万辆）	#基本型乘用车(轿车)（万辆）	发电机组(发电设备)（万千瓦）	家用电冰箱（万台）	房间空气调节器（万台）
全　国	**2450.35**	**1162.97**	**12431.38**	**7992.75**	**14200.35**
北　京	202.40	99.40	547.40		
天　津	52.90	49.60	470.90	58.40	242.40
河　北	112.90	5.60			862.10
山　西			21.40		
内蒙古	2.60	1.60	134.90		
辽　宁	109.00	59.10	3.40	147.10	92.00
吉　林	208.13	163.10			
黑龙江	8.00	8.00	2040.60		
上　海	243.00	203.90	2079.24	140.37	327.30
江　苏	115.80	67.60	647.20	844.55	404.30
浙　江	41.10	32.70	483.82	710.54	631.12
安　徽	117.00	27.10	0.50	2703.18	2916.10
福　建	19.20	4.20	12.40		
江　西	42.10	6.20	33.20	85.90	372.90
山　东	81.86	26.80	1345.30	872.10	623.20
河　南	32.86	4.37	95.80	184.37	62.60
湖　北	196.37	85.00	119.70	286.20	1213.00
湖　南	36.30	25.70	190.40	8.90	
广　东	239.40	150.10	340.70	1523.64	5609.52
广　西	229.40	3.20	55.20		
海　南	7.00	5.10			
重　庆	260.93	108.80	214.00	179.80	701.01
四　川	42.30	0.20	2905.90	73.60	142.80
贵　州				174.10	
云　南	11.70		94.00		
西　藏					
陕　西	34.10	24.00	0.30		
甘　肃	2.40		4.52		
青　海					
宁　夏			88.50		
新　疆	1.60	1.60	502.10		

3-56 续表 5

地 区	家用洗衣机（万台）	移动通信手持机（手机）（万台）	微型计算机设备（万台）	集成电路（亿块）	彩色电视机（万台）
全 国	**7274.50**	**181261.40**	**31418.70**	**1087.20**	**14475.73**
北 京		9540.80	885.60	62.70	222.40
天 津	24.30	7315.60	1029.70	14.90	245.80
河 北	26.60			0.50	
山 西		2038.40			
内蒙古					123.42
辽 宁		1614.50	0.20	0.10	287.90
吉 林					
黑龙江			1.70	2.70	
上 海	160.30	6747.50	3652.00	217.40	135.40
江 苏	1652.30	4691.00	5911.60	369.50	1272.57
浙 江	1526.60	4036.00	151.40	63.40	641.40
安 徽	1725.20	64.30	1801.50	2.50	733.54
福 建		2133.60	818.80	0.70	1428.10
江 西	45.50	4195.30			23.60
山 东	712.70	6732.60	24.30	0.20	1766.90
河 南	164.80	19841.80			16.33
湖 北		5475.70	1121.50		35.10
湖 南	32.60	34.20	33.90	0.50	35.70
广 东	747.40	83795.40	3241.70	162.60	6215.27
广 西			3.10		96.70
海 南					
重 庆	281.30	17605.10	6180.80	2.50	
四 川	174.90	3375.30	6342.70	37.00	1055.70
贵 州		2015.20	218.20	0.20	138.60
云 南					
西 藏					
陕 西		9.10		0.10	1.30
甘 肃				149.70	
青 海					
宁 夏					
新 疆					

四、附　录

主要指标解释

工业销售产值（当年价格） 指以货币形式表现的，工业企业在报告期内销售的本企业生产的工业产品或提供工业性劳务价值的总价值量。工业销售产值包括的内容为:

（1）销售成品价值: 指企业在报告期内实际销售（包括本期生产和非本期生产）的全部成品、半成品的总价值，即按报告期产品的实际销售数量乘以不含增值税（销项税额）的产品实际销售平均单价计算。销售成品价值中包括企业生产的自制设备及提供给本企业在建工程、其他非工业部门和生活福利部门等单位使用的成品价值，但不包括用订货者来料加工，并且只收取加工费的成品（半成品）价值。

（2）对外加工费收入: 指企业在报告期内完成的对外承接的工业品加工（包括用定货者来料加工的产品）的加工费收入；对外工业品修理作业可收取的加工费收入和对内非工业部门提供的加工修理、设备安装等收入。对外加工费收入按不含增值税（销项税额）的价格计算。

出口交货值 指工业企业交给外贸部门或自营（委托）出口（包括销往香港、澳门、台湾)，以及外商来样、来料加工、来件装配和补偿贸易等生产的产品价值。

资产总计 指企业过去的交易或者事项形成的、由企业拥有或者控制的、预期会给企业带来经济利益的资源。资产一般按流动性（资产的变现或耗用时间长短）分为流动资产和非流动资产。其中流动资产可分为货币资金、交易性金融资产、应收票据、应收账款、预付款项、其他应收款、存货等；非流动资产可分为长期股权投资、固定资产、无形资产及其他非流动资产等。来源于会计“资产负债表”中“资产总计”项目的期末余额数。

流动资产合计 资产满足以下条件之一应归为流动资产:（1）预计在一个正常营业周期中变现、出售或耗用，主要包括存货、应收账款等；（2）主要为交易目的而持有；（3）预计在资产负债表日起一年内（含一年）变现；（4）自资产负债日起一年内，交换其他资产或清偿负债的能力不受限制的现金或现金等价物。包括货币资金、应收票据、应收账款、存货等项目。来源于会计“资产负债表”中“流动资产合计”项目的期末余额数。

应收账款 指企业因销售商品、提供劳务等经营活动，应向购货单位或接受劳务单位收取的款项，主要包括企业销售商品或提供劳务等应向有关债务人收取的价款及代购货单位垫付的包装费、运杂费等。来源于会计“资产负债表”中“应收账款”项目的期末余额数。

存货 指企业在日常活动中持有以备出售的产成品或商品、处在生产过程中的在产品、在生产过程或提供劳务过程中耗用的材料或物料等，通常包括原材料、在产品、半成品、产成品、商品以及周转材料等。来源于会计“资产负债表”中“存货”项目的期末余额数。。

产成品 指企业已经完成全部生产过程并验收入库，可以按照合同规定的条件送交订货单位，或者可以作为商品对外销售的产品。来源于会计“产成品”科目的借方余额。

固定资产合计 指企业为生产商品、提供劳务、出租或经营管理而持有的，使用寿命超过一个会计年度的有形资产。包括使用期限超过一年的房屋、建筑物、机器、机械、运输工具以及其他与生产、经营有关的设备、器具、工具等。来源于会计“资产负债表”中“固定资产”项目的期末余额数。

固定资产原价 指固定资产的成本，包括企业在购置、自行建造、安装、改建、扩建、技术改造某项固定资产时所发生的全部支出总额。来源于会计“固定资产”科目的期末借方余额。

累计折旧 指企业在报告期末提取的历年固定资产折旧累计数。来源于会计“累计折旧”科目的期末贷方余额。

负债合计 指企业过去的交易或者事项形成的，预期会导致经济利益流出企业的现时义务。负债一般按偿还期长短分为流动负债和非流动负债。来源于会计“资产负债表”中“负债合计”项目的期末余额数。

流动负债合计 负债满足下列条件之一的应归为流动负债：（1）预计在一个正常营业周期中清偿；（2）主要为交易目的而持有；（3）自资产负债表日起一年内到期应予清偿；（4）企业无权自主地将清偿推迟至资产负债表日后一年以上。包括短期借款、应付票据、应付账款、应付职工薪酬、应交税费等项目。来源于会计“资产负债表”中“流动负债合计”项目的期末余额数。

应付账款 指企业因购买材料、商品和接受劳务供应等经营活动应支付的款项。来源于会计“资产负债表”中“应付账款”项目的期末余额数。

所有者权益合计 指企业资产扣除负债后由所有者享有的剩余权益。公司的所有者权益又称股东权益。包括实收资本、资本公积、盈余公积、未分配利润等。来源于会计“资产负债表”中“所有者权益合计”项目的期末余额数。

实收资本 指企业各投资者实际投入的资本（或股本）总额，包括货币、实物、无形资产等各种形式的投入。实收资本按投资主体可分为国家资本、集体资本、法人资本、个人资本、港澳台资本和外商资本。来源于会计“资产负债表”中“所有者权益”项下“实收资本”的期末余额数。

国家资本 指有权代表国家投资的政府部门或机构、直属事业单位对企业形成的资本金。

集体资本 指由本企业职工等自然人集体投资或各种机构对企业进行扶持形成的集体性质的资本金。

法人资本 指法人以其依法可支配的资产投入企业形成的资本金。

个人资本 指自然人实际投入企业的资本金。

港澳台资本 指我国香港、澳门和台湾地区投资者实际投入企业的资本金。

外商资本 指外国投资者实际投入企业的资本金。

主营业务收入 指企业确认的销售商品、提供劳务等主营业务的收入。来源于会计“主营业务收入”科目的期末贷方余额（结转前）。

主营业务成本 指企业经营主要业务所发生的成本总额。来源于会计“主营业务成本”科目的期末借方余额（结转前）。

销售费用 指企业在销售商品和材料、提供劳务的过程中发生的各种费用，包括保险费、包装费、展览费和广告费、商品维修费、预计产品质量保证损失、运输费、装卸费等以及为销售本企业商品而专设的销售机构（含销售网点、售后服务网点等）的职工薪酬、业务费、折旧费等经营费用。来源于会计“利润表”中“销售费用”项目的本期金额数。

管理费用 指企业为组织和管理企业生产经营所发生的费用，包括企业在筹建期间内发生的开办费、董事会和行政管理部门在企业经营管理中发生的，或者应当由企业统一负担的公司经费等。来源于会计“利润表”中“管理费用”项目的本期金额数。

财务费用 指企业为筹集生产经营所需资金等而发生的筹资费用，包括企业生产经营期间发生的利息支出（减利息收入）、汇兑损失（减汇兑收益）以及相关的手续费等。来源于会计“利润表”中“财务费用”项目的本期金额数。

利息收入 指非金融企业存款业务所确认的利息金额。

利息支出 指企业短期借款利息、长期借款利息、应付票据利息、票据贴现利息、应付债券利息、长期应付引进国外设备款利息等利息支出。

投资收益 指企业确认的投资收益或投资损失，反映企业以各种方式对外投资所取得的收益。来源于会计“利润表”中“投资收益”项目的本期金额数。

营业利润 指企业从事生产经营活动所取得的利润。执行《企业会计准则》的企业，营业利润为营业收入减去营业成本、营业税金及附加、销售费用、管理费用、财务费用、资产减值损失，再加上公允价值变动收益和投资收益；执行《小企业会计准则》的企业，营业利润为营业收入减去营业成本、营业税金及附加、销售费用、管理费用、财务费用，再加上投资收益后的金额；执行其他企业会计制度的企业，营业利润为主营业务收入减去主营业务成本、主营业务税金及附加，加上其他业务利润后，再减去销售费用、管理费用、财务费用后的金额。来源于会计“利润表”中“营业利润”项目的本期金额数。

利润总额　指企业在一定会计期间的经营成果，是生产经营过程中各种收入扣除各种耗费后的盈余，反映企业在报告期内实现的盈亏总额。来源于会计“利润表”中“利润总额”项目的本期金额数。执行《企业会计准则》或《小企业会计准则》的企业，利润总额为营业利润加上营业外收入，减去营业外支出后的金额；执行其他企业会计制度的企业，利润总额为营业利润加上投资收益、补贴收入、营业外收入，再减去营业外支出后的金额。

平均用工人数（人）　指报告期企业平均实际拥有的、参与本企业生产经营活动的人员数。

主营业务收入利润率　计算公式为：主营业务收入利润率=利润总额 ÷ 主营业务收入 × 100%，单位：%。

人均主营业务收入　计算公式为：人均主营业务收入=主营业务收入 ÷ 平均用工人数，单位：万元/人。

每百元资产实现的主营业务收入　计算公式为：每百元资产实现的主营业务收入=主营业务收入 ÷ 资产总计 × 100，单位：元。

资产负债率　计算公式为：资产负债率=负债合计 ÷ 资产总计 × 100%，单位：%。

产成品存货周转天数　计算公式为：产成品存货周转天数=360 × 产成品存货 ÷ 主营业务成本，单位：天。

应收账款平均回收期　计算公式为：应收账款平均回收期=360 × 应收账款 ÷ 主营业务收入，单位：天。